ULLSTEIN

## Das Buch

Politische Morde haben den Verlauf des 20. Jahrhunderts entscheidend geprägt. Der amerikanische Bürgerrechtler Martin Luther King, UNO-Generalsekretär Dag Hammerskjöld, Kongos Premier Patrice Lumumba, Lord Mountbatten, der amerikanische Präsidentschaftskandidat Robert F. Kennedy, der italienische Politiker Aldo Moro, der ägyptische Staatspräsident Anwar el Sadat und Roberto Calvi, der Bankier des Vatikans – sie alle starben keines natürlichen Todes, sondern fielen skrupellos agierenden Interessengruppen oder Regierungsapparaten zum Opfer. Von den Tätern wird teilweise bis heute die vollständige Aufklärung der Morde verhindert und ihr krimineller Charakter geleugnet. *Tod auf Bestellung* enthüllt die bislang unbekannten Hintergründe dieser Todesfälle und entlarvt dabei den Einsatz von Mord als Mittel politischer Auseinandersetzung.

## Der Herausgeber

Heribert Blondiau ist Fernsehredakteur beim WDR in Köln. Er ist Autor und Regisseur zahlreicher preisgekrönter Dokumentationen, Reportagen und TV-Essays zu zeithistorischen, außenpolitischen und wirtschaftlichen Themen.

Heribert Blondiau (Hg.)

# Tod auf Bestellung

## Politischer Mord im 20. Jahrhundert

Ullstein

Ullstein Taschenbuchverlag
Der Ullstein Taschenbuchverlag ist ein Unternehmen
der Econ Ullstein List Verlag GmbH & Co. KG, München
1. Auflage 2002

Umschlagkonzept: Lohmüller Werbeagentur GmbH & Co. KG, Berlin
Umschlaggestaltung: Init GmbH, Bielefeld
Titelabbildung: Atelier 59 – Annegret Ehmke, Prof. Fritz Lüdtke, Mirjam Mößner
Druck und Bindearbeiten: Clausen & Bosse, Leck
Printed in Germany
ISBN 3-548-36331-8

*»Ich kann mir nicht helfen, aber ich glaube, dass dies das gewalttätigste Jahrhundert der Menschheitsgeschichte war.«*

William Golding

# Inhaltsverzeichnis

# Vorwort

Sterben macht müde. Diese düstere und unheilschwangere Spruchweisheit aus Sizilien war einer der Lieblingssätze Michele Sindonas, des italienischen Superbankiers und der Vertrauensperson von Mafia und Vatikan für alles Finanzielle. Mit dieser Sentenz stellte der zynische Dunkelmann gerne seine abgründige Skepsis zur Schau. Für die Aktivisten des politisch motivierten Anschlags in aller Welt, für die Meuchler aus Überzeugung und auf Bestellung, für die Attentäter mit historischer Mission und die selbsternannten Vollstrecker der Geschichte kann der Satz nicht gegolten haben. Im Gegenteil. Denn wie kaum eine Epoche zuvor war die zweite Hälfte des vergangenen Jahrhunderts – es herrschte der Kalte Krieg – ein ergiebiger Nährboden für den politischen Mord. Und Sindona selbst hat ihn am eigenen Leibe erfahren müssen – trotz der vermeintlichen Abgeschlossenheit im Hochsicherheitstrakt des Gefängnisses von Voghera. Jedenfalls stand er uns als Zeitzeuge nicht mehr zur Verfügung, als wir ihn gegen Ende der 80er Jahre nur zu gerne nach den Details vatikanischer Finanzengagements befragt hätten: Ein mit Zyankali vergifteter Espresso hatte ihn 1986 zum Schweigen gebracht.

Was war das für eine Zeit, in der der politische Mord so häufig als eine Fortsetzung der Politik mit anderen Mitteln herhalten musste? Der Historiker Eric Hobsbawm spricht in seiner Weltgeschichte vom »kurzen 20. Jahrhundert« und meint damit die Zeit von 1914–1991, also vom Beginn der Weltkriegskatastrophen bis zur Auflösung der Sowjetunion. Den zweiten Teil dieser Zeit, es sind die 45 Jahre vom Abwurf der ersten Atombombe bis zum Ende der sozialistischen Staatengemeinschaft, umfasst die Periode des Kalten Krieges. Genau in dieser heiß-kalten Fieberphase der Weltgeschichte ereigneten sich die acht Morde, über die wir in unseren Fallstudien berichten. Einerseits – aus dem Blickwinkel des resümierenden Betrachters – handelte es sich um eine internationale Großwetterlage, die von der konstanten Konfrontation der beiden Supermächte geprägt war, die der Zweite Weltkrieg übrig gelassen hatte. Aber der Kalte Krieg war ja nicht nur ein objektives Datum für die Geschichtsschreiber. Für die Autoren ist er auch erlebte Zeitgeschichte, Stoff für subjektive Wahrnehmungen und Basis von Lebensgeschichten.

Das war nichts, was wir aus Büchern erst hätten lernen müssen. Der Kalte Krieg bleibt eine unmittelbare Lebenserfahrung, originär und einzigartig. Etwas, das wir alle hautnah mitbekommen haben, das uns täglich umgab und mit dem wir groß geworden sind. Der glühende Antikommunismus in der Bundesrepublik der 50er und frühen 60er Jahre, der einer Kreuzzugstimmung gleichkam, war prägend und wurde über viele Jahre Teil unserer Existenz. Unsere politische Lebensgeschichte in Elternhaus, Kirche und Schule begann meist antikommunistisch.

Bilder sind mir von damals geblieben, Ereignisse, Episoden, Sätze. Eindrücke von einer klaren und eindeutigen Welt. Später erst folgten Irritationen und bis heute auch die Erinnerung an manchmal tiefsitzende Ängste. Da war mein Blick auf eine Schlagzeile des Koreakrieges, flüchtig, weil auf dem Weg zur Frühmesse, aber dennoch voller Beklemmung: Die Freiheit stehe auf dem Spiel, die Amerikaner und ihre Bündnispartner kämpften für sie. (Erst später erfuhr ich, dass die Bündnispartner praktischerweise das Kostüm der Vereinten Nationen verwendet hatten.) Da waren die Fotos und Wochenschauen von 1953 mit den russischen Panzern in Berlin. Und wieder ging es um »die Freiheit«, jetzt in der DDR. Diesmal rührten die Amerikaner sich nicht und drei Jahre später in Ungarn auch nicht. Dabei schien unser Geschichtslehrer an dem kleinstädtischen Gymnasium im Rheinland nichts sehnlicher zu wünschen als ein »Eingreifen«, wenn er »von den Horden aus dem Innern Asiens« sprach, die sich in »unserem Land« breit gemacht hätten. Oder der Religionslehrer mit dem hochroten Kopf, der sich über die Gottlosigkeit der Kommunisten ereiferte, dessen Herz aber merkwürdigerweise für die kämpfenden Arbeiter schlug und der die Menschenrechte für »die dort drüben« einklagte. Mit Feuer und Schwert hätte er am liebsten eingegriffen. Beide hatten noch wenige Jahre zuvor den rechten Arm gehoben oder nur mit der Schulter gezuckt, wenn in der Nachbarschaft die Nazis jüdische Mitbürger abgeholt hatten. Aber den Zusammenhang verstand ich erst später, denn die herrschende Stimmung umgab uns wie eine zweite Haut.

Und dann war da das traumatische Jahr 1962. Die Kubakrise erfüllte die Oberstufe mit Entsetzen. Tagelang fragten wir uns, wie viel Zeit noch bleiben wird, ob wir den nächsten Tag noch erleben werden. Der Kalte Krieg war dabei, heißzulaufen. Die lähmende Angst von damals habe ich nicht vergessen. Auch nicht die tiefe Erschütterung des Abiturienten, als ein Jahr später der jugendliche Präsident der USA, John F. Kennedy, erschossen wurde. Eine große Hoffnung schien zu platzen, wie auch wenige Jahre später, als der charismatische Martin Luther King und der große Seelenfänger Robert Kennedy innerhalb weniger Monate brutal ermordet wurden.

Die späteren Erinnerungen an den Kalten Krieg waren dann

schon von anderer Qualität, die Aufteilung der Welt wurde nicht mehr nur schwarz-weiß reflektiert, das Eindimensionale war ein Thema an den Universitäten geworden. Die amerikanische Bürgerrechtsbewegung erfasste auch die deutschen Hochschulen. Und noch eine Beobachtung – schon aus der Endzeit des Kalten Krieges – behielt ich lebhaft im Gedächtnis. Ein kleines Beispiel dafür, wie die Erscheinungen nicht immer zeigen, wofür sie eigentlich stehen. Als es Anfang der 80er Jahre bei vielen Prominenten und besonders in den Reihen von Politikern, die für ihre industrienahe Haltung bekannt waren, in Mode kam, Anstecker der polnischen Gewerkschaftsbewegung mit dem Schriftzug »Solidarnosc« zu tragen, war das nicht nur verlogen, es war auch ein kokettes Spiel mit den Posen des Protests. Der Kalte Krieg als Postmoderne.

Und was war der historische Rahmen für unsere Erlebnisse? Verantwortlich für die Aufteilung der Nachkriegswelt in verschiedene Einflusszonen war die Konferenz der Alliierten in Jalta gewesen, die noch während des Krieges getagt hatte. Die Ordnung, die hier beschlossen wurde, hielt dann fast ein halbes Jahrhundert – bis zum Fall der Berliner Mauer. Für Millionen Menschen mag diese Zeit des Kalten Krieges ein Herd permanenter Bedrohung und Beunruhigung gewesen sein, die internationalen Beziehungen jedoch wurden durch das Blockdenken des Ost-West-Konflikts ganz offensichtlich stabilisiert. Auch wenn sich in den gut vier Jahrzehnten vor allem die US-amerikanische Regierung nicht selten in einer apokalyptischen Rhetorik gefallen sollte – Präsident Reagan nannte die Sowjetunion das »Reich des Bösen« –, so blieb die »unfertige« Lage nach dem Krieg doch wie eingefroren. Stillschweigende Vereinbarungen sorgten dafür, dass der Kalte Krieg die meiste Zeit wie ein Kalter Frieden funktionierte. Für Hobsbawm bildeten diese Jahre das »Goldene Zeitalter« in diesem Jahrhundert.

»Das Merkwürdige an diesem Kalten Krieg war, dass objektiv betrachtet gar keine unmittelbare Kriegsgefahr bestand. Ja, mehr noch: dass die Regierungen beider Supermächte ... jene globale Machtverteilung akzeptiert hatten, die auf ein ... Gleichgewicht der Mächte hinauslief.« Für Hobsbawm war es dieses geregelte Patt, das – trotz des hochgerüsteten Drahtseilakts eines permanenten In-Schach-Haltens – den großen nuklearen Schlagabtausch verhinderte. Subjektiv jedoch erlebten wir alle – die wir gleichzeitig Zeuge, aber auch Geisel dieser Epoche waren – diese Dauer-Drohung der Supermächte als Tanz auf dem Vulkan.

Das Paradoxe hatte Bestand. Während die Interkontinentalraketen in ihren Silos blieben, durfte weltweit im Namen von »Freiheit und Demokratie« oder »Gerechtigkeit und Gleichheit«, für »free enterprise und Weltmarkt« oder den »Sieg des Sozialismus« und die »Weltrevolution« gekämpft und gestorben werden. Immerhin, die Hauptkontrahenten stießen – ausgenommen war die Kuba-Krise – nicht unmittelbar aufeinander, und der atomare Weltenbrand fand nicht statt. Aber es blieben doch genügend »Schattenzonen«, in denen die verschiedenen Geheimdienste mehr oder weniger große Vorteile für das jeweilige Lager herauszuschlagen versuchten. Politischer Mord gehörte nicht nur im Extremfall zu ihren Mitteln, er war geradezu ein Erkennungszeichen des Kalten Krieges.

Auf diese Beobachtungen stützt sich auch die These unseres Buches: Für den politischen Mord in der zweiten Hälfte des 20. Jahrhunderts war der Kalte Krieg der Vater aller Dinge. Er beherrschte die Szene und stellte mit den Geheimdiensten auch meist den Regisseur für ein Stück, das als Daueraufführung gespielt wurde. Sein Titel: Ost-West-Konflikt. Die Attentate, um die es in den nachfolgenden Kapiteln geht, sind mörderische Ortstermine eines verdeckten Krieges, ein kalter

Show-down. Jeder Mordfall für sich steht auf seine Art jeweils für einen geschichtlichen Moment, in dem die Linien sich kreuzten und tödliche Schnittstellen entstanden waren.

Meist diente der politische Mord einem Anschlag auf eine Entwicklung, die den politischen und ökonomischen Eliten nicht oder nicht mehr genehm war. Die Tat sollte das Opfer strafen, Freunde warnen, Partner abschrecken und die Geschichte verändern. Häufig waren die Folgen der Handlung aber ganz andere als die durch die Tat intendierten – die List der Geschichte verwirbelte mitunter die Fäden. Dann fiel es schwer, Ursache und Wirkung auseinander zu halten oder überhaupt die Logik des Tötens zu verstehen. Erschwerend für das Verständnis kam hinzu, dass das Mordmotiv nicht unbedingt bei denen zu finden war, die den Mord ausführten: Wir trafen Täter, die nicht aus eigenem Antrieb handelten. Wir mussten feststellen, dass in dem durch die Systemkonkurrenz bedingten »Krieg« häufig Regierungsstellen und ihre Geheimdienste den Auftrag zum Mord erteilten. Die Folge war: Tod auf Bestellung.

Berichte oder Fernsehfilme über die Hintergründe von Attentaten in der Politik sind deswegen meist Enthüllungsgeschichten, die Arbeitsweise der Autoren ist investigativ. Insgesamt acht solcher Dokumentationen umfasst die ARD-Reihe über »Politische Morde«, die unserer Veröffentlichung zugrunde liegt. Die Autoren der Filme haben also »ihren« Mord und ihre Recherche für dieses Buch niedergeschrieben. Acht Mordgeschichten sind so entstanden.

Bei der Auswahl der Fälle haben wir uns von der Vorstellung leiten lassen, dass der jeweilige Mord Signifikanz besitzen sollte. Fälle also, wo die kriminelle Tat nicht nur für sich selbst steht, sondern – über die eigentliche Kriminalgeschichte hinausgehend – auf einen politisch-sozialen Konflikt verweist, der den Dingen zugrunde liegt. Auf diese Weise ist eine kleine Typologie entstanden. Geografisch ist je zweimal der afrikanische und der nordamerikanische Kontinent Ort des Geschehens, dreimal liefert Europa den Schauplatz und einmal Ägypten, das wir wegen seiner Besonderheiten zum Nahen Osten und nicht zu Afrika zählen wollen.

Nicht zufällig zum Beispiel geschahen zwei der politischen Morde in den 60er Jahren auf dem »schwarzen Kontinent«. Afrika, lange Zeit das koloniale Herzstück der alten imperialen Mächte, blieb auch in der Phase der Dekolonisierung ein Zankapfel. Obwohl die meisten postkolonialen Staaten eher antikommunistisch wurden, entbrannte um den Kongo ein erbitterter internationaler Streit, unmittelbar nachdem dieses Land von Belgien unabhängig geworden war. Inszenatoren eines politischen Schmierentheaters wollten das rohstoffreiche Katanga vom Kongo abspalten, wogegen sich der erste Präsident der Republik, der charismatische Patrice Lumumba, vehement zur Wehr setzte. Seine Gegner aber waren mächtig – vor allem US-amerikanische, britische und belgische Interessen standen auf dem Spiel – und bedienten sich der innenpolitischen Gegner Lumumbas, um ihre Ziele zu erreichen. Da der Präsident des Kongo der Sowjetunion Avancen zu machen schien, galt er als prokommunistisch, was seinen Tod beschleunigte. Als Lumumba dann noch die UNO zu Hilfe rief, war sein Schicksal besiegelt. Nur drei Monate nach Beginn seiner Amtszeit fiel Kongos erster Präsident Anfang 1961 in die Hände seiner internationalen Feinde, die ihn grausam folterten und in einem Waldstück bei Elisabethville (das heutige Lubumbashi) ermordeten. »Bist du jetzt immer noch unverletzbar?« sollen zuletzt die höhnischen Worte seiner Peiniger gewesen sein.

Aufstieg und Fall Lumumbas waren ein historisches Drama im Zeitraffer. Ein politischer Mord aus der Erbmasse der Kolonialzeit unter den Bedingungen des Kalten Krieges. Das

Personal dieser dunklen Tragödie hatte klassisches Format: Verschwörer, Söldner, Agenten – fast ausnahmslos Marionetten der Macht. Jahrzehnte wird es dauern, bis die volle Wahrheit ans Licht der Öffentlichkeit kommt. Und ein Zeuge der Ermordung hat – erstmals für die ARD – Einzelheiten des Geschehens dem Autor Thomas Giefer in die Kamera erzählt.

Auch das gewaltsame Ende Dag Hammarskjölds im selben Jahr ist unmittelbar mit der Rebellion im Kongo und der internationalen Konkurrenz im Kalten Krieg verknüpft. Der schwedische UNO-Generalsekretär war im Frühherbst 1961 mit einer gecharterten DC 6 im Kongo und Nord-Rhodesien (heute Sambia) unterwegs, um zwischen den Interessen der Kolonialmächte und denen des unabhängigen Kongo zu vermitteln. Anders aber als Briten und Belgier – später auch die Kennedy-Regierung der USA – war Hammarskjöld ein Befürworter der territorialen Integrität des unabhängigen Landes, nicht aber der Sezession Katangas vom Kongo. Diese Haltung brachte ihn und die UNO in zunehmenden Widerspruch zu den imperialen Hauptmächten. Am 18. September 1961 stürzte die Maschine des Generalsekretärs über dem afrikanischen Busch ab, das Cockpit war von Einschusslöchern durchsiebt, als man es fand. Die Aussagen eines Überlebenden und mehrerer afrikanischer Augenzeugen wurden nicht ernst genommen, eine Untersuchungskommission der UNO beließ es – trotz zahlreicher Merkwürdigkeiten – bei dem lapidaren Befund, die genaue Unglücksursache sei nicht rekonstruierbar. In den Jahrzehnten danach aber verstummten die Stimmen nicht, die den Tod des Schweden als »inszeniert« bezeichneten, darunter auch ein französischer Botschafter. Mit ihm und vielen anderen Zeitzeugen hat Autor Hans-Rüdiger Minow gesprochen, der dieses klassische Drama zwischen Macht und Moral beschrieben hat. Er ist zu dem Schluss gekommen: Die Vielzahl der zusammengetragenen Indizien und die Bewertung der Motive bei den politisch Verantwortlichen legt es nahe, von politischem Mord zu sprechen.

Warum aber tauchen zwei Morde aus der Republik Italien in unserer Reihe auf? Italien befand sich über Jahrzehnte an einer empfindlichen Nahtstelle zwischen Ost und West. Die Kommunisten, die aus dem Krieg überall stärker als jemals zuvor hervorgingen, waren auf der Apenninhalbinsel besonders präsent. Über mehrere Jahrzehnte hin schien die in Jalta vereinbarte Ordnung für Europa in Italien auf der Kippe zu stehen. Bereits 1948 hatten die USA eine militärische Intervention für den Fall geplant, dass die Kommunisten die Wahlen in Italien gewinnen würden. Und knappe 30 Jahre später war das Misstrauen immer noch da. Als der PCI 1976 mit 34,4% der Stimmen fast zu den Christdemokaten – sie bekamen nur 3% mehr – aufschloss, vertieften sich einige Sorgenfalten in Washington, London und Bonn. Als sich kurz darauf die Regierungschefs, Außen- und Wirtschaftsminister der sieben wichtigsten Industriestaaten in Puerto Rico zur globalen Abstimmung trafen, kamen Großbritannien, die USA, Frankreich und die Bundesrepublik Deutschland hinter dem Rücken der gleichfalls anwesenden Italiener überein: Sperrung sämtlicher Kredite im Falle einer kommunistischen Regierungsbeteiligung in Italien. Kanzler Helmut Schmidt verkündete dies anschließend auch öffentlich.

»Historischer Kompromiss« hieß damals die Strategie, die die Kommunisten in die nationale Verantwortung bringen sollte. Enrico Berlinguer, Chef der italienischen Kommunisten, hatte unter dem Schock des Scheiterns von Salvador Allende in Chile dieses Bündnis zwischen seiner Partei und den Christdemokraten entworfen, um die gesellschaftliche Blockade in Italien zu überwinden und der außenpolitischen Bevormundung durch Washington und Bonn zu entkommen. Sein Partner bei den Christdemokraten war Aldo Moro, dessen Partei, die DC, zwar mehrheitlich der Öffnung zustimmte, aber – besonders um den Polit-Veteranen und Vertrauensmann der Mafia, Giulio Andreotti – auch weiterhin klar antikommunistisch ausgerichtet blieb. Moros und Berlinguers Annäherungskurs wurde misstrauisch beobachtet, US-Außenminister Kissinger machte Moro bei einem Besuch in Washington drohend Vorhaltungen. Überliefert ist auch die deutliche Warnung eines US-amerikanischen Sendboten, der Moro mahnte: »Vergessen Sie Ihren Plan, eine direkte Zusammenarbeit zwischen allen politischen Kräften Ihres Landes zustande zu bringen. Entweder Sie lassen ihn fallen, oder Sie werden teuer dafür bezahlen.«

1978 nimmt das Drama dann seinen Lauf. Moro wird von den Roten Brigaden entführt und in einem Versteck gefangen gehalten. Als Moro im »Volksgefängnis« begriff, dass man ihn zwar suchte, aber nicht finden wollte, diktierte er den Rotbrigadisten die politischen Skandale Nachkriegsitaliens in die Maschine – Moro packte aus. Doch die Terroristen benutzten ihr Wissen nicht. Längst waren ihre Kader von Geheimdiensten unterwandert, Kopien der Aufzeichnungen gelangten in andere Hände, für einen Deal mit dem Staat wurde zu viel Zeit verschlissen, schließlich wurde Moro – nach wochenlangen Scheinverhandlungen – von den Terroristen ermordet.

Heute wissen wir: Die Geheimdienste – allen voran die CIA – hatten schon bei der Entführung des Politikers ihre Hände im Spiel. Aldo Moro und das Konzept des Historischen Kompromisses passten nicht in das Szenario des Kalten Krieges. Mit der Beseitigung dieses Politikers sollte auch der Eintritt der Kommunisten in eine westeuropäische Regierung verhindert werden. Es herrschte Arbeitsteilung. Den blutigen Teil des Jobs überließ der italienische Staat den Terroristen der Roten Brigaden, die aber »in Wirklichkeit nur Werkzeuge in den Händen anderer« waren. Der Fall Moro ist wegen seiner politischen Auswirkungen kein gewöhnliches Attentat, sondern ein Mord von weltgeschichtlicher Bedeutung. Michael Busse und Maria-Rosa Bobbi ist es gelungen, dieses spektakuläre Drama spannend zu dokumentieren.

Was aber war mit dem italienischen Bankier Roberto Calvi, der an einem schönen Morgen des Frühsommers 1982 in London an der Blackfriars Bridge hing? Ein politischer Mord? Und warum sollte dieser Selbstmord und die ihm vorausgehende Firmenpleite politisch sein? Weil nichts so war, wie es aussah: Der Selbstmord war inszeniert und in Wahrheit ein Mord, die Pleite in Mailand kein richtiger Bankrott, und beides konnte sich so nur vor dem Hintergrund des Kalten Krieges ereignen. Und ein Motiv, Calvi aus dem Weg zu räumen, hatten viele. Vor allem aber die damalige US-Regierung und der Vatikan.

Calvis Banco Ambrosiano – die größte Privatbank Italiens – war seit Jahren mit der Bank des Vatikans IOR geschäftlich eng verbunden. »Bankier Gottes« nannte man ihn deswegen. Sein Partner in der Vatikanbank war deren dubioser Chef Monsignore Paul C. Marcinkus. Beide wickelten betrügerische Geschäfte im großen Stil ab, meist zum größeren Nutzen der Vatikanbank. Mit dem Amtsantritt von Papst Wojtyla – einem militanten antikommunistischen Kirchenfürsten aus Polen – besorgte Roberto Calvi auch zunehmend politische Deals für den Kirchenstaat, selbstverständlich unter dem Diktum absoluter Geheimhaltung. Im Rahmen einer Heiligen Allianz zwischen US-Präsident Ronald Reagan und dem polnischen Papst versorgte dann Calvi die regimefeindliche Gewerkschaftsbewegung Solidarnosc in Polen mit Millionen von Dollars. Auf dem Höhepunkt des Kalten Krieges war diese offensive Subversion durch Papst und Präsident von höchster Brisanz für die Blöcke.

Als Calvis Bank vorübergehend in Liquiditätsschwierigkeiten geriet, wendete er sich an die Priester im Vatikan – allen voran an seinen Komplizen Paul Marcinkus – um Unterstützung. Der aber ging auf Distanz, weil sich inzwischen Untersuchungsbeamte um Calvi kümmerten. Darauf forderte der Bankier Hilfe bei Kardinalstaatssekretär Casaroli ein und zu guter Letzt schrieb er einen Erpresserbrief an Papst Johannes Paul II. Keine zwei Wochen später war Roberto Calvi tot, ermordet von einem Killerkommando der römischen Mafia. Die Tasche des Bankiers mit Geheimunterlagen, auch über die polnische Finanzierung, kaufte der Vatikan später für viele Millionen Dollar vom Markt.

Der politische Mord an Roberto Calvi scheint wie eine Geschichte aus dem Tollhaus des Kalten Krieges. Calvi, der betrogene Betrüger, hatte hoch gespielt und – verloren. Der Mann aus Mailand stieg auf zum mächtigen Geheimbankier des Vatikans und beschaffte dem politisch ehrgeizigen Papst aus Polen die Gelder für seinen antikommunistischen Feldzug im Osten. So entwickelte sich ein weltpolitisches Ränkespiel mit letztlich historischen Folgen für die Auflösung der Blöcke. Roberto Calvi aber verstrickte sich im Räderwerk, ein Spieler, der zu spät erkannte, dass er nur eine Figur in einem noch größeren Spiel war. Auch die bizarren Umstände seines Todes – die mysteriöse, fast okkulte Art der Ermordung des Bankiers und die mehrmalige Obduktion der Leiche – haben etwas Endzeitliches. So jedenfalls kam es uns, dem römischen Korrespondenten Udo Gümpel und mir, vor, nachdem wir den Fall Calvi über viele Jahre intensiv verfolgt hatten.

Die bekanntesten Mordfälle unserer Reihe stammen aus den USA. Beide ereigneten sich im amerikanischen Schicksalsjahr 1968 und beide setzten das Land einer inneren Zerreißprobe aus. Aber der Anstoß für die Krise im Innern war auch hier außenpolitisch begründet. Die USA befanden sich 1967/68 in einer Phase intensiver Vorbereitungen, um dem

Krieg in Vietnam eine entscheidende Wendung zu geben. Sowohl der die Massen aufwühlende Bürgerrechtler Martin Luther King als auch der eine Hürde nach der anderen nehmende Präsidentschaftskandidat Robert F. Kennedy waren da unsichere Kantonisten. Der eine predigte zivilen Ungehorsam und forderte die Schwarzen auf, den Wehrdienst zu verweigern. Der andere zeigte sich betroffen vom Leid in Vietnam und kündigte an, das amerikanische »Engagement« in Südostasien zu beenden. Danach fielen jeweils Schüsse.

Es ist der 4. April 1968, als der Schuss Martin Luther King auf dem Balkon des Lorraine Hotels in Memphis tödlich trifft. Er stürzte die US-Gesellschaft in eine Krise, tagelang standen die Schwarzenghettos vieler Städte in Flammen. Das Attentat war – nach den Schüssen von Dallas – der folgenschwerste Mordfall in der jüngeren amerikanischen Geschichte. Mit King starb auch der Traum vom gewaltlosen Kampf gegen den Rassismus. Bis heute hat sich die Bürgerrechtsbewegung nicht vom Verlust ihres charismatischen Führers erholt.

Auf der Jagd nach dem Mörder verfolgte das FBI aber von Anfang an nur eine Spur, die von James Earl Ray. Ray, ein entsprungener Sträfling, wurde zwar wenig später in London festgenommen, viele Fragen blieben jedoch offen. Schon damals gab es den Verdacht, der sich im Laufe der Jahre erhärte, dass nicht der Gejagte, sondern sein Jäger – FBI-Präsident J. Edgar Hoover – hinter dem Mordkomplott stecken könnte. Mit der ganzen Macht seiner Organisation hatte er nämlich King seit Jahren bespitzelt, kompromittiert und versucht, ihn in den Selbstmord zu treiben.

Autor Thomas Giefer ist es gelungen, das letzte Fernsehinterview mit dem todkranken James Earl Ray im Gefängnis von Nashville zu führen, der dort für ein Verbrechen büßte, von dem auch die King-Familie glaubt, dass er es nicht begangen hat. Prominente Zeitzeugen und Weggefährten führten uns statt dessen zu einer Spur für den Mordauftrag, die über das FBI bis in das Weiße Haus weist.

Auch der zweite Mordfall dieses traumatischen Jahres 1968 nahm der amerikanischen Nation einen glanzvollen Hoffnungsträger. Als die Schüsse Robert Francis Kennedy in der Küche des berühmten Ambassador Hotels in Los Angeles niederstrecken, ist der Senator gerade als strahlender Sieger aus den demokratischen Primary Wahlen hervorgegangen. Der mexikanische Hoteldiener Juan kniete sich sofort neben den gestürzten Kennedy und hielt seinen Kopf hoch. Als er spürte, wie das Blut seine Hand wärmte, drückte er in seiner Verzweiflung dem sterbenden Kennedy seinen Rosenkranz in die Hand.

Mit Robert F. Kennedy starb nochmals ein Stück jenes amerikanischen Traums von der befriedeten Gesellschaft. Nach den Attentaten auf den Bruder John und Reverend King war den Amerikanern mit Robert Kennedy der vorerst letzte Hoffnungsträger für eine humanere Gesellschaft genommen – sie starb unter den Kugeln von Sirhan Sirhan, einem 22jährigen Einwanderer aus Palästina. Auch wenn Robert Kennedy nur 43 Jahre alt wurde, hatte er dennoch in seiner kurzen politischen Karriere viel gelernt. Die Rettung des zerrissenen Landes sah er in einem großen Bündnis, in einer von Rassendiskriminierung befreiten USA. Ein weiter Weg für den einstigen »bad cop«, den arroganten und jähzornigen Frauenhelden, dem sogar ein Verhältnis mit der Frau seines ermordeten Bruders nachgesagt worden war. »I believe that, as long as there is plenty, poverty is evil« hatte er zuletzt gesagt und nach einem Besuch in einem chilenischen Bergwerk bekannte er: »Wenn ich jeden Tag hier arbeiten würde, wäre ich auch Kommunist.« Die Wandlung des »zweiten« Kennedy hätte vollständiger nicht sein können. Als dann die Schüsse in L. A. fielen, vernichteten sie ein junges Leben und zerstörten die

Hoffnungen einer ganzen Generation. Während dieser zweite politische Mord dem Kennedy-Clan endgültig die Aura des Schicksalhaften verlieh, demonstrierte er der Nation die Nachtseite des amerikanischen Traums. Autor Yoash Tatari beschreibt sie ungeschminkt.

Worüber haben wir nicht gesprochen, wer fehlt noch aus unserer Reihe der politischen Attentate? Da ist der Fall des britischen Admirals Lord Louis Mountbatten und der des ägyptischen Präsidenten Anwar al Sadat. Für beide politischen Morde scheint der Kalte Krieg auf den ersten Blick keinen Erklärungswert zu besitzen. Das täuscht jedoch, der Zusammenhang stellt sich nur etwas verdeckter dar. Sicher ist richtig, dass der irisch-englische Konflikt, der dem Terroranschlag auf das Mitglied des britischen Königshauses zugrunde liegt, vor dem Kalten Krieg begann und danach auch noch nicht ausgestanden war. Die IRA jedoch, die ja den Anschlag auf Mountbatten verantwortete, spiegelte gerade in den unterschiedlichen Strömungen der »Befreiungsbewegung« ein Stück Zerrissenheit des Kalten Krieges. Als antikoloniale Bewegung war die IRA einerseits Bündnispartner der kommunistischen Weltbewegung, über ihre nationalistischen Flügel aber steckte sie tief im Morast rassistischer Ressentiments.

Hans-Rüdiger Minow erzählt in »Blutiger Montag« von der zynischen Grausamkeit des Terrors im Kostüm der IRA und deckt dabei eine Haltung irischer Nationalisten auf, die eng mit dem Gedankengut von Blut und Boden verwandt ist. Dabei gelingt ihm – über die dichte Dokumentation eines politischen Attentats hinaus – eine sensible Mentalitätsstudie über Enge und Gewalt.

Auch das Attentat auf Sadat scheint nur auf den ersten Blick nicht in das Deutungsmuster vom Kalten Krieg zu passen. Dabei hatte Sadat die Blockdenker aller Couleur mit seiner Friedensmission vor den Kopf gestoßen und gerade damit ja die Existenz und Wirksamkeit der im Kalten Krieg erstarrten Fronten bestätigt. Ägypten war als Hauptmacht der arabischen Welt über viele Jahre mit dem sozialistischen Lager liiert. Und nach dem Bruch mit der Sowjetunion durch Sadat erhielt es als Belohnung für den Frontwechsel die höchste Entwicklungshilfe aller Staaten in der Dritten Welt.

Als der ägyptische Präsident 1977 nach Jerusalem flog, um mit dem Erzfeind Israel Frieden zu schließen, unterzeichnete er mit dem Friedensvertrag gleichzeitig sein eigenes Todesurteil. Auch wenn dieses Urteil dann islamische Fundamentalisten am 6. Oktober 1981 an ihm vollstreckten, war Sadat zuvor schon politisch von den an der UdSSR orientierten arabischen Staaten liquidiert worden, die ihn als »Verräter« in die Enge getrieben hatten. Wenn man so will, war dies auch schon eine Art von Auftragserteilung an die Mörder – indirekt, aber kaum weniger effektiv. Autor Wilfried Huismann ist mit »Tod des Pharao« eine Dokumentation über einen der ungewöhnlichsten und mutigsten Politiker unserer Zeit gelungen.

Acht Attentate, acht Morde. Acht Anschläge auf das Jahrhundert? Jede dieser Gewalttaten hat auf ihre Weise Geschichte gemacht und einige haben den Lauf der Welt verändert. Meist aber sollten sie Veränderung nicht zulassen. Genau gesehen, war das sogar das häufigste Motiv der politischen Morde, des Pudels eigentlicher Kern: Alles sollte so bleiben, wie es war. Die gesellschaftlichen Verhältnisse, die Kartellierung der Macht, die Aufteilung der Welt – nichts von dem sollte dem Wandel unterworfen sein. Selbst in seinen heißen Momenten funktionierte der Kalte Krieg nämlich noch als Ordnungsfaktor. Aber auch er hat, wie wir wissen, nicht ewig gedauert.

Heribert Blondiau

# Tod in Rom

## Der Fall Aldo Moro

Von Michael Busse und Maria-Rosa Bobbi

*»In der Via Fani hat der Kalte Krieg zugeschlagen.
Die Roten Brigaden sind nur ein kleiner Motor.
Die Rakete, das sind andere.«*
MINO PECORELLI in Osservatore Politico 1978

Keiner nimmt den mittelgroßen Mann wahr, der am 9. Mai 1978 kurz nach 12 Uhr die Schalterhalle des römischen Bahnhofs Stazione Termini betritt. Er hat es eilig. Und er scheint beunruhigt. Immer wieder sieht er sich um.

Den Ort, den er sucht, findet er sofort: eine Reihe von Telefonzellen in der Mitte der Halle. Hastig zieht er eine Münze aus der Tasche. Er hat sie schon lange in der Hand. Jetzt lässt er sie in den Schlitz des Telefons gleiten, wählt, wartet. Ein Klingeln, noch eins und wieder eins. Nervös blickt er hinter sich. Keiner der Umstehenden schenkt ihm Aufmerksamkeit.

Endlich das erlösende Knacken. Der Mann nimmt schnell die Hand an die Muschel und spricht einen Text, über den er offenbar lange nachgedacht hat.

*»Hallo, ist da Professor Franco Tritto?«*

*»Wer spricht da?«*

Mit dieser Wendung hatte der Anrufende nicht gerechnet.

Barsch wiederholt er seine Frage: »*Sind sie Professor Franco Tritto?*«

»*Ja, das bin ich.*«

Erleichtert spult er in schnellem Stakkato seine Nachricht herunter: »*Ich weiß, dass Ihr Telefon abgehört wird. Trotzdem müssen Sie eine letzte Nachricht an die Familie Moro weiterleiten …*«

»*Ja, aber ich möchte wissen, wer da spricht!*« unterbricht ihn die Stimme am anderen Ende schon wieder.

Ein kurzes Zögern. Schließlich, fast erleichtert: »*Rote Brigaden.*«

Der Mann am anderen Ende fällt in erschrockenes Schweigen.

»*Hallo, sind Sie noch da? Haben Sie verstanden?*«

Pause. Dann: »*Ja.*«

»*Hören Sie, ich kann nicht lange sprechen. Sie müssen der Familie etwas ausrichten. Sie müssen selbst hingehen und sagen: Wir erfüllen den letzten Willen des Parteichefs und teilen der Familie mit, wo sie den Körper Aldo Moros finden kann.*«

Der Mann am anderen Ende verschluckt sich mehrere Male. Er hat zu weinen begonnen: »*Und was soll ich machen?*«

»*Sie sollen der Familie mitteilen, dass der Körper Aldo Moros in der Via Caetani ist, in einem roten R4. Weil es der letzte Wille Moros ist, dass seine Familie seinen Körper zurückbekommt.*«[1]

Einige hundert Meter weiter. In der Abhörzentrale der Polizei läuft ein Tonband und zeichnet das Gespräch auf. Ein Polizist hört mit. Dreieinhalb Minuten lang. Zeit genug, um den Anrufer zu ermitteln und die beiden Polizeiwachen im Bahnhof – sie sind nur wenige Meter von der Telefonzelle entfernt – zu alarmieren.

So hätte es sein können. So war es aber nicht. Der Anrufer beendet ungestört sein Gespräch und entkommt unerkannt.

Es ist nur eines dieser Rätsel einer langen Kette von Nachlässigkeiten, die aus der Entführung und Ermordung des Präsidenten der christdemokratischen Partei Italiens eine bis heute unaufgeklärte Affäre werden ließen: den Fall Aldo Moro.

Begonnen hatte alles zwei Monate zuvor.

Rom, 16 März 1978, 8 Uhr. Im italienischen Parlament laufen die Vorbereitungen für einen historischen Tag. Noch am Vormittag soll die erste Regierung Westeuropas gewählt werden, an der auch Kommunisten beteiligt sind. Ein Erfinder dieser Politik ist der Christdemokrat Aldo Moro. Mehrmals war er schon Minister, zweimal sogar Regierungschef. Seit Jahren arbeitet er auf diesen Tag hin. Durch die Einbindung der kommunistischen Partei in die politische Verantwortung will er die Blockade des Landes aufbrechen und notwendige soziale, wirtschaftliche und politische Reformen einleiten.

Sein Partner auf der anderen Seite ist Enrico Berlinguer, charismatischer Chef der Kommunistischen Partei Italiens. Als erster im Westen hatte er seine Partei aus der Umarmung Moskaus gelöst und den Euro-Kommunismus aus der Taufe gehoben. Im Historischen Kompromiss – der Zusammenarbeit zwischen Kommunisten und Christdemokraten – sieht er nun die große Chance, seine Partei aus der Isolation, in der sich alle kommunistischen Parteien Westeuropas wegen des Kalten Krieges und ihrer fortdauernden Moskauhörigkeit befanden, herauszuführen. Zwölf Jahre vor dem Fall der Berliner Mauer. Ein gewagtes Unternehmen auch für die Linke, wie sich zeigen wird.

An diesem Morgen ging es also um mehr als nur um die Wahl einer weiteren der unzähligen Regierungen, die Italien schon gesehen hatte.

Aldo Moro, die treibende Kraft des Ereignisses, bleibt für diesen Tag eigentlich nur die Rolle eines Zuschauers. Als Parteichef hat er über Monate den Historischen Kompromiss vorbereitet und jeden Abgeordneten auf die neue politische Linie eingeschworen. Doch die konkrete Regierungsarbeit soll ein anderer machen: Giulio Andreotti. Um die eigenen Reihen, vor allem aber die USA, zu beruhigen, ist er als Garant für die Kontinuität der italienischen Außenpolitik auserwählt worden. Er wird die neue Regierung leiten. Aldo Moro selbst will als Präsident der Democrazia Cristiana die auseinanderstrebenden Flügel der Partei zusammenhalten. Denn die neue Politik hat viele Gegner, vor allem bei der Armee, den Geheimdiensten und der Polizei. Später wird sich herausstellen, dass die Sicherheitskräfte des Staates aufmerksam die Wende der italienischen Politik beobachtet hatten und nicht untätig geblieben waren.

## *Fünf Tote und eine Aktentasche*

Ob Aldo Moro davon etwas wusste, ist nicht bekannt. Kurz vor neun Uhr verlässt er an diesem Morgen seine Wohnung in der Via Forte Trionfale. Er will sich ins Parlament begeben. Seine Eskorte wartet vor der Tür. Moro steigt hinten links in seinen Dienstwagen. Ein zweiter Wagen fährt mit weiteren Sicherheitsbeamten vorneweg. Der Chef der Eskorte, Oreste Leonardi, ist beunruhigt. Er ist sicher, dass das Auto Moros seit Wochen von Unbekannten verfolgt und beobachtet wird. Mehrmals hat er darüber mit seinen Vorgesetzten gesprochen. Aus diesem Grund hatte Moro auch immer wieder einen gepanzerten Dienstwagen angefordert. Dieser Wunsch ist ihm vom zuständigen Innenministerium ebenso regelmäßig abgelehnt worden. Später wird eine Untersuchung zu diesem Thema durchgeführt. Sie wird zeigen, dass es im Innenministerium zum Zeitpunkt der Entführung Moros 28 gepanzerte Fahrzeuge gab, die meist an weniger wichtige Persönlichkeiten verteilt wurden. An diesem Morgen fahren sogar harmlose Unterstaatssekretäre mit gepanzerten Limousinen im Parlament vor. Nur Aldo Moro nicht.

Kurz nach neun biegt er in die Via Fani ein. Am Ende der Straße wartet der Hinterhalt. Plötzlich stoppt ein zurückstoßendes Fahrzeug den Konvoi. Fast gleichzeitig beginnt ein Feuerhagel aus mehreren Maschinenpistolen. 92 Einschüsse wird man zählen, 46 aus einer einzigen Waffe. Die Attentäter, alle Mitglieder der linksextremen Roten Brigaden, arbeiten mit der Präzision von Eliteschützen. Die fünf Polizisten der Eskorte Moros sind auf der Stelle tot. Moro dagegen hat keine Schramme abgekriegt. Er, der einzige Überlebende des Massakers, wird von den Terroristen in ein bereitstehendes Auto geschleppt. Andere bemächtigen sich seiner Aktentaschen. Dies wird die offizielle Version. Dann beginnt die Flucht. Zurück bleiben fünf Tote.

Zur gleichen Zeit kehrt der Karosseriearbeiter Gherardo Nucci in seine Wohnung zurück. Er sieht die Leichen am Boden und die zerschossenen Autos. Eigentlich wollte er nur einen Fotoapparat holen, um seine zu reparierenden Unfallwagen aufzunehmen. Kaum in seiner Wohnung angekommen, stürzt er auf den Balkon und macht einige Bilder vom Tatort. Am Nachmittag wird seine Frau – sie arbeitet in einer Presseagentur – den Film entwickeln lassen und die Bilder einem der gerade eingesetzten Untersuchungsrichter übergeben. Auf ihnen hätte man alle Personen sehen können, die vor dem Eintreffen der Polizei am Tatort waren. Ein wichtiges Dokument, denn gleich nach der Tat kommen erste Zweifel auf, ob die Roten Brigaden in der Lage waren, eine militärische Aktion dieser Größenordnung alleine durchzuführen.

Der Verdacht, jemand könnte ihnen dabei geholfen haben, macht die Runde. Doch die Bilder, die den Verdacht hätten erhärten oder ausräumen können, verschwinden auf unerklärliche Weise und tauchen nie wieder auf.

Zurück zur Chronologie: In der Polizeizentrale laufen mehrere Anrufe ein: »*Moro ist in der Via Fani entführt worden.*«

Die Beamten rufen nun einen Streifenwagen, der zu diesem Zeitpunkt in der Via Bitossi vor der Wohnung eines hochgefährdeten Richters stationiert ist, zur Via Fani. Er hat Befehl, um nichts in der Welt seinen Standort zu verlassen. Ausgerechnet dieser Streifenwagen wird nun als erster gerufen und nicht einige andere, die viel näher am Tatort sind. Vielleicht ein Zufall. Doch ist es immer noch ein Zufall, wenn man weiß, dass keine zwei Minuten später die flüchtenden Brigadisten mit Aldo Moro an Bord ausgerechnet in diese Straße hineinfahren? Wussten sie etwa, dass der Streifenwagen, der hier normalerweise Tag und Nacht stationiert ist, gerade abgezogen worden war? Oder hatte etwa keiner von ihnen je den Ort besichtigt, an dem die gefährlichste Operation der Flucht durchgeführt werden soll: der Wechsel der Autos? Wusste keiner von ihnen, dass dies die bestbewachte Straße des Viertels ist, durch die regelmäßig Streifenwagen fahren, weil hier der christdemokratische Parlamentsabgeordnete Piccoli wohnt? Oder waren sie etwa darüber informiert worden, dass sie an diesem Tag von der Polizei nichts zu befürchten hatten, weil jemand in der Polizeizentrale eine schützende Hand über sie hielt? Das würde erklären, warum sie Aldo Moro gerade hier aus ihrem Auto zerren und in den bereitstehenden Kleinlaster schleppen, in dem ein Holzgefängnis vorbereitet worden war. Diese Geschichte ist so unglaublich, dass man sie für erfunden halten könnte, gäbe es in der Via Bitossi nicht eine Zeugin, die Teile der Operation von ihrer Wohnung aus gesehen hat.

Und auch am Tatort setzt sich jetzt die Serie der Merkwürdigkeiten fort. 9 Uhr 30. Die Polizei ist inzwischen eingetroffen. Auch die Presse und Eleonora Moro, die Frau des entführten Politikers. Mit einem kurzen Blick in das zerschossene Auto ihres Mannes stellt sie den Verlust der Aktentaschen fest, in denen Moro gewöhnlich seine wichtigsten Dokumente mit sich führte. Dass sie im Wagen waren, belegt die Blutspur eines der Opfer. Sein Blut war auf dem Boden des Hintersitzes um die Aktentaschen Moros geflossen und angetrocknet. Jetzt fehlen die Taschen. Dort, wo sie gestanden hatten, ist der Teppich unbefleckt.

In dieser Zeit entstehen fast alle Fotos. Bis auf eines. Ein Fotograf, der eine halbe Stunde zu spät erschienen ist und nicht mehr weiß, was er noch aufnehmen soll, macht einige Aufnahmen vom Inneren der Autos. Doch er legt den Film unbearbeitet beiseite. Erst fünfzehn Jahre später wird er neugierig, entwickelt die Bilder und man sieht, dass die bis heute als verschwunden erklärten Aktentaschen Moros wieder an ihrem Platz stehen. Nicht die Roten Brigaden, sondern ein bis heute Unbekannter hat sie also für eine knappe halbe Stunde an sich genommen, vielleicht wichtige Dokumente aussortiert und dann ins Auto zurückgestellt.

Moros Sekretär, Corrado Guerzoni, erklärt kurz nach der Entführung, dass sich in einer der Aktentaschen vermutlich Dokumente zu einem Bestechungsskandal der amerikanischen Flugzeugfirma Lockheed befunden hatten, eine Affäre, in die auch italienische Politiker verwickelt waren. Das Delikate daran: Gut informierte Quellen, die man in den Reihen der CIA vermuten kann, hatten einige Wochen zuvor italienischen Zeitungen Informationen zugespielt, denen zufolge es Moro war, der die Bestechungsgelder der Flugzeugfirma angenommen hatte. Mehrere Zeitungen veröffentlichten die Geschichte. Der ferngesteuerte Versuch, Moro mit dieser Enthüllung politisch zu erledigen, lief auf Hochtouren. Doch dann erwies sich die Geschichte als eine durch bestimmte Kreise lancierte Fehlinformation. Die Strategie des politischen Rufmords war damit gescheitert. Folgte deshalb nun der physische, der echte Mord?

## Motor und Rakete

Einer, der dies fest glaubte, war Mino Pecorelli. Bezüglich der Skandalchronik der italienischen Politik galt er 1978 als einer der bestinformierten Journalisten Roms. Seine Kenntnisse bezog er aus dem Milieu der italienischen Geheimdienste. In einem kleinen römischen Nachrichtendienst, Osservatore Politico, schrieb er: »*Die Entführung Moros ist eine der größten politischen Operationen, die in den letzten Jahrzehnten in Westeuropa durchgeführt wurden. Ihr Ziel ist es, die Kommunisten von der Macht fernzuhalten. In der Via Fani hat der Kalte Krieg zugeschlagen. Die Roten Brigaden sind nur ein kleiner Motor. Die Rakete, das sind andere.*«[2]

Pecorelli – auch er ist in der Zwischenzeit ermordet worden – war davon überzeugt, dass in- und ausländische Geheimdienste bei der Entführung Aldo Moros ihre Hand mit im Spiel hatten. Auch Sergio Flamigni, der intimste Kenner der Umstände der Entführung, glaubt das. Als Mitglied der Parlamentarischen Untersuchungskommission Moro, die den Fall bis heute untersucht, hat er mehrere Jahre seines Lebens der nur langsam voranschreitenden Aufklärung dieses Verbrechens gewidmet. Nicht zufällig beginnen seine Recherchen stets am Tatort. Denn dort hielt sich zum Zeitpunkt der Entführung jemand auf, der besser nicht da gewesen wäre, ein gewisser Oberst Guglielmi, Mitarbeiter des militärischen Geheimdienstes. Wieder ein Zufall? An diesem Morgen, sagt er, sei er in der Via Fani gewesen, weil er gleich um die Ecke bei einem Freund zum Mittagessen eingeladen worden war – um 9 Uhr morgens!

Auf Befragen bestätigte der Freund die Begegnung. Nur: Er hatte den Oberst nicht eingeladen, schon gar nicht zum Mittagessen. Guglielmi sei überraschend bei ihm aufgetaucht, »*um mal einen Besuch abzustatten*«. Heute ist der Oberst tot. Kein Richter ist der Sache je nachgegangen. So bleibt die bemerkenswerte Frage, was ein Oberst des militärischen Geheimdienstes um 9 Uhr morgens am Tatort zu suchen hatte, bis heute ungeklärt.

»*Vielleicht gab es dafür ja berufliche Gründe*«, interpretiert Sergio Flamigni den merkwürdigen Zufall. »*Denn dieser Oberst lehrte in der Armee, wie man militärisch einen Hinterhalt legt. Und welcher Hinterhalt in Italien ist mit einer solchen Perfektion gelegt worden wie der in der Via Fani.*«[3]

Einer, der dazu wahrscheinlich mehr sagen könnte, ist der Rotbrigadist Valerio Morucci. Er war an der Entführung Moros beteiligt und weiß mehr, als er sagt. Beobachter meinen, dass er sich mit diesem Verhalten dem Staat erkenntlich zeigt, der ihm mehr als 15 seiner 30 Jahre Haftstrafe, die er für seine Teilnahme an der Entführung Moros erhielt, erlassen hat.

Interessant ist, wie Morucci alle Zweifel an der offiziellen Version des Tathergangs zurückweist, vor allem, was die Anwesenheit der Geheimdienste während der Entführung angeht. »*Niemand konnte vorher etwas wissen*«, wiegelt er ab. »*Das Datum ist erst am Vortag festgelegt worden.*«[4]
Die Aussage, dass niemand etwas wusste, ist erwiesenermaßen falsch. Die seltsame Geschichte eines Blinden in Siena beweist es. Am Abend des 15. März 1978 gegen 20 Uhr kehrte er von einem Spaziergang zurück. Vor seinem Haus ließ er kurz seinen Hund von der Leine. Während er wartete, hörte er aus unmittelbarer Nähe folgenden Satz: »*Sie haben Aldo Moro*

*entführt und seine Leibwache erschossen.«* Dann wurde ein Motor angelassen. Ein Auto entfernte sich. Das Haus des Blinden liegt in der Fußgängerzone. Nur Polizeiwagen dürfen dort hineinfahren.

Das alles könnte nachträglich erfunden worden sein, wäre der Blinde nicht sofort in ein Café gegangen, um dort seine Geschichte zu erzählen. Das war am Vorabend der Entführung. Am nächsten Morgen um 8 Uhr 30 rief eine Frau einen privaten römischen Fernsehsender an und teilte mit, sie habe gerade auf Radio »Città Futura« gehört, Moro sei entführt und seine Eskorte ermordet worden. 30 Minuten vor der Tat. Renzo Rosselini, der Direktor der Privatstation, erklärt, er habe selbst die Nachricht verlesen, *»weil die Hypothese eines Attentats gegen Moro seit mehreren Tagen im linken Milieu kreiste«*.[5]

Und auch die Geheimdienste wussten etwas. *»Der Vizechef der italienischen Anti-Terror-Einheit«*, berichtet Sergio Flamigni, Mitglied der Parlamentarischen Untersuchungskommission, *»hat vor der Entführung Aldo Moros erklärt, dass einer glaubwürdigen Quelle zufolge die Entführung eines wichtigen italienischen Politikers vorbereitet würde und er dies dem Polizeichef von Rom mitgeteilt habe. Aber am 15. März, also einen Tag vor der Entführung, geht dieser Polizeichef zu Moro, um ihn zu beruhigen. Sie hätten Nachforschungen angestellt, sagt er, und es gäbe keinen Grund zur Sorge.«*[6]

Das alles war noch nicht bekannt, als die Terroristen mit Aldo Moro an Bord im Süden Roms in die Tiefgarage eines Mehrfamilienhauses eintauchen. Hier haben sie unter falschem Namen eine Wohnung gemietet und in einem Zimmer eine Mauer eingezogen. Dahinter liegt das ein mal drei Meter lange Gefängnis mit einem Bett. An der Wand hängt die Fahne der Roten Brigaden. Davor entsteht nun das erste

Foto des Gefangenen. Hier wird Moro verhört. Hier werden ihm die Brigadisten einen politischen Prozess machen. Hier wird er eine Art Tagebuch beginnen, in dem er die Skandale der italienischen Politik aufschreibt. Aus dem Volksgefängnis wird er zahllose Briefe an seine Familie und an seine politischen Freunde – noch hält er sie dafür – schreiben.

Gleichzeitig nehmen Polizei und Armee die Suche nach dem Versteck Moros auf. Auf dem Höhepunkt der Aktion sind 30 000 Polizisten und Militärs unterwegs. Mehrere Hausdurchsuchungen im Umfeld der extremen Linken finden statt, auch bei Personen, von denen man später erfahren wird, dass sie direkt oder indirekt an der Entführung beteiligt waren. Selbst Fotos von verdächtigen Terroristen werden veröffentlicht, darunter auch jenes von Mario Moretti, Chef der Roten Brigaden. Er ist es, der die Entführung Moros geplant und durchgeführt hat. Er ist es, der 55 Tage später Aldo Moro ermorden wird. Die ersten Fahndungsmaßnahmen führen also schnell zu erstaunlich präzisen Ergebnissen.

Doch sie haben keine Konsequenzen. Auch nicht das Eintreffen der äußerst erfolgreichen Anti-Terror-Einheit aus Mailand, darunter des Terroristenjägers Nicolò Bozzo. Er soll helfen, das Gefängnis Moros zu finden. Doch schnell hat er das Gefühl, dass bestimmte Leute, deren Aktionszentrum er im Innenministerium ausmacht, an einer investigativen Polizeiarbeit nicht interessiert sind. Statt die Anti-Terror-Einheit verdeckte Operationen durchführen zu lassen, befiehlt man ihr, unsinnige Straßensperren zu errichten und mit Blaulicht und eingeschalteter Sirene durch Rom zu fahren. »*Als ich in Rom ankam*«, fasst der Oberst mit feiner Ironie seine ersten Eindrücke zusammen, »*war ich sehr erstaunt, diesen militärischen Aktionismus zu sehen. Denn wir hatten bisher immer das Gegenteil getan, verdeckte Aktionen, die nicht ins Auge stachen. Was die da machten, war eine Militär- und keine Poli-*

*zeiaktion. Auf die Entführung Moros hätte man aber mit einer verdeckten Polizeiaktion antworten müssen.«*[7]

Doch genau das geschieht nicht. Zwei Tage nach der Entführung liefert die Polizei einen eklatanten Beweis, wie man gegen alle investigativen Polizeiregeln verstößt. Mit Blaulicht und eingeschalteter Sirene, so als ob sie mögliche Verdächtige rechtzeitig vertreiben wollte, rast sie zu einem Ort, an dem sie bei diskreterem Vorgehen den Chef der Roten Brigaden, Mario Moretti, hätte finden können. Sein Foto war bereits in allen Zeitungen veröffentlicht.

Bewohner eines Mietshauses in der Via Gradoli hatten verdächtige Geräusche gehört und die Polizei verständigt. Die Polizisten, die jetzt dorthin fahren, haben Befehl, bei Verdacht jede Wohnung aufzubrechen oder zu warten, bis die Bewohner wieder zurückkommen. Mit diesen Instruktionen ausgestattet, treffen sie am 18. März 1978 in der Via Gradoli ein. Dort werden sie von Lucia Mokbel empfangen, einer Informantin, die die Polizei in diesem Haus gewonnen hatte. Nachts habe sie in der Wohnung nebenan Morsegeräusche gehört, erzählt sie den ankommenden Polizisten.

Die Beamten klingeln an der Tür der angegebenen Wohnung. Doch niemand öffnet ihnen. Daraufhin filzen sie das ganze Haus. Dort, wo ihnen nicht geöffnet wird, brechen sie, wie man es ihnen befohlen hat, die Türen auf. Nur die Wohnung, aus der die Nachbarin die Morsegeräusche gehört hatte, öffnen sie nicht. Hätten sie es getan, wären sie bereits zwei Tage nach der Entführung auf das Versteck Mario Morettis, des Chefs der Roten Brigaden, gestoßen. Jetzt stehen sie vor seiner Wohnung und verschonen sie als einzige. Hätten sie diskret auf seine Rückkunft gewartet und ihn dann beschattet, wären sie von ihm wahrscheinlich sogar zu Aldo Moros Gefängnis geführt worden. Denn dorthin ging Moretti fast jeden Abend. Doch nichts von dem geschieht. Wieder ein

Zufall? Schwer zu glauben, berücksichtigt man, wer in der Via Gradoli ein und aus ging und wer der Besitzer all dieser Wohnungen war. Sie gehörten nämlich einer Gesellschaft, die von den Geheimdiensten kontrolliert wurde. Und nicht nur das. Viele der Mieter waren Vertrauensleute oder Informanten der Schlapphüte. Konnte ihnen also die Anwesenheit des Terroristen Moretti verborgen geblieben sein? *»Die Geheimdienste«*, sagt Sergio Flamigni, *»hatten hier ein Auge auf alles, was passierte. Sie können nicht sagen, nichts gewusst zu haben.«*

Auch das Haus gegenüber dem Versteck der Roten Brigaden war ein idealer Beobachtungsposten der Polizei. Auch in ihm hat Sergio Flamigni einen Agenten der Geheimdienste ausgemacht. Er stammte sogar aus dem gleichen Dorf wie der Rotbrigadist Moretti. *»Es ist durchaus möglich, dass er Moretti kannte und ihn beobachtete«*, meint Sergio Flamigni.«[8]

Akzeptiert man die Version, dass Moretti nichts von der geballten Anwesenheit der Geheimdienste in seinem Haus wusste – was zu glauben schon ziemlich schwer fällt –, dann hätte er aber nach den elementaren Vorsichtsregeln einer Untergrundorganisation jetzt das »verbrannte« Versteck sofort verlassen müssen. Doch Mario Moretti, dem nicht unbekannt geblieben sein konnte, dass die Polizei vor seiner Tür gestanden hatte, benutzt seine Wohnung noch ganze vier Wochen lang weiter. Offenbar fühlt er sich sicher.

Seltsamerweise wird auch der für den Fall Moro zuständige Untersuchungsrichter in Rom, Ferdinando Imposimato, nicht über den Vorgang informiert. Eine weitere kapitale Unterlassung. Denn mit der Entdeckung der Via Gradoli, so der Untersuchungsrichter, hätte der Fall Moro eine andere Wende nehmen können. *»Nicht so sehr, weil hier Moro hätte versteckt gewesen sein können«*, erklärt er, *»sondern weil hier Mario Moretti wohnte und Moretti jeden Tag Moro sah, um ihn zu verhören. Man hätte also Moretti, der hier jeden Abend schlief,* *nur verfolgen müssen, um das Gefängnis zu entdecken und Moro zu retten.*«[9]

Erste Stimmen fragen sich nun, ob eine Polizei freiwillig so unfähig sein kann wie die italienische oder ob dies alles vielleicht jemand so gewollt hat? Die Frage ist berechtigt, denn Moretti war schon einmal auf merkwürdige Weise einer Verhaftung entgangen. Damals war die gesamte Führung der Roten Brigaden, zu der auch Moretti gehörte, in eine Polizeifalle geraten und festgenommen worden. Alle, bis auf Moretti. Jene, die festgenommen wurden, gehörten zum intellektuellen Flügel der Organisation und hätten eine Operation, wie die Entführung Moros, aus politischen und ideologischen Gründen nie durchgeführt. Moretti dagegen war Anhänger des bewaffneten Kampfes. Ideologische Grundsatzdebatten waren nicht sein Ding. Während also die überlegt handelnden Brigadisten der Gründergeneration – sie hatten nie getötet – verhaftet wurden, entkam der gewaltbereite Moretti auf seltsame Weise.

Alberto Franceschini, intellektueller Kopf und Mitbegründer der Roten Brigaden, wundert das noch heute. Er schließt nicht aus, dass mit der Verhaftung der moderaten Führung und der Verschonung des gewaltbereiten Flügels gewisse außenstehende Kräfte eine Radikalisierung der Roten Brigaden herbeiführen wollten: »*Man hat wirklich alles getan*«, sagt der Ex-Brigadist, »*damit sich die Roten Brigaden in eine der herrschenden Politik genehme Richtung entwickeln. Und so ist es nur konsequent, dass man bestimmte Personen nicht verhaftet hat.*«[10]

Auch in der parlamentarischen Untersuchungskommission glaubt man nicht an einen Zufall, sondern an eine aktive Rolle der Geheimdienste. »*Sie kannten die Mentalität dieser Leute*«, sagt Sergio Flamigni, Mitglied dieser Kommission. »*Es muss jemanden gegeben haben, der zur politischen Einschät-*

*zung eines Franceschinis fähig war. Um ihn herum sind alle Leute verhaftet worden. Und diese Insider kannten auch die Mentalität von Moretti, die Haltung der Harten, der Falken, derer man sich bedienen und die man für die eigenen Ziele steuern konnte. Auf diese Weise beseitigte man jene, die sich nicht instrumentalisieren ließen, und benutzte die anderen bis hin zum Töten, zum Schießen.«*[11]

Noch präziser wird der damalige Untersuchungsrichter Ferdinando Imposimato: *»Die These, dass Politiker des Landes den Roten Brigaden freien Lauf ließen, damit diese weiter das Herz des Staates angreifen, wurde mir vom damaligen Chef des militärischen Geheimdienstes und Leiter der Anti-Terror-Einheit Maletti bestätigt. Er hat mir gesagt, man habe die Rotbrigadisten gut gekannt, doch es gab Widerstände, eine Art Bremse, damit die Geheimdienste nichts gegen sie unternahmen. Offenbar lag es im Interesse bestimmter Kreise, die Roten Brigaden an Einfluss gewinnen und Attentate durchführen zu lassen.«*[12]

Das könnte erklären, warum das Versteck in der Via Gradoli vier Wochen lang von der Polizei ignoriert wurde. Hinweise gab es allerdings viele. Der nächste kam gleich hinterher. Der Parlamentsabgeordnete Benito Cazora, ein aufrechter Christdemokrat aus Kalabrien, war von der N'Drangheta, der Mafia Kalabriens, über Mittelsmänner angesprochen worden. Vertreter der kriminellen Organisation wollten herausbekommen haben, wo Aldo Moro versteckt gehalten wurde. Nun boten sie Cazora Informationen an, wie man das Gefängnis Moros finden könne.

Die Mafiosi fahren den Abgeordneten in einem Auto quer durch Rom und halten schließlich Via Camelluccia, Ecke Via Gradoli an. Hier, erklären sie dem leicht verängstigten Parlamentsabgeordneten, solle er suchen. Cazora verständigt sofort das Innenministerium. Doch dort lässt man ihn abblitzen.

Kein Polizist, kein Fahnder, kein Geheimdienstmann kommt je zur angegebenen Adresse.

Kurz darauf erhält das Innenministerium dann den dritten Hinweis. Er stammt von Romano Prodi, dem heutigen Präsidenten der Europäischen Kommission. Am Vortag hat er zusammen mit einigen Universitätsprofessoren in Bologna an einem Brunch teilgenommen, bei dem einer der Anwesenden eine spiritistische Sitzung vorschlägt, mit deren Hilfe man das Gefängnis Moros finden wolle. Keiner der Anwesenden nimmt das Spiel ernst. Eher aus Zeitvertreib setzen sich sechs Professoren an einen Tisch und lassen eine Kaffeetasse kreisen. Dabei stellen sie die Frage: »*Wo befindet sich das Gefängnis Moros*«. Nach kurzer Zeit fällt ein bekannter Name: Gradoli.

Möglich ist, dass einer der Anwesenden ein Sympathisant der Roten Brigaden war und über Informationen verfügte, die er jetzt durch das Medium der spiritistischen Sitzung unters Volk bringen wollte, denn die linken Intellektuellen begannen sich von den Roten Brigaden zu distanzieren. Die Entführung Moros war für sie eine politische Dummheit. Vielleicht wollte einer der Teilnehmer also mit dem Hinweis auf Morettis Wohnung den radikalen Flügel der Roten Brigaden der Polizei ans Messer liefern. Doch auch dieses Mal geschieht nichts. Romano Prodi verständigt, wie gesagt, am nächsten Tag das Innenministerium. Doch statt seine Leute in die Via Gradoli zu schicken, wo seine Polizisten ja schon einmal waren, sendet Innenminister Cossiga eine Spezialtruppe in das Dorf Gradoli. Es liegt hundert Kilometer von Rom entfernt. Der Minister, der Polizei und Geheimdienste befehligt, erklärt, in Rom gäbe es keine Via Gradoli.

Damit wächst die Zahl der »Fehlleistungen« zu einer langsam eindrucksvollen Liste an. Alles nur Zufälle? Betrachtet man die Leute genauer, die für diese Fehlleistungen verantwortlich zeichnen, fällt es schwer, auch weiterhin daran zu glauben. Vor allem, wenn man weiß, dass fast alle Mitglieder des von Innenminister Cossiga eingesetzten Krisenstabs Mitglieder ein und derselben Organisation sind. Erst Jahre später wird sie entdeckt und wegen subversiver Umtriebe verboten. Die Rede ist von der Geheimloge Propaganda 2, auch P2 genannt. Ihre Mitglieder verbindet ein aggressiver Antikommunismus, der selbst vor terroristischen Akten und Attentaten nicht zurückschreckte. Die blutigsten Aktionen des Schwarzen Terrors, wie die Anschläge auf den Schnellzug »Italicus« und das Bombenattentat in Peteano oder das Massenblutbad in der Landwirtschaftsbank in Mailand, sind im Dunstkreis dieses Geheimbundes geplant und ausgeführt worden. Nicht selten waren Mitglieder des Geheimdienstes sogar direkt involviert.

## Der lange Arm des CIA

Und Aldo Moro wusste davon. Zusammen mit Enrico Berlinguer wollte er deshalb mit dem Historischen Kompromiss eine breite demokratische Allianz schaffen, um eine demokratische Gegenmacht zu diesen putschistischen Kräften zu schaffen. Für Enrico Berlinguer ging es dabei sogar um das politische Überleben schlechthin. »*Seit dem Bombenattentat in Mailand*«, sagt Gianni Cervetti, ehemaliger Schatzmeister der KPI und enger Mitarbeiter Berlinguers, »*war die ›Strategie der Spannung‹ immer stärker geworden. In Berlinguers Analyse bedeutete sie eine echte Gefahr für die Demokratie und damit auch für die Linke. Berlinguer fürchtete, in Italien könnte sich ein reaktionäres Regime etablieren und damit das Chaos ausbrechen. Um dies zu verhindern, wollte Berlinguer alle demokratischen Kräfte, das heißt die Kommunisten, die Sozialisten und die Christdemokraten vereinigen.*«[13]

Dass diese Einschätzung nicht aus der Luft gegriffen war, bestätigt auch Oberst Nicolò Bozzo, damals leitendes Mitglied der Italienischen Anti-Terror-Einheit. »*Wenn Sie analysieren, wie der Staatsstreich in Chile und Argentinien durchgeführt wurde*«, erklärt der Oberst, »*dann erkennen Sie, dass für Italien genau das Gleiche vorgesehen war.*« Die Bombenattentate sollten »*die Notwendigkeit einer autoritären Regierung, wenn nicht gar einer militärischen Junta schaffen. Die Linke, die eine starke politische Kraft geworden war, sollte eingezirkelt und beseitigt werden, wie dies in Chile und Argentinien bereits geschehen war. Eine Regierung, die dem Atlantikpakt in bedingungsloser Treue ergeben war, die der Presse und den Massenmedien einen Maulkorb verpasste, sollte die Staatsgeschäfte übernehmen.*«[14]

In Moro wuchs der Verdacht, dass die Kräfte, die für die Strategie der Spannung – so nennt man vornehm den Schwarzen Terror – verantwortlich zeichneten, gleichzeitig jene waren, die nun an seiner Beseitigung arbeiteten. Im Gefängnis der Roten Brigaden schrieb er deshalb die Verantwortlichkeit seiner Partei für den blutigen Staatsterror auf. Dass seine Entführer, die ja den kapitalistischen Staat entlarven wollten, nie von den Notizen Gebrauch machten, ist ein weiteres Rätsel, denn Moro hatte ihnen immerhin eine leicht lesbare, aber kapitale Enthüllung gemacht: »*Was die ›Strategie der Spannung‹ angeht, die Italien über Jahre mit Blut überzogen hat, kann man die Staatsorgane und die christdemokratische Partei von einer gewissen Nachsicht und eines geheimen Einverständnisses nicht freisprechen.*«

Hatte Moro diesen Text im Gefängnis geschrieben, weil er hoffte, die Brigadisten, die sich zur extremen Linken zählten, würden begreifen, dass sie mit Moro den Falschen entführt hatten? Dass, wie es der Schriftsteller und Regisseur Pier Paolo

Pasolini formuliert hatte, Moro der am wenigsten in die Skandale verwickelte Politiker Italiens sei, dass also jemand die Roten Brigaden für seine Zwecke funktionalisierte, für eigene Interessen missbrauchte. Und würden sie begreifen, dass die Brigadisten das Geschäft gewisser Kreise machten, deren Auftraggeber in den Geheimdiensten zu suchen seien, und dass sie Gefahr liefen, von Faschisten und rechtsextremen Verbrechern missbraucht zu werden? Vielleicht hätten sie bei einer genaueren Analyse von Moros Texten all diese Verbindungen herstellen können. Oder hatten sie es nicht getan, weil gewisse Kreise der Geheimdienste sie bereits unterwandert hatten? Liest man die Liste jener, die im Krisenstab ein und aus gingen, dann liegt so eine Vermutung nahe.

- Franco Ferracuti, Kriminologe und Psychiater, Mitglied der Geheimloge P2
- Ferdinando Guccione, Präfekt und Chef der zentralen Einsatzleitung, Mitglied der P2
- Antonio Geraci, Flottenadmiral und Mitglied der P2
- Giulio Grassini, Direktor des Geheimdienstes im Innenministerium, Mitglied der P2
- General Santovito, Direktor des militärischen Geheimdienstes, Mitglied der P2
- Raffaele Giudice und Donato Lo Prete, Leiter der Finanzpolizei, beide Mitglied der P2.
- Walter Pelosi, später Chef aller Geheimdienste, Mitglied der P2

Auch in der Einsatzzentrale der Polizei in Rom saß ein Mitglied der Geheimloge: Kommissar Esposito. Vielleicht erklärt dies die unzähligen sogenannten Zufälle, die den Rotbrigadisten erlaubten, sich 55 Tage lang unbehelligt in Rom zu bewegen. Bei einer späteren Hausdurchsuchung des Brigadisten Valerio Morucci – er war in der Via Fani an der Entführung

Moros und der Ermordung seiner Eskorte beteiligt – findet man sogar einen Zettel mit der Telefonnummer dieses Kommissars. Bis heute ist niemand dieser äußerst extravaganten Verbindung zwischen einem Terroristen und einem leitenden Polizeibeamten nachgegangen. Der Brigadist Morucci kommentiert die Geschichte auf die übliche Art: *»Ich weiß nicht, wo sie diese Nummer gefunden haben. Außerdem hat mir dazu bis heute kein Richter eine Frage gestellt. Kein Richter wollte wissen, wie es kommt, dass sie diese Nummer gefunden haben.«*[15]

Oberst Nicolò Bozzo erklärt diese lange Serie unverständlicher Zufälle mit einem weiteren Hinweis. *»In diesem Krisenstab gab es Leute mit einer nicht gerade empfehlenswerten Vergangenheit. Nicht nur konnte man sie wegen ihrer Mitgliedschaft in der Geheimloge P2 kritisieren, sondern auch wegen ihrer Nähe zur CIA. Und die CIA verfolgte nicht die Interessen Italiens, sondern der USA.«* [16]

Was ist mit dieser Andeutung gemeint? Die USA hatten gleich nach der Entführung Moros fachmännische Hilfe angeboten und Steve Pieczensik, Spezialist für Terroristenbekämpfung und enger Mitarbeiter von Außenminister Kissinger, nach Rom geschickt. Innenminister Cossiga hat ihn in den Krisenstab eingeführt. Die Mission Pieczensiks war so geheim, dass nicht einmal die Botschaft der USA in Rom über seine Anwesenheit informiert war. Seine Mitteilung an die italienischen Freunde dagegen war einfach: *»Kein Mensch ist unersetzlich für eine Nation.«*[17] Gemeint war Moro, den es offensichtlich zu opfern galt. In dieser Haltung stärkte er nun seine italienischen Freunde. Sein Vorgesetzter, Außenminister Kissinger, hielt Moro für ein Trojanisches Pferd, mit dem die italienischen Kommunisten in die Nato eingeschleust werden sollten. *»Ihr macht uns Vorwürfe wegen Chile«*, soll Kissinger während eines Staatsbesuchs Moros in den USA gesagt haben. »*Welche Vorwürfe würdet ihr uns erst machen, wenn wir nichts unternähmen, um die Machtübernahme der Kommunisten in Italien zu verhindern.*«

Bei seiner Rückkehr aus den USA schien Moro verstört und beschloss, sich für zwei, drei Jahre aus der Politik zurückzuziehen. Was war geschehen? Seiner Frau erzählte er von einem Gespräch mit einem Amerikaner, dessen Namen er nicht nannte. Es ging um Moros Bestreben, die Kommunistische Partei in die Macht einzubinden. »*Sie sollten Ihren politischen Plan aufgeben*«, zitiert Frau Moro vor der parlamentarischen Untersuchungskommission später den Gesprächspartner. »*Entweder Sie stoppen das, oder Sie werden es teuer bezahlen müssen.*«

Hatten bei der Entführung Moros neben den italienischen Geheimdiensten also auch die Amerikaner eine aktive Rolle übernommen? Verbindungen zur Geheimloge P2 gab es. Mitglieder der CIA in der amerikanischen Botschaft in Rom waren ebenfalls in die Geheimloge eingeschrieben. Und nun saß auch noch ein Amerikaner im Krisenstab von Innenminister Cossiga. Dort koordinierten sie alle Polizeiaktionen. Dort waren sie sozusagen unter sich. Fremde drangen bis dorthin selten vor. Auch nicht Nicolò Bozzo von der Anti-Terror-Einheit aus Mailand. Untätig saß er während der Entführung in Rom herum. »*Ich habe niemals an einer Sitzung teilgenommen*«, erklärt der Oberst, »*niemals auch nur einen Fuß ins Innenministerium gesetzt. Von Zeit zu Zeit ging ich nachmittags ins Kino, weil ich wirklich nicht wusste, wie ich meine Zeit totschlagen sollte. Abends dann telefonierte ich mit meinem General in Mailand, und der sagte mir schließlich, ›komm zurück, verliere keine Zeit‹. Und so bin ich nach zehn Tagen unverrichteter Dinge wieder nach Hause gefahren.*« [18]

Damit waren die erfolgreichsten Terroristenjäger Italiens –

sie hatten bereits mehrere Geiseln aus den Händen ihrer Entführer befreit – bei der Suche nach Moro ausgeschaltet.

## Briefe aus dem Kerker

Aldo Moro, der im Gefängnis der Roten Brigaden Zeitungen erhielt, schreibt nun Vermutungen über die Haltung seiner Parteifreunde, vor allem aber über Giulio Andreotti auf, den er für ein ausführendes Organ der Amerikaner hält: »*Von dem ehrenwerten Andreotti kann man sagen, dass er am längsten von allen die Geheimdienste leitete und über beste Beziehungen zur CIA verfügt. Jetzt vertritt er die harte Linie gegenüber den Roten Brigaden mit dem Ziel, den zu opfern, der der Urheber der gegenwärtigen Regierung ist.*«

Andreotti hatte in der Zwischenzeit die harte Linie entworfen. Keine Verhandlungen mit den Terroristen! Der Staat lässt sich nicht erpressen! Der Staat bedeutet mehr als ein Menschenleben! Keinen Austausch Moros gegen bereits inhaftierte Terroristen – aus Respekt vor dem Rechtsstaat! Andreotti wird erklären: »*Was wäre die Reaktion der Carabinieri, der Polizisten, der Gefängniswärter, wenn die Regierung hinter ihrem Rücken die Gesetze vergewaltigte und mit denen verhandelte, die das Gesetz verletzt haben. Was würden die Witwen, die Waisen, die Mütter jener sagen, die bei der Ausübung ihrer Pflicht gefallen sind?*«

Die Sache war klar, den fünf Leichen der Eskorte Aldo Moros musste eine sechste hinzugefügt werden, jene des Parteipräsidenten selbst.

Die Voraussetzung dafür schufen die Brigadisten in der Zwischenzeit mit dem Beginn eines politischen Prozesses gegen Moro. Mario Moretti, der jeden Tag unbehelligt von seiner Wohnung in der Via Gradoli quer durch Rom fuhr, um im Gefängnis auf der anderen Seite der Stadt Moro zu verhören, war der selbsteingesetzte Präsident dieses Volksgerichtshofes. Moro, der offenbar noch nicht die Absichten seiner politischen Freunde durchschaut, spielt nach einem dieser Verhöre seinen größten Trumpf aus und schickt ihn in Form einer Warnung an Innenminister Francesco Cossiga: »*Lieber Francesco*«, schreibt er da. »*Die schweren Beschuldigungen, denen ich ausgesetzt bin, treffen in Wahrheit die gesamte politische Führung. Es ist unsere gemeinsame Arbeit, die unter Anklage steht ... Dabei besteht die Gefahr, dass ich bei meinen Kenntnissen aufgefordert oder gezwungen werde, Dinge zu sagen, die gefährlich werden könnten.*« Um diese Situation zu verhindern, fordert Moro den Innenminister und die gesamte Regierung auf, Überlegungen der Staatsräson hintanzustellen und Verhandlungen zu seiner Freilassung aufzunehmen.

Der Versuch, den Brief an Cossiga geheim zu halten, scheitert. Mehrere Zeitungen erhalten von den Brigadisten eine Kopie. Andreotti, der fürchtet, der Brief könnte Wirkung zeigen, reagiert mit einer neuen Strategie: Moro, der Gefolterte, Moro, ein Mann unter Zwang. »*Was auch immer die Analysen der Experten ergeben*«, erklärt Andreotti, »*die Haftbedingungen entheben die Schriften Moros jeder moralischen Gültigkeit.*« Getreu dieser Devise beschließen daraufhin die wichtigsten Persönlichkeiten der Christdemokraten, dem Brief an Cossiga kein Gewicht zu schenken, da »*er unter Zwang geschrieben*« worden sei. Vor dem Gebäude ihrer Partei verteilen kurz darauf besonders eifrige Christdemokraten ein makabres Dokument: »*Der Moro, der aus dem Gefängnis der Roten Brigaden spricht, ist nicht der Moro, den wir kannten*«, ist da zu lesen.

Das Flugblatt war offenbar nötig, denn bei den Christdemokraten zeigen Moros Briefe langsam Wirkung. Der damalige Innenminister, Francesco Cossiga, bestätigt es: »*Die humanitären Initiativen wurden immer zahlreicher, weil man in der Partei merkte, dass der Widerstand gegen Verhandlungen vor allem von Andreotti und mir kam. Doch der unausgesprochene Wunsch der Partei waren Verhandlungen.*« Doch die wollten Andreotti und sein Innenminister nicht. Moro sollte nicht gerettet werden. »*Die einzige Möglichkeit war, sein Gefängnis zu finden*«[19], schränkt Innenminister Cossiga ein.

Am 12. April, vier Wochen nach der Entführung, stehen seine Truppen fast vor dem Versteck. Doch auch jetzt geschieht wieder nichts. In der parlamentarischen Untersuchungskommission sind viele Zeugen zu diesem »Zufall« – einem weiteren – vernommen worden. »*Die Polizei hat in diesem Viertel eine Vielzahl von Häusern durchsucht*«, sagt Sergio Flamigni, der an den Vernehmungen teilnahm. »*Sie sind sogar bis zum ersten Haus in der Straße, in der das Gefängnis lag, vorgedrungen. Doch dann haben sie plötzlich aufgehört. Wären sie achtzig Meter weitergegangen, hätten sie das Gefängnis von Moro entdeckt.*«[20]

Und wie schon in der Via Gradoli, waren es auch diesmal wieder Anwohner, die die Polizei verständigt hatten. Alberto Franceschini, Gründungsmitglied der Roten Brigaden, hat die Ereignisse aus dem Untersuchungsgefängnis verfolgt und sich nicht schlecht gewundert, unter welch »gutem Stern« zu jener Zeit die Brigadisten draußen standen. »*Während der Entführung Moros sind uns ein paar sehr merkwürdige Dinge aufgefallen, die fast an stilles Komplizentum heranreichten*«, beschreibt er den Eindruck, den er im Untersuchungsgefängnis von der Arbeit der Polizei hatte »*Im Haus, in dem das Volksgefängnis lag, gab es Bewohner, die verdächtige Bewegungen gesehen haben. Selbst der berühmte rote Renault* (in ihm wird Moro später tot aufgefunden) *ist am Tag der Entführung in der*

*Nähe gesehen und der Polizei gemeldet worden. Doch das hat nicht das geringste bewirkt. Niemals sind irgendwelche Nachforschungen unternommen worden. Wie in der Via Gradoli, haben sie auch hier nichts unternommen. Keine Hausdurchsuchungen. Nichts. Irgendwann hat dann ein Hausbewohner, der vielleicht besonders neugierig war und bereits mehrmals die Polizei angerufen hatte, beobachtet, wie – und das schon nach Moros Tod – die Brigadisten seelenruhig aus der Wohnung ausziehen. Also ruft er wieder die Polizei an und sagt: ›Das geht doch wohl zu weit. Ich habe Sie mehrmals angerufen; immer wollten Sie kommen und jetzt lassen Sie die Leute sogar ausziehen‹.«*[21]

Moro, der offenbar nicht mehr an seine Rettung glaubt, schreibt jetzt einen alarmierenden Brief an seine Parteifreunde: *»Ist es möglich, dass Ihr wegen Eurer angeblichen Staatstreue, die Euch jemand listigerweise zur Lösung aller Probleme dieses Landes eingeredet hat, alle mit meinem Tod einverstanden seid? Wenn Ihr nichts unternehmt, wird eine schreckliche Seite der Geschichte Italiens geschrieben. Mein Blut wird über Euch kommen, über die Partei und das Land.«*

Doch die Adressaten des Briefes reagieren nicht mehr. *»Ich war einer der Unnachgiebigsten«*, erklärt der damalige Innenminister Francesco Cossiga seine Haltung. *»Ich wusste, dass Moro sterben würde. Ich wusste, dass unsere Unnachgiebigkeit zur Ermordung Moros führen musste. Es war mir völlig klar, dass die Roten Brigaden den Staat herausfordern wollten und uns Moro niemals lebendig zurückgegeben hätten.«*[22]

Die Rotbrigadisten widersprechen dieser Darstellung entschieden. Keiner von ihnen hatte den Tod Moros eingeplant. Doch dass die Christdemokraten ihren Parteipräsidenten opfern wollten und die Brigadisten ausersehen hatten, diese Exekution auszuführen, damit hatte niemand von ihnen gerechnet. *»Wir wussten sehr gut, dass wir nicht befreit würden, dass der*

*Staat niemals einen Austausch von uns gegen Moro akzeptiert hätte«*, erklärt der Ex-Brigadist Alberto Franceschini die damalige Situation. »*Deshalb haben wir auch nie darauf bestanden. Wir haben daher andere Vorschläge gemacht wie beispielsweise die Schließung eines Gefängnisses mit besonders unmenschlichen Bedingungen, und als Gegenleistung vorgeschlagen: Wir erklären öffentlich während unseres Prozesses: ›Moro muss gerettet werden‹. In dem Moment hätten die Genossen draußen ihn natürlich dennoch töten können, weil wir keine Entscheidungsmöglichkeiten hatten. Doch nach einer derartigen Erklärung wäre es für sie schwierig gewesen, Moro hinzurichten. Wir haben realistische Vorschläge gemacht, doch niemals eine Antwort darauf erhalten.*«[23]

## Der Drahtzieher

Um Moro wird es nun einsam. In der Zwischenzeit haben die Brigadisten sein Verhör abgeschlossen. Der Prozess gegen »den Vertreter des Imperialismus« ist beendet. In der Dunkelheit der Nacht lassen sie am 15. April 1978 der römischen Zeitung Repubblica ein Kommuniqué zukommen. Da heißt es: »*Aldo Moro ist schuldig, und deswegen wird er zum Tode verurteilt.*«

Doch die Exekution wird nicht ausgeführt. Später wird man erfahren, dass die Brigadisten Moro ursprünglich sechs Monate lang gefangen halten wollten, um während dieser Zeit den korrupten und unfähigen Staat vorzuführen.

Irgendjemandem dauert das alles zu lange. Und diese Person setzt etwas in Szene, das den Fall Moro enorm beschleunigen wird.

Es geschieht wieder in der Via Gradoli, dem Versteck Mario Morettis, dem Chef der Roten Brigaden. Dreimal hatte die

Polizei, wie man gesehen hat, diese Wohnung »zufällig« verschont. Jetzt sollte sie offenbar entdeckt werden. Am Morgen des 18. April 1978 verlässt Moretti um sieben Uhr das Haus, um zu einer Sitzung nach Florenz zu fahren, auf der über das Schicksal Moros entschieden werden soll. Wenige Minuten später wird die Frau, die in der Wohnung unter dem Versteck der Roten Brigaden wohnt, durch hastige Schritte und merkwürdige Geräusche wach. Eine bis heute unbekannte Person ist in Morettis Wohnung eingedrungen, um etwas »herzurichten«. Am Ende seiner Aktion geht der Unbekannte noch in Morettis Badezimmer. Dort befestigt er den Duschgriff an einem Besen, stellt ihn schräg über die Badewanne und öffnet den Wasserhahn. Wasser läuft in die Badewanne. Es wird eine Weile dauern, bis sie voll ist. Für den Eindringling Zeit genug, unerkannt zu entkommen.

Kurz darauf beginnt es in der Wohnung unter dem Badezimmer Morettis von der Decke zu tropfen. Die Mieterin ruft die Hausverwaltung an und diese Polizei und Feuerwehr. Was diese zu sehen bekommen, beschreibt Sergio Flamigni als ein perfekt dekoriertes Schaufenster mit »*Waffen auf dem Bett; Waffen in der Küche; zwischen Bade- und Schlafzimmer eine Bombe.*« So wie anständige Bürger sich eben ein Terroristenchaos vorstellen. »*Sicher ist: Derjenige, der dieses Schaufenster gestaltet hat*«, schlussfolgert Flamigni, »*wollte zeigen: Hier ist ein Versteck der Roten Brigaden. Dafür haben sie sogar die Patronenhülse aus einer Waffe finden lassen, mit der bei der Entführung in der Via Fani geschossen worden war. Das war so, als ob sie auch dem Dümmsten klarmachen wollten: Die Roten Brigaden, die, die Operation in der Via Fani durchgeführt haben, wohnen hier.*«[24]

Schon am Mittag gehen die ersten Bilder von der Entdeckung über den Sender. Moretti sieht sie im Fernsehen und sagt: »*Das ist ja meine Wohnung.*« Und gleich darauf kommt eine andere sensationelle Nachricht: Sie kündigt eine weitere Mitteilung der Roten Brigaden an, das berüchtigte Kommuniqué 7, eine Fälschung, wie sich zeigen wird. Es sagt: *»Moro ist hingerichtet worden. Seine Leiche liegt auf dem Grund des Lago della Duchessa in den Bergen der Abruzzen.«*

Von Rom aus kann man an klaren Wintertagen die schneebedeckten, über 2900 Meter hohen Berge sehen, in die keine Straße führt und die nur mit Hubschraubern zu erreichen sind. In diese unzugängliche Gegend sollen die Brigadisten den toten Moro geschleppt haben. Auf der Schulter sozusagen. Hier oben, unter tiefem Schnee und dickstem Eis, hätten die Brigadisten nach einem langen und mühsamen Aufstieg Moro versenkt. Doch im tiefen Schnee sind keine Spuren zu finden. Solche Details übergeht der zuständige Innenminister Cossiga mit emsigem Eifer. Als Statisten seiner Mär werden nun Soldaten und Feldjäger mit Hubschraubern in die Berge transportiert. Mit Dynamit sprengen sie Löcher in meterdickes Eis und suchen den Grund des Sees ab.

Wem könnte eine solch plumpe Geschichte eingefallen sein? Keinem kleinem Geheimdienstmann oder Politbeamten. Eine Fehlinformation dieser Größenordnung wird nicht ohne den Segen von ganz oben in die Welt gesetzt. Später wird Claudio Vitalone, ein Vertrauter Andreottis und Richter in Rom, als Erfinder ins Gespräch kommen. Er wird sogar zugeben, einen Plan dieser Art entwickelt zu haben. Ob er der Initiator ist oder ob die Geheimdienste die gleiche Idee hatten, weiß man nicht. Wie auch immer: Der Zweck der Übung war erreicht. Die Roten Brigaden begriffen, dass da jemand von außen und über ihre Köpfe hinweg Regie führte. Um nicht die Kontrolle völlig zu verlieren, tun sie nun genau das, was bezweckt war: Sie verkürzen die Fristen und leiten die Endphase der Operation Moro ein.

*»Psychologisch gesehen hat das Kommuniqué vom Lago*

*della Duchessa die Brigadisten enorm beeinflusst«*, sagt der Ex-Brigadist Alberto Franceschini. »*Sie haben sich gesagt, wir müssen die Geschichte jetzt zu Ende bringen. Ich denke, das Kommuniqué Nummer 7 ist der entscheidende Faktor, der zum Tod von Moro führte.«*[25]

Dieser Ansicht ist auch der damalige Untersuchungsrichter im Fall Moro, Ferdinando Imposimato: »*Das war eine Operation, um die Roten Brigaden zu drängen, Moro zu eliminieren, Moro, der lästig wurde, sowohl für die Brigadisten als auch für die Geheimdienste.«*[26]

Deshalb war nun auch mit vierwöchiger Verspätung die Wohnung Morettis aufgeflogen. Deshalb hat man das Märchen vom Lago della Duchessa erfunden. Das Kommuniqué Nummer 7 und die mehrfach verhinderte Entdeckung des Verstecks in der Via Gradoli sind somit als eine konzertierte Aktion, mit der der Fall Moro beschleunigt werden sollte, zu begreifen: »*Zwei zusammengehörende Steine im Mosaik dieses Verbrechens«*, wie der Präsident der Parlamentarischen Untersuchungskommission, Giovanni Pellegrino, meint. Es war eine versteckte Nachricht von höchst offizieller Seite an die Adresse der Roten Brigaden, einerseits: »Beeilt Euch«, andererseits: »Wir können Euch sonst jederzeit festnehmen.«

»*Wenn man all diese Steine zusammensetzt«*, fasst Giovanni Pellegrino seine Untersuchungen zusammen, »*kann man meinen, dass es ein Signal für Moretti sein sollte, in der Art: Wir wissen, wo Du wohnst. Wir wollten Dich nicht festnehmen, doch denk daran, wir sind nicht mehr weit davon.«*[27]

Auch Moro erfährt von dieser ungeheuerlichen Falschmeldung. Ohne langes Zögern vermutet er dahinter die Regie seiner politischen Freunde. »*Dies war die Generalprobe«* schreibt er in einem Brief. Doch was sollte mit dieser Generalprobe erreicht werden? »*Wir haben gedacht«*, sagt der Rotbrigadist Valerio Morucci, »*dass der Staat einen toten Moro haben wollte und dazu eine Generalprobe veranstaltet hat, damit der richtige Tod dann nicht mehr so große Wellen schlägt, weil man sich inzwischen an die Nachricht gewöhnt hat.*[28]

Und genauso war es. Schnell hatten sich Presse, Radio, Fernsehen an die Horrornachricht gewöhnt und den Verlust Moros hingenommen. In einem diesen Gewöhnungsprozess respektierenden Abstand – 48 Stunden später – kommt dann ein echtes Kommuniqué. In ihm bezeichnen die Roten Brigaden die Geheimdienste als die Autoren der Falschmeldung und Andreotti als Auftraggeber. Ein ungeheurer Vorwurf. Entspringt er dem Gehirn einiger politisch isolierter Terroristen, oder könnte an dieser Behauptung etwas Wahres sein? Könnten die Geheimdienste im Auftrag des damaligen Ministerpräsidenten das Schauspiel am Lago della Duchessa in Szene gesetzt haben, um die Reaktion der Öffentlichkeit zu testen?

Die Frage ist rhetorisch. Kein Geheimdienstmann, kein Politiker hat je darauf geantwortet. Nur eines war in Erfahrung zu bringen: Es gehört zu den normalen Aufgaben von Geheimdiensten, falsche Fährten zu legen. Wer aber trägt dann die Verantwortung? »*Ich habe niemals eine Operation am Rande des Gesetzes durchgeführt ohne die Zustimmung des Regierungschefs*«, sagt Fulvio Martini, zur Zeit der Entführung Moros stellvertretender Leiter des militärischen Geheimdienstes. »*Ich habe sie immer mit seiner Genehmigung durchgeführt.*«[29]

Auch Ferdinando Imposimato, damals Untersuchungsrichter in Rom, glaubt an eine Verantwortung der Politik: »*Es ist klar, dass die Geheimdienste auf Anweisung oder auf Druck jener politischen Kräfte arbeiteten, die Moros Politik verhindern wollten.*«[30]

## Das Einverständnis

Mit dieser Erkenntnis erweitert sich der Fall Moro um eine zusätzliche Dimension. In der Affäre Moro, das zeigen jüngste Untersuchungen, konnten die westlichen Geheimdienste sogar auf die stille Zusammenarbeit mit den Geheimdiensten des Ostblocks rechnen. Denn die Waffen, die die Roten Brigaden benutzten, um den Vertreter des Historischen Kompromisses aus der Welt zu schaffen, stammten aus der Tschechoslowakei. Dort wurden die Brigadisten auch im Schießen ausgebildet. Die Sowjetunion, besagen Akten, soll dem linksextremen Terror mit logistischer Unterstützung geholfen haben.

»*Wir hatten viele präzise Hinweise, die den Schluss zulassen*«, sagt der Untersuchungsrichter Ferdinando Imposimato, »*dass es eine massive Unterstützung der Roten Brigaden von Seiten der tschechoslowakischen und sowjetischen Regierung, mindestens aber des KGB gab.*«[31]

Mit dieser Aussage wird der Fall Moro noch beunruhigender. Gleich zu Beginn der Entführung hatte der Journalist Mino Pecorelli in seinem Nachrichtendienst Osservatore Politico die These vertreten, »in der Via Fani habe Jalta«, das heißt der Kalte Krieg, »zugeschlagen.« Diese These wird nun, 22 Jahre nach der Tat, fast zur Gewissheit. Fulvio Martini, der Geheimdienstmann, liefert dazu einen weiteren Baustein. »*Krjuchkov, der Chef des KGB, hat mir 1990 gesagt, dass die wichtigste Säule der russischen Politik die strikte Einhaltung der Verträge von Jalta sei. Das heißt, Italien sollte im amerikanischen Lager bleiben. Zwar seien sie sehr erfreut über eine starke italienische kommunistische Partei. Doch nie würden sie eine kommunistisch geführte Regierung in Italien gutheißen.*«[32]

Warum Moros Vorstellungen den russischen Kommunisten nicht gefielen, erklärt Untersuchungsrichter Imposimato so: *»Die Sowjets fürchteten, dieses Projekt der Demokratisierung des italienischen Kommunismus könne auch auf den Ostblock abfärben.«*[33]

Damit kommt Moros politischer Partner des Historischen Kompromisses, Enrico Berlinguer, wieder ins Spiel. Die Sowjetunion liebte ihn ebenso wenig wie die Amerikaner Aldo Moro. Bei einem Staatsbesuch in Bulgarien, vermuten italienische Kommunisten, sollte Berlinguer sogar umgebracht werden. Nur: Der Vorfall endete nicht mit dem Tod des italienischen Reformkommunisten, sondern mit dem eines seiner engen Mitarbeiter. Der Unfall ereignete sich, als Enrico Berlinguer nach dem Staatsbesuch zum Flughafen Sofias zurückgebracht wurde. *»Plötzlich kam da ein Lastwagen von der Seite angefahren«*, erinnert sich Emanuele Macaluso, Chefredakteur der Parteizeitung Unità, *»und rammte mit großer Wucht Berlinguers Fahrzeug. Das war äußerst seltsam. Denn der Wagen Berlinguers fuhr mitten im offiziellen Konvoi, und der stand unter totaler Kontrolle der Polizei. Wieder in Rom, sagte mir Berlinguer: ›Ich glaube nicht, dass dies ein Unfall war.‹«*[34]

Die Sowjetunion, so Macaluso, warf Berlinguer damals mangelnde Solidarität mit und bisweilen sogar offene Distanz zur Sowjetunion vor. 1975, drei Jahre vor der Ermordung Moros, besiegelte Berlinguer die Trennung durch eine damals an Hochverrat grenzende Erklärung: Der italienische Sozialismus, so Berlinguer, könne unter dem militärischen Schirm der NATO besser aufgebaut werden als unter dem der Sowjetunion.

Und dann brach der Chef der italienischen Kommunisten noch eine weitere Brücke zu Moskau ab. Er beauftragte seinen Schatzmeister Gianni Cervetti *»auch auf finanziellem Gebiet eine Operation des Desengagements zu betreiben, das* *heißt, das ›Gold Moskaus‹ in einer Größenordnung von jährlich vier bis fünf Millionen Dollar, sollte nicht mehr akzeptiert werden. Wir wollten neben der politischen Autonomie«,* erklärt Cervetti heute, *»nun auch die finanzielle erreichen. Diese Operation wurde über zwei Jahre lang mit großer Vorsicht durchgeführt und sollte eine historische Phase abschließen. Natürlich diente dies auch dazu, uns als demokratische Kraft zu legitimieren.«*[35]

Kein Wunder, dass die Sowjetunion Berlinguer nicht schätzte. Und derselbe Berlinguer hatte nun zusammen mit Moro auch noch versucht, die Teilung der Welt in Blöcke, so wie es in Jalta beschlossen worden war, aufzuheben. *»Eine Ungeheuerlichkeit«,* sagt der damalige Unità-Chefredakteur Emanuele Macaluso. *»Denn Jalta stellte zu dieser Zeit eine Sicherheit dar, sowohl für die USA als auch für die Sowjetunion. Und Jalta hatte die Grenzen festgelegt, innerhalb derer es offenbar verboten war, die sozialen Bedingungen zu verändern.«*[36]

Wenn es also wahr ist – und daran besteht kaum noch ein Zweifel –, dass auch Länder des Ostblocks bei der Beseitigung Moros die Hand mit im Spiel hatten, dass der KGB und der tschechische Geheimdienst die Roten Brigaden unterstützten, dann fragt man sich, warum die westlichen Geheimdienste und die ihnen verbundenen Politiker wie zum Beispiel Francesco Cossiga oder Giulio Andreotti dies nie propagandistisch ausgeschlachtet haben. Warum haben die Philo-Atlantiker der P2 nie Verrat gerufen, nie den Osten angeklagt, dass dieser ihnen den »hochgeschätzten Moro« umgebracht habe. Die Beweise, das zeigen die Akten heute, hätten sie gehabt. Innenminister Francesco Cossiga wusste genau, dass die Waffen der Terroristen aus dem Ostblock kamen. Er hat darüber sogar mit Berlinguer gesprochen. Die italienischen Kommunisten haben daraufhin die Genossen in Prag vor möglichen Konsequenzen gewarnt.

Warum also hat nie jemand dieses Komplott zwischen KGB und den Terroristen zu den üblichen Rundumschlägen gegen Moskau benutzt?

Auch für den Präsidenten der parlamentarischen Untersuchungskommission, Giovanni Pellegrino, ist dies ein Rätsel: *»Ich habe mich oft gefragt, ob diese in Jalta vereinbarte Aufteilung Europas mit gegensätzlich orientierten Geheimdiensten zu einem bestimmten Zeitpunkt nicht zu einer Art Zusammenarbeit geführt hat, weil die einen wie die anderen am Erhalt dieses Gleichgewichtes interessiert waren. Diese Hypothese würde auch das Schweigen westlicher Geheimdienste verständlich machen bezüglich der Zusammenarbeit östlicher Geheimdienste mit den Roten Brigaden.«*[37]

Aus heutiger Sicht lässt sich somit zusammenfassen: Moro hatte nicht die geringste Chance, gerettet zu werden. Keiner wollte das, nicht der Westen, nicht der Osten. Nur einige Getreue um Eleonora Moro hatten das noch nicht begriffen.

*Rom, 20 April 1978.*

Eleonora Moro schreibt an den Sekretär der christdemokratischen Partei. Sie verlangt sofortige Verhandlungen, um das Leben ihres Mannes zu retten.

Die Parteiführung der Christdemokraten versammelt sich um Andreotti. Noch einmal wird die harte Linie bestätigt: keine Verhandlungen mit den Terroristen.

*Rom, 21. April*

Auf geheimen Wegen erhält der Papst einen Brief Moros. In ihm bittet Moro den Vatikan um Hilfe. Der Papst solle aus humanitären Gründen auf die Regierung Andreotti einwirken, damit diese endlich Verhandlungen mit den Roten Brigaden aufnehme. Doch statt dem Wunsch Moros zu entsprechen, antwortet der Papst mit einem offenen Brief an die

Roten Brigaden. In ihm fordert er die Terroristen auf, Moro »bedingungslos« freizulassen. Nicht mehr und nicht weniger.

Moretti, der Entführer Moros, soll daraufhin gesagt haben, »*Mit diesem Brief hat der Papst das Requiem für Moro gelesen.*«

Auf der Piazza Barberini, sozusagen vor den Augen der Beamten des Innenministerium, treffen sich nun einige Brigadisten, darunter auch Moretti, um die Exekution Moros zu beschließen.

*Rom 29. April*

Frau Moro erhält einen Brief ihres Mannes: »*Liebe Noretta, als letzten Versuch bitte ich Dich mit all dem Atem, über den Du verfügst, zu beten und zu protestieren, ohne auf die Vorsichtsratschläge von wem auch immer zu hören. Ich umarme Dich. Aldo.*

Gleichzeitig schreibt Moro einen Brief an seine Partei. In ihm spricht noch einmal der Parteichef der Christdemokraten: »*Da Ihr nicht auf meine Argumente eingeht und Ihr das Einberufen von förmlichen Versammlungen ablehnt, sage ich Euch, ich habe die Macht, den Parteitag zum schnellstmöglichen Zeitpunkt einzuberufen, damit dieser sich damit befasst, wie die Verhinderung seines Präsidenten beseitigt werden kann. Also entscheide ich und berufe Ricardo Misasi zum Vorsitzenden.*« Und dann abschließend: »*Ich werde sterben, wenn meine Partei es beschließt. Doch dieses Blutbad wird niemandem nützen, nicht Andreotti, nicht der Partei oder dem Land.*«

*Rom, 4 Mai.*

Die Christdemokratische Partei gibt bekannt, dass am 9. Mai die Parteiführung zusammentreten werde, um über Moros Wunsch nach Einberufung des Parteitags zu entscheiden.

*Rom, 8. Mai.*

Aus gut unterrichteten Kreisen ist am Abend zu erfahren, dass der von Moro einberufene Parteitag Verhandlungen mit den Roten Brigaden beschließen werde.

In der Tiefgarage des Hauses, in dem Moro gefangen gehalten wird, stellen die Brigadisten den roten R4 bereit.

*Rom 9. Mai.*

Der rote R4 verlässt die Tiefgarage unterhalb des Volksgefängnisses. Moro ist seit wenigen Minuten tot. Elf Einschüsse wird man in seinem Körper zählen.

Für den von Moro anberaumten Parteitag – er hätte mit Sicherheit für Verhandlungen mit den Entführern gestimmt – entfällt der einzige Grund für seine Einberufung: Der Präsident der Democrazia Cristiana wird ab sofort für immer verhindert sein.

Dies sollte der letzte Zufall bleiben.

## Anmerkungen

1 Gekürzter Polizei-Mitschnitt des Telefongesprächs zwischen dem Rotbrigadisten Valerio Morucci und Professor Franco Tritto, einem Freund Aldo Moros
2 Mino Pecorelli in »OP« 2.5.78. und 12.9 78.
3 Sergio Flamigni in »Tod in Rom«, ARD-Film v. Michael Busse und Maria-Rosa Bobbi aus der Reihe »Politische Morde«
4 Valerio Morucci ebd.
5 zitiert nach Sergio Flamigni »La Tela de Ragno«, Seite 26
6 Sergio Flamigni in »Tod in Rom«
7 Nicolò Bozzo ebd.
8 Sergio Flamigni ebd.
9 Ferdinando Imposimato ebd.
10 Alberto Franceschini ebd.

11 Sergio Flamigni in »Anatomie eines Verbrechens«, Film von Michael Busse und Maria-Rosa Bobbi, WDR/ARTE
12 Ferdinando Imposimato in »Tod in Rom«
13 Gianni Cervetti in einem Gespräch mit den Autoren
14 Nicolò Bozzo ebd.
15 Valerio Morucci in »Anatomie eines Verbrechens«
16 Nicolò Bozzo in einem Gespräch mit den Autoren
17 zitiert nach Sergio Flamigni »La tela del ragno«, Seite 95
18 Nicolò Bozzo in »Tod in Rom«
19 Francesco Cossiga ebd.
20 Sergio Flamigni ebd.
21 Alberto Franceschini in »Anatomie eines Verbrechens«
22 Francesco Cossiga in »Tod in Rom«
23 Alberto Franceschini ebd.
24 Sergio Flamigni ebd.
25 Alberto Franceschini ebd.
26 Ferdinando Imposimato ebd.
27 Giovanni Pellegrino in einem Gespräch mit den Autoren
28 Valerio Morucci in »Tod in Rom«
29 Fulvio Martini ebd.
30 Ferdinando Imposimato ebd.
31 Ferdinando Imposimato in einem Gespräch mit den Autoren
32 Fulvio Martini ebd.
33 Ferdinando Imposimato ebd.
34 Emanuele Macaluso ebd.
35 Gianni Cervetti ebd.
36 Emanuele Macaluso ebd.
37 Giovanni Pellegrino ebd.

# Das Ende des schwarzen Messias

## Der Mord an Martin Luther King

Von Thomas Giefer

*»Lasst uns den Träumer erschlagen und wir werden sehen, was aus seinen Träumen wird.«*
*Vers aus dem Buch* GENESIS

### 100 Dollar für einen Mord

Memphis, Tennessee, 13. Dezember 1999. Es ist ein seltsamer Prozess, der heute nach vierwöchiger Verhandlung zu Ende geht. Es geht um einen Mord, der über 30 Jahre zurückliegt. Die Familie des Ermordeten, seine Frau und vier Kinder, klagen vor einer Zivilkammer auf Entschädigung für *»das Leben, die Anwesenheit, die Partnerschaft und alle materiellen und geistigen, emotionalen und intellektuellen Vorteile, die den Klägern zugänglich waren, solange ihr geliebter Angehöriger am Leben war, und die ihnen für immer genommen wurden durch den Tod … als Folge der Handlungen des Angeklagten und anderer, bekannter und nicht bekannter Beteiligter«*. Der Angeklagte widerspricht mit keinem Wort den Vorwürfen der Kläger – im Gegenteil, sein Anwalt ist den Klägern behilflich. Wo er kann, bestätigt er alles bis ins Detail, was seinem Mandanten vorgeworfen wird: Mitwirkung an einer Verschwörung, die von der Mafia organisiert, jedoch von höchsten Regierungsstellen in Auftrag gegeben wurde. Aktive Beteiligung an einem heimtückischen Mord, der von amerikanischen Polizisten ausgeführt und von staatlichen Geheimdiensten vorbereitet und vertuscht wurde. Da die Fakten nicht strittig sind, ist die Entscheidung der Jury alles andere als überraschend: Sie verurteilt den Angeklagten Lloyd Jowers zur Zahlung der Entschädigung, die von den Klägern verlangt wird: 100 Dollar für den Mord an Martin Luther King.

## 10 Dollar Strafe für einen Sitzplatz

Montgomery, Alabama, 1. Dezember 1955. Es ist 5 Uhr nachmittags und wird schon dunkel, als die Verkäuferin Rosa Parks nach der Arbeit in ihren üblichen Bus nach Hause steigt. Da die ersten zehn Sitzreihen für Weiße reserviert sind, setzt sich die 42jährige auf den einzig freien Platz in der elften Reihe. An den nächsten Haltestellen füllt sich der Bus, schwarze Passagiere stehen bereits im hinteren Bereich, Weiße setzen sich auf die vorderen Sitze. Als auch die für Weiße reservierten Plätze besetzt sind, fordert der Busfahrer die in der nächsten Reihe sitzenden – darunter Rosa Parks – auf, für einen noch stehenden weißen Mann Platz zu machen. Ihre drei Nachbarn stehen auf. Da aber ein Weißer nicht mit Schwarzen in derselben Reihe sitzen kann, müssen alle vier ihren Platz räumen. So will es das Gesetz in Alabama. Mrs. Parks weigert sich.

Der Busfahrer ruft die Polizei. »*Ich hatte vorher nicht darüber nachgedacht*«, erinnert sich Rosa Parks, »*ich habe einfach entschieden, nicht aufzustehen.*« Sie wird von zwei Polizisten abgeführt, die Verhandlung wegen Verstoßes gegen die Rassentrennung findet vier Tage später statt. Eigentlich kein erwähnenswertes Ereignis, doch die schwarze Gemeinde von Montgomery hat für den Tag des Prozesses zu einem Busboykott aufgerufen, und der junge und unbekannte Baptisten-Pfarrer Martin Luther King wird zum Vorsitzenden eines Komitees gewählt, das einige Verbesserungen im öffentlichen Nahverkehr durchsetzen soll. Doch jetzt kommt ein Stein ins Rollen: Der Boykott, der nur für einen Tag geplant war, dauert ein ganzes Jahr, und die lokale Protestaktion ist nur der Auftakt zu einer Bewegung, die die Nation verändern wird. Der Fall Rosa Parks ist der zündende Funke und der 26-jährige Pastor die Persönlichkeit, aus diesem Funken ein Feuer zu entfachen.

Die Verhandlung selbst dauert kaum fünf Minuten und endet ohne Überraschung: 10 Dollar Strafe für Rosa Parks.

## Träume

Atlanta ist »Kings country«. In der Woche rund um den King Holiday, jeweils am 15. Januar, ist die Auburn Avenue, das nationale Zentrum des King-Kults, kilometerlang mit Fähnchen geschmückt. Hier, in der Nachbarschaft der Ebenezer Baptist Church und des Geburtshauses von Martin Luther King, befindet sich das King Center mit seinen sozialen Institutionen, einer Bürgerrechtsbibliothek und wechselnden Ausstellungen. Im Gift Shop können sich die Besucher mit King-Büsten, King-Kerzen, King-Videos und I-have-A-Dream-T-Shirts in zwei Dutzend verschiedenen Variationen versorgen. Als wir an Kings 69. Geburtstag nach Atlanta kommen, sitzt beim Gedenkgottesdienst Vizepräsident Al Gore zwischen der Witwe und dem Sohn des Nationalhelden, Bill Clinton lässt eine Grußadresse verlesen. Der revolutionäre

Traum des schwarzen Rebellen ist längst mit dem American Dream verschmolzen und wird profitabel vermarktet. Das Copyright für das King-Erbe, insbesondere seine Reden, die in keinem Schulbuch fehlen und Jahr für Jahr tausendfach zitiert und rezitiert werden, wurde von der King Familie an den Medienkonzern Time Warner verkauft, ein 50-Millionen-Dollar-Deal. »Dreams into reality«, Träume werden wahr, ist das diesjährige Motto der King-Festlichkeiten. »Dreams into Reality!« verspricht auch einer der Sponsoren der Festzeitung, der Mobil Oil Konzern, »Wir arbeiten, um ›den Traum‹ am Leben zu erhalten«, behauptet der Computershop COMPUDEO, und Lulas Schönheits-Salon »begrüßt Dr. Martin Luther King mit Geburtstags-Sonderangeboten«.

Etwas abseits vom Festtrubel der Auburn Avenue treffen wir Hosea Williams. Der Mitarbeiter Kings in den Jahren des Kampfes steht mit den selbsternannten Erben Kings, besonders mit seiner geschäftstüchtigen Familie, auf Kriegsfuß. Während der Traum seines Freundes profitabel vermarktet wird, hat man ihm die letzten Gelder für sein Obdachlosenprojekt gestrichen. *»Das Besondere an Martin Luther King war, dass er seine Predigten selbst lebte. Ich konnte sonntags in die Kirche gehen und Dr. King predigen hören und dachte mir, mein Gott, nächste Woche wird es hart für uns. Denn, nachdem er am Sonntag gepredigt hatte, würde er Tag für Tag auf die Straßen gehen und dafür sorgen, dass sein Gebet vom Sonntag in der darauffolgenden Woche zu einer lebendigen Realität in den Straßen von Amerika würde.«*

Trotz aller Bemühungen müssen sich die ehemaligen Kampfgefährten Kings eingestehen, dass im April 1968 mit dem charismatischen Anführer auch die Bewegung tödlich getroffen wurde. Niemandem ist es danach gelungen, die Unterprivilegierten in Gods own country mit ähnlicher Leidenschaft und Hoffnung zu mobilisieren wie dem Prediger aus Alabama. »*Martin Luther King war ein religiöser – wir würden sagen: gottgesandter Mann*«, meint Andrew Young, ein anderer enger Mitarbeiter aus dem Stab des Bürgerrechtlers. »*Was er tat, hätte er nicht aus eigener Kraft tun können. Wir waren nicht so besonders klug oder so mutig – aber ich denke, es ist uns gelungen, an den Geist des Lebens zu rühren und dadurch einen grundlegenden Wandel der Gesellschaft zu erreichen.*« Für die Südstaaten-»Neger«, denen die Diskriminierung fast schon zur zweiten Natur geworden ist, musste King wie ein Heilsbringer erscheinen, ein Messias der göttlichen Gerechtigkeit. Das schlichte Wort »Alle Menschen sind gleich« verwandelte er in eine revolutionäre Botschaft. Sein politisches Vorbild ist der Führer der indischen Unabhängigkeit, Ghandi. Absolut gewaltlos führt King die Schwarzen in den amerikanischen Südstaaten gegen die skandalösen Gesetze der Apartheid, die man hier »Segregation« nennt, auf die Straße. Die moralische Überlegenheit der Protestierenden wird durch das strikte Prinzip der Gewaltlosigkeit unterstützt. Gewalt geht immer nur vom System aus, von rassistischen Bürgermeistern und ihrer wildgewordenen Polizei, von verbohrten Richtern und Staatsanwälten, von terroristischen Ku Klux Klan-Anhängern. Durch den – nahezu dogmatischen – Verzicht auf jede Form der Gegengewalt erreicht die Protestbewegung auch jene friedfertigen Nachfahren der Sklaven, die sich an militanten Aktionen nicht beteiligen würden.

Die Märsche von Stadt zu Stadt dehnen sich nach dem Schneeballsystem aus. Aus einem Kern von 50 Menschen können im Laufe der Zeit 50 000 werden, an deren schierer Zahl schon die Durchsetzung der Gesetze scheitern muss, weil es keinen Platz in den Gefängnissen mehr gibt. An der Spitze seiner friedlichen Armee erobert King die Bastionen des amerikanischen Rassismus: Die Abschaffung der Rassentrennung in öffentlichen Verkehrsmitteln, Behörden, Restaurants usw. ist nur ein erster Schritt. Auch die Schulen müssen für die Integration geöffnet werden. Selbst das Wahlrecht für Schwarze – in der amerikanischen Verfassung längst verankert – wird in den Südstaaten häufig durch schikanöse Bestimmungen und offene Bedrohung schwarzer Wähler unterlaufen. Kings Kampagnen sind alles andere als Spaziergänge. Zu den Feuerwehrspritzen, Bluthunden und berittenen Schlägertrupps der staatlichen Ordnungskräfte kommen Bombenanschläge und Mordkommandos rassistischer Terrorgruppen. Die Siege der Bürgerrechtler werden mit Toten und Schwerverletzten bezahlt.

Doch bei aller Entschlossenheit und Begeisterung könnte eine solche Bewegung keinen Erfolg haben ohne ein sympathisierendes Umfeld. King stellt den Kontakt zu liberalen Kreisen im Norden der USA her, wo es diese Formen von legalem Rassismus längst nicht mehr gibt. Vor allem Geld ist ein ständiges Thema: Ohne eine gefüllte Kriegskasse können die Kautionen nicht gezahlt werden, um die Verhafteten aus den Gefängnissen zu befreien – eine Grundbedingung für den Erfolg der Protestaktionen. King-Freund Harry Belafonte ist der Wortführer einer Unterstützergruppe aus Medien und Showbusiness, die Hunderttausende für King und seine Bürgerrechtsbewegung sammeln. Als 1960 der liberale Demokrat John F. Kennedy den Republikaner Eisenhower im Weißen Haus ablöst, gewinnt die Bewegung Verbündete auf höchster Ebene. Kennedy, vor allem aber sein Bruder Robert als Justizminister, halten durch den direkten Kontakt zu King die Proteste unter Kontrolle. Gleichzeitig nutzen sie die Demonstrationen in den Südstaaten dazu, im ganzen Land endlich einheitliche Standards für die Menschenrechte durchzusetzen, Standards, die einer modernen Gesellschaft im 20. Jahrhundert gerecht werden.

Die Bürgerrechtsgesetze, die nach Kennedys Ermordung von Johnson in Kraft gesetzt werden, hätten sich ohne die Schubkraft der gewaltigen Demonstrationen und Proteste kaum durchsetzen lassen. Höhepunkt ist 1963 Kings »Marsch auf Washington«: Mehrere Hunderttausend Menschen, ein Viertel von ihnen Weiße, hören vor dem Lincoln Monument die Rede Martin Luther Kings, die Legende werden soll: *«I have a dream, ich habe einen Traum, tief verwurzelt im Amerikanischen Traum, dass eines Tages meine Kinder in einer Nation leben werden, wo sie nicht nach der Farbe ihrer Haut, sondern nach ihrem Charakter beurteilt werden … I have a dream today«*.

## FBI & Co.

Die Träume des schwarzen Bürgerrechtlers werden im Amerika der 50er und 60er Jahre keineswegs von allen geteilt. Schon seit den Zeiten des Busboykotts in Montgomery kümmert sich das FBI um Martin Luther King. Besonders einer seiner engsten Mitarbeiter, der New Yorker Anwalt Stanley Levison, ist im Visier der Bundespolizei. Levison, ein Veteran der Bürgerrechtsbewegung, der Jahre zuvor durch seine Kontakte zur Kommunistischen Partei aktenkundig geworden ist, gehört zu den ersten, die das politische Talent des jungen Predigers aus Alabama erkennen. Mit seiner politischen Erfahrung und seiner finanziellen Unterstützung trägt er wesentlich dazu bei, dass aus dem regionalen Protest eine Bewegung von historischem Ausmaß wird. In den Abhörprotokollen des FBI finden sich zwar niemals Anzeichen einer kommunistischen Unterwanderung, geschweige denn eines ausländischen Einflusses, dennoch werden die Überwachungsaktionen auch unter Kennedy weitergeführt. Robert Kennedy, der mit M. L.

King und dessen Stab bei der Vorbereitung und Abwicklung von Demonstrationen und Kundgebungen eng zusammenarbeitet, gibt als Justizminister zugleich FBI-Chef Hoover die Genehmigung für ständig raffiniertere und umfassendere Bespitzelungsaktionen.

Der Historiker David Garrow, für seine King-Biographie mit dem Pulitzerpreis ausgezeichnet, hat aufgrund des Freedom of Information Act Einblick in einen Teil der geheimen Abhörprotokolle bekommen. »*Es ist eine Ironie der Geschichte, dass durch diese bösartige Abhörpraxis ein authentischeres Bild von King überliefert ist, als wir es durch Zeitzeugen und schriftliche Dokumente bekommen könnten*« – ein Glücksfall für einen Biographen wie Garrow, in dessen 800seitigem Werk nahezu jeder Tag im aktiven politischen Leben Kings dokumentiert ist. Nachdem das Büro vergeblich versucht hat, King auf der politischen Ebene zu kompromittieren, sind Hoovers Leute auf einem anderen Gebiet erfolgreicher. Unter dem Label COINTELPRO (Counter Intelligence Programm) versucht man, den politischen Gegner mit allen zur Verfügung stehenden Mitteln psychisch unter Druck zu setzen und moralisch zu vernichten. Jetzt werden vor allem die Hotelzimmer des unentwegt reisenden Baptistenpastors King verwanzt. »*Das Büro installierte in den Hotels Abhörstationen mit dem eindeutigen Ziel, Tonaufnahmen von Kings außerehelichen sexuellen Aktivitäten zu erhalten. Die Mikrophone wurden jeweils vor seiner Ankunft platziert, die Aufnahmen blieben beim FBI, Abschriften wurden aber an alle möglichen Institutionen – darunter das Justizministerium von Robert Kennedy – und an das Büro des Präsidenten, also an Johnson, weitergeleitet.*«

Worin dieser maßlose Hass Hoovers auf Martin Luther King seinen Ursprung hat, darüber kann man nur spekulieren. King hat das FBI beschuldigt, zu wenig zur Aufklärung von Mordanschlägen weißer Rassisten gegen Mitglieder der Bürgerrechtsbewegung zu tun, ja möglicherweise mit den Terroristen unter einer Decke zu stecken. Das mag ein Grund für die Feindseligkeit der Bundespolizei gewesen sein. Aber deren Chef Hoover steigert sich über jedes vernünftige Maß hinaus in einen ganz persönlichen Vernichtungswillen gegen den Schwarzenführer hinein. In persönlichen Memoranden verlangt er, *»King von der nationalen Bühne zu entfernen, da er ein korruptes, unmoralisches Element«* sei. Solche Begriffe aus der konservativen Moral der bigotten amerikanischen Mittelschicht klingen besonders verräterisch aus dem Mund eines Mannes, der jahrelang in Angst vor einer Enthüllung seiner heimlichen Homosexualität lebt und – wie man später herausfindet – deshalb von der Mafia erpresst wird. Aber Hoover ist auch eifersüchtig auf den charismatischen King, dem die Menschen nicht aus Angst, sondern aus Liebe folgen. Er neidet ihm den Friedensnobelpreis, den King 1964 in Stockholm entgegennimmt, obwohl die Mitglieder des Preiskomitees zuvor von Hoover mit den unappetitlichen Hotel-Mitschnitten versorgt worden sind. Selbst der Papst wird über Kings »ungezügeltes« Sexleben informiert, was ihn nicht davon abhält, den berühmten Amerikaner zu empfangen.

Hoover geht jetzt aufs Ganze. *»Ende 1964, gerade als King den Friedensnobelpreis erhielt, schickte das FBI ein anonymes Päckchen an Dr. King, das ein ›Highlights Tape‹ enthielt. Das war ein Zusammenschnitt der peinlichsten Aufnahmen aus Hotelzimmern von Kings privatesten Momenten. Dazu ein scheinbar anonymer Begleitbrief: King werde öffentlich bloßgestellt, wenn er nicht ›etwas‹ tue.«* Der Brief, von dem uns Garrow ein Faksimile zeigt, bedient sich einer eindeutigen Sprache: *»KING! Du bist erledigt. Alle die dich unterstützt haben, werden erfahren, was du wirklich bist: Ein übles, entarte-*

*tes Vieh. Es gibt nur einen Ausweg für dich, du weißt, was du zu tun hast. Dir bleiben 34 Tage Zeit. Sonst wird dein schmutziges, abnormes Selbst vor der ganzen Nation entblößt.«* Kings Frau Coretta öffnet das Päckchen und hört sich das Tonband an, das sie zunächst für die Aufnahme eines Gebets oder einer Rede ihres Mannes hält. Für King gibt es – trotz des anonymen Absenders – keinen Zweifel daran, dass die Sendung nur vom FBI stammen kann. Aber die unverhohlene Aufforderung zum Selbstmord (oder zum Rückzug aus der Bewegung) ignoriert er. Im Gegenteil: Seine Positionen werden radikaler und auch für die Regierung in Washington, die viele seiner bisherigen Kampagnen inoffiziell unterstützt hat, unbequemer. Er verurteilt den Vietnamkrieg und setzt damit alles aufs Spiel, was er im letzten Jahrzehnt an Anerkennung und Popularität erworben hat. Sein Credo für die Gewaltlosigkeit wird ihm jetzt sogar von vielen seiner Mitkämpfer der Civil-Rights-Bewegung als Vaterlandsverrat oder zumindest als schädlich für die Ziele der Bürgerrechtsbewegung ausgelegt. Doch King, der bei den militanten Fraktionen der Schwarzenbewegung wie Black Panther und Black Power längst als »Liberaler« verschrien ist, ist nicht bereit, die Stimme »seines Gewissens abzustellen«: *»Ich spreche mich gegen diesen Krieg aus, weil ich von Amerika enttäuscht bin. Schwarze und weiße Jungs kämpfen in brutaler Solidarität auf den Schlachtfeldern von Vietnam. Aber wenn sie nach Hause kommen, ist es zweifelhaft, ob ihre Kinder im selben Klassenzimmer sitzen dürfen, weil die meisten Schulen in diesem Land nach Rassen getrennt sind. Schwarze Soldaten sterben in Vietnam und wenn sie nach Hause kommen, dürfen sie vielleicht nicht auf demselben Friedhof in Alabama begraben werden. Es ist Zeit, unser eigenes Haus in Ordnung zu bringen.«*

Im April 1967, ein Jahr vor seinem Tod, bezeichnet er in seiner berühmten Rede in der Riverside Church in New York die USA als den *»größten Lieferanten von Gewalttätigkeit in der heutigen Welt«* und vergleicht die amerikanische Kriegführung in Vietnam mit der Kriegführung der Nazis in Europa. King, der häufig auch seine engsten Mitarbeiter mit unerwarteten politischen Strategien überrascht, hat erkannt, dass die Abschaffung der Rassentrennung noch längst keine Garantie für äußeren Frieden und innere Gleichberechtigung ist. Unter dem Einfluss der marxistisch geprägten Studentenbewegung wendet er sich ökonomischen Themen zu. 1968 plant er einen Kreuzzug gegen die Armut im reichsten Land der Welt – die Poor Peoples Campaign. Es soll einen neuen »Marsch auf Washington« geben und diesmal sollen die Armen aus dem ganzen Land die Hauptstadt so lange besetzen, bis radikale soziale Reformen einen grundlegenden Wandel im kapitalistischen Gesellschaftssystem der USA einleiten. *»Kein ›Marsch auf Washington‹ wie 1963, ein paar Reden vor den jubelnden Massen, ein Empfang beim Präsidenten und dann geht man wieder nach Hause. Nein, diesmal sollte die ehrwürdige Mall zwischen Capitol und Lincoln Monument zu einer Zeltstadt werden, in der die schwarzen Tagelöhner aus Mississippi, die Indianer aus den Reservaten des Mittleren Westens und die arbeitslosen Weißen aus den Slums der Industriereviere sich niederlassen, um die Politiker in der Hauptstadt mit der hässlichen Rückseite des American Dream zu konfrontieren.«*

Diese Kampagne ist für das Washingtoner Establishment weit bedrohlicher als alle antirassistischen Märsche der letzten Jahre in den Südstaaten oder in den Schwarzenghettos von Chicago. Die Drohungen gegen sein Leben, die ihn seit seiner Rolle beim Montgomery Busboykott ständig begleitet haben, werden immer unmissverständlicher. *»Damals erkannte er, dass es praktisch unausweichlich war, wegen seiner Rolle in* *der Bewegung früher oder später umgebracht zu werden«,* meint Biograph David Garrow. »*Das war eine Ahnung, die er schon Jahre vor 1968 hatte. Seine Entschlossenheit, sein Mut waren ganz außerordentlich. Er hatte keine Angst vor dem Tod, sondern er erwartete und akzeptierte seine Ermordung. Er sah nicht ängstlich über die Schulter, wer ihm vielleicht folgte. Es war eine tiefe Überzeugung von dem, was ihn erwartete, die sich aber so gut wie nie in Nervosität oder Angst ausdrückte.«*

## Ein Tag im April

Für King ist der 23. April 1967 ein relativ normaler Tag. In Cambridge trifft er den linken Aktivisten Dr. Spock, um über den gemeinsamen Plan eines »Vietnam-Sommers« zu diskutieren. Spock gilt als Kandidat für eine unabhängige Präsidentschaftskampagne mit Unterstützung der Friedensbewegung, und King wird als sein bevorzugter Vize für die Präsidentenwahlen des kommenden Jahres gehandelt. Der Civil-Rights-Führer weist das Angebot vorsichtig zurück – ohne eine Kandidatur gänzlich auszuschließen: »*Meine Leute würden das nicht verstehen …*«. Auch seine wichtigsten Mitarbeiter raten ihm davon ab, sich in den Grabenkrieg der offiziellen Politik zu begeben und damit das Charisma des über allen politischen Parteien stehenden »gottgesandten« Predigers aufs Spiel zu setzen. Dennoch wird diese Debatte nicht verstummen, bis Robert Kennedy sich entschließt, als Vertreter des liberalen Amerika den demokratischen Amtsinhaber Johnson herauszufordern. Bob Kennedy wird wenige Monate nach King unter ähnlich eindeutigen – und dennoch ungeklärten – Bedingungen den Tod finden.

Am selben Tag, dem 23. April 67, packt sich im Staatsgefängnis von Missouri der für einen Supermarktüberfall zu 20 Jahren verurteilte Häftling James Earl Ray ein paar Fluchtutensilien in einen Beutel – Rasierzeug, Transistorradio und eine schwarz gefärbte Hose – und geht zu seinem Dienst in die Backstube. Die Gefängnisbäckerei stellt nicht nur das Brot für die Häftlinge her, sondern liefert auch an diverse Gefängnisfarmen in der Umgebung. Nachdem Ray ein üppiges Frühstück mit sechs Eiern zu sich genommen hat (*»ich wusste, dass es vielleicht meine letzte Mahlzeit für eine Weile sein würde«*), versteckt er sich in einer der Boxen, in denen das geschnittene Brot auf einem Lastwagen abtransportiert wird. Komplizen unter den Mitgefangenen heben die Kiste auf den Transporter, und Ray verlässt auf verblüffend einfache Weise das Gefängnis, in dem er die letzten sieben Jahre verbracht hat. An einer Kreuzung springt er von der Pritsche des Lasters und ist ein freier Mann.

Nahezu ein Jahr lang wird Ray sich jetzt auf dem Kontinent hin und her bewegen, von Florida bis Kalifornien, von Mexiko bis Kanada. Er beschafft sich falsche Papiere, arbeitet, um etwas Geld zu verdienen, nimmt Tanzstunden, lernt Frauen kennen, unterzieht sich einer kleinen plastischen Gesichtsoperation, bestellt sich eine Kamera im Versandhandel, macht eine Ausbildung, kauft sich ein Auto. Ein Mann auf der Flucht, für dessen Ergreifung ganze 50 Dollar ausgesetzt sind. Ein Mann, dessen größtes Kapital seine Unwichtigkeit und dessen wichtigste Eigenschaft seine Unauffälligkeit sind. Bis sich – im März, April des nächsten Jahres – sein Weg auf dramatische Weise mit dem von Martin Luther King kreuzt.

Viele Stationen dieses Weges liegen bis heute im Dunkeln. So hat Ray selbst – dem Knastcodex gehorchend – niemals die Identität seiner Fluchthelfer preisgegeben. Dennoch wird einer von ihnen später als FBI-Informant identifiziert. Zufall? Oder erstes Glied einer bis ins letzte ausgeklügelten Verschwörung, die knapp ein Jahr später in Memphis den ahnungslosen Ray als Mörder Martin Luther Kings präsentieren wird?

## Memphis, Tennessee

Am 18. März 1968 spricht King vor fast 20000 Menschen in Memphis. Es geht um die Unterstützung des Streiks der – meist schwarzen – Müllarbeiter der Stadt, die bereits seit Februar für bessere Löhne, sichere Arbeitsplätze und die Zulassung eigener Gewerkschaften kämpfen. King, der hier in Memphis die Chance sieht, an einem konkreten Beispiel die Ziele seiner umstrittenen Poor Peoples Campaign zu demonstrieren, kündigt in der traditionsreichen Stadt am Mississippi einen seiner berühmten Märsche an, der zehn Tage später, am 28. März, stattfindet. Doch diese Demonstration wird ein Desaster für King und seine Kampagne. Zum ersten Mal gelingt es seinem Organisationsstab nicht, den Marsch friedlich zu halten. Radikale schwarze Jugendliche, bei den Invaders und anderen Gruppen organisiert, erkennen Kings Dogma des gewaltlosen Widerstands nicht an: »*Wir waren eine Generation jünger*«, erklärt uns Coby Smith, der damals zu den Aktivisten der Invaders gehörte. »*Wir waren nicht mehr bereit, uns anspucken zu lassen, wir waren nicht mehr bereit, uns schlagen zu lassen, zuzusehen, wie sie unsere Frauen misshandeln und unsere Kinder einsperren. Unsere Philosophie war, dass wir uns das von niemandem mehr gefallen lassen würden, nicht von der Polizei, nicht von einem weißen oder einem schwarzen Mann. Das hat viele Vertreter des sogenannten gewaltlosen Establishments verärgert.*«

Unterstützt von Agents provocateurs werfen die radikalen Jugendlichen Steine und Flaschen auf die Sicherheitskräfte, Geschäfte werden geplündert, die Polizei stürzt sich mit Tränengas und Knüppeln auf die Demonstranten, setzt aber auch scharfe Munition ein. Martin Luther King, der Vertreter des gewaltlosen Establishments, muss ohnmächtig zusehen und wird schließlich – umringt von seinen Begleitern – ins Holiday Inn Hotel in Sicherheit gebracht. Bürgermeister Loeb, ein ausgewiesener Rassist, fordert die Nationalgarde an. Die Demonstration, bei der ein 16-jähriger erschossen wird, führt zu einem landesweiten Aufschrei in den Medien, die nur auf den Beweis gewartet haben, dass King seine Truppen nicht mehr unter Kontrolle hat und dass auch der geplante Marsch auf Washington in Gewalt und Chaos enden wird. »*Viele von uns haben ihm davon abgeraten, aber King war fest entschlossen, genau hier den Gegenbeweis anzutreten*«, erinnert sich James Orange, einer der Organisatoren einer zweiten Demonstration, die auf den 5. April festgesetzt wird.

King trifft sich mit den Invaders, um sie in sein gewaltloses Konzept einzubinden. Die Stadt hat unterdessen bei Gericht ein Verbot des Marsches beantragt, um die Bürgerrechtler an der Durchführung zu hindern. Als King dennoch am Vortag der geplanten Demonstration von Atlanta nach Memphis fliegt, wird das Flugzeug durch eine Bombendrohung aufgehalten. Auch andere Umstände bringen die Planung durcheinander. In einer vom FBI lancierten Meldung wird King als »Heuchler« angegriffen, weil er einerseits die Schwarzen von Memphis zum Boykott weißer Geschäfte aufgerufen hat, selbst aber bei seinem letzten Aufenthalt in dem von Weißen geführten Holiday Inn abgestiegen ist. »*In Memphis gibt es das feine Hotel Lorraine, das ausschließlich von Negern geführt wird*«, heißt es in dem von FBI-Chef Hoover persönlich abgezeichneten Memorandum, das *»auf streng vertraulicher Basis ... an eine kooperative Nachrichtenagentur weitergeleitet werden«* soll.

Die Meldung erscheint tatsächlich in mehreren Zeitungen und dürfte die Mitarbeiter Kings dazu veranlasst haben, die Zimmer für den zweiten Aufenthalt im Lorraine Hotel zu buchen. Doch es wird noch eine Änderung geben: Am Tag vor Kings Ankunft erscheint als Vorauskommando ein angeblicher Mitarbeiter des King-Teams, um die Quartiere zu überprüfen. Er veranlasst einen entscheidenden Wechsel in der Buchung. Die Reservierung für King wird vom Erdgeschoss in den ersten Stock verlegt, *»mit Blick auf den Swimmingpool«*. Es wird niemals geklärt, wer dieser mysteriöse »Mitarbeiter« gewesen ist, der King genau ins optimale Schussfeld des Mörders manövrierte. Das Szenario ist damit vorbereitet. King trifft am Vormittag des 3. April in der Stadt ein, die in Erwartung des bevorstehenden Marsches vor Nervosität vibriert. Als stünde ein Bürgerkrieg bevor, werden 5000 Nationalgardisten nach Memphis verlegt, außerdem Spezialeinheiten der Armee, darunter Scharfschützen und Agenten des militärischen Geheimdienstes, sowie Beobachter von CIA und FBI. Auch die städtische Polizei und Feuerwehr werden in erhöhte Alarmbereitschaft versetzt.

An der Spitze der Polizei steht Frank Holloman, ein langjähriger FBI-Mann, der noch ein Jahr zuvor als persönlicher Mitarbeiter J. Edgar Hoovers in dessen Washingtoner Büro beschäftigt war, bevor er als Polizeichef nach Memphis wechselte. Der Schutz für King, der seit Jahren als hochgefährdete Person gilt, ist schon Routine. King duldet keine Leibwächter in seiner Nähe, wird stattdessen weiträumig von FBI und örtlichen Sicherheitskräften überwacht. Doch diesmal wird die Mannschaft drastisch reduziert. Besonders ungewöhnlich ist dies im Fall von Ed Reddit, einem von zwei in

Sichtweite postierten schwarzen Detectivs, die zum üblichen Team in Memphis gehören. Der FBI-Mann wird von seinem Beobachtungsposten in der benachbarten Feuerwache abgezogen und in seinem Haus unter Polizeischutz gestellt. Der Grund: Eine Morddrohung – nicht gegen King, sondern gegen den Bewacher. Ein weiterer Baustein im Puzzle seltsamer Begebenheiten im Vorfeld des Attentats.

Am 29. März, dem Tag nach dem ersten Memphis-Marsch, als die Zeitungen des ganzen Landes über King herfallen, weil eine Demonstration unter seiner Führung in Chaos und Gewalt ausuferte, betritt ein junger Mann in Birmingham das Waffengeschäft »Aeromarine Supply Company« um ein schweres, treffsicheres Jagdgewehr mit Zielfernrohr zu kaufen. Nach intensiver Beratung mit den Inhabern des Geschäfts entscheidet er sich für eine REMINGTON Gamemaster zum Preis von $135,95 und ein Zielfernrohr für $94,95, das ihm der hilfsbereite Verkäufer gleich auf die Waffe montiert. Ohne sich ausweisen zu müssen, gibt der Käufer seinen Namen mit Harvey Lowmyer an und bezahlt in bar. Überraschend jedoch tauscht er am nächsten Morgen die Waffe um: das gleiche Modell, diesmal jedoch mit dem bei der Army gebräuchlichen Kaliber 30-06. Harvey Lowmyer ist in Wahrheit James Earl Ray, die Fingerabdrücke, die er achtlos auf diversen Gewehren hinterlassen hat, werden es dem FBI schon Stunden nach dem Mord in Memphis eindeutig beweisen.

*»Like anybody, I would like to live a long life …«* Martin Luther Kings letzte Rede im Mason Temple in Memphis, keine 24 Stunden vor seinem gewaltsamen Tod, ist wie eine Abschiedsrede an seine Anhänger – als stünde der Verlauf des kommenden Tages bereits in seinem Terminkalender. *»Noch nie hatten wir ihn so viel über den Tod reden hören«*, erinnert sich Reverend Kyles, ein Pastor aus Memphis. *»Aber eigentlich hätte es diese Rede, die heute zu seinen bekanntesten gehört, gar nicht geben sollen.«*

An jenem Abend ist King müde und ziemlich deprimiert. Den ganzen Tag über hat er mit den Invaders und anderen Vertretern der schwarzen Gemeinde über die Organisation der bevorstehenden Demonstration diskutiert, hat mit Andrew Young die Berufungsverhandlung gegen das Verbot des Marsches vorbereitet. Am Abend zieht ein Sturm auf. Wegen des heftigen Gewitters werden nicht allzu viele Besucher für die Solidaritätsveranstaltung im Mason Temple erwartet, und King bittet seinen Stellvertreter Ralph Abernathy, an seiner Stelle die Ansprache zu halten. Als Abernathy die Kirche betritt, wird er von einer begeisterten Menge empfangen, doch der Applaus erstirbt schlagartig, als klar wird, dass King nicht bei ihm ist. Abernathy versucht gar nicht erst zu reden, sondern telefoniert sofort mit King, der wenige Minuten später eintrifft und auf die Kanzel steigt.

*»Er sprach über die Bombendrohung, die es am Morgen gegen sein Flugzeug in Atlanta gegeben hatte, über die Bombenanschläge und Morddrohungen, denen er seit Beginn seiner politischen Arbeit ausgesetzt war. Und vor allem über eine Episode: In New York hatte ihn beim Signieren seines Buches vor einiger Zeit eine schwarze Amerikanerin mit einem Brieföffner niedergestochen. Während er sich von der Verletzung*

*erholte, bekam er Briefe von vielen wichtigen Leuten, aber am wichtigsten war ihm der Brief eines jungen Mädchens aus White Plains, New York – sie schrieb: ›Lieber Dr. King, ich habe von Ihrem Unglück in der Zeitung gelesen, und da stand, dass die Klinge so nah an Ihrer Aorta war, dass Sie verblutet wären, wenn Sie nur geniest hätten.‹ Und dann schrieb sie: ›Ich bin froh, dass Sie nicht geniest haben!‹ In seiner Rede an diesem Abend bezog er sich darauf und machte daraus eine ganze Litanei: ›Ich bin froh, dass ich nicht geniest habe, weil ich sonst den Montgomery-Marsch nicht erlebt hätte. Ich bin froh, dass ich nicht geniest habe, weil es sonst die Birmingham Kampagne für mich nicht gegeben hätte, den Marsch gegen die Angst in Mississippi ...‹ usw., und dann erwähnte er eine ganze Reihe von Ereignissen, die er nicht erlebt hätte, hätte er damals geniest. Er hat das in einer Art vorgetragen, dass wir alle mit Tränen in den Augen dastanden. Draußen blitzte und donnerte es immer noch, es herrschte eine unwirkliche Atmosphäre ...«*

King ist – auch nach mehr als einem Jahrzehnt auf der politischen Bühne – vor allem ein Prediger geblieben. Seine Reden sind rhetorische Improvisationen von hypnotischer Kraft, Zwiegespräche mit einem Publikum, das seine Worte ständig durch Zurufe bekräftigt. Berühmt sind seine Wiederholungen – immer neue Varianten desselben Satzes, mit denen er die Hörer in seinen Bann zieht. Nach einer Stunde kommt King heute Abend zum Höhepunkt und zum abrupten Schluss seiner Rede: »*Wie jeder würde ich gerne lange leben. Aber das kümmert mich jetzt nicht. Ich will nur Gottes Willen erfüllen. Er hat mir erlaubt, auf den Gipfel des Berges zu steigen, und von dort habe ich das Gelobte Land gesehen. Vielleicht komme ich nicht mit euch dorthin. Aber ihr sollt heute Nacht wissen, dass wir als Volk das Gelobte Land erreichen werden. Ich bin glücklich heute Nacht, ich fürchte nichts und nie-*

*manden …«* Auf der Filmaufnahme dieses letzten Auftritts ist zu sehen, wie der routinierte Redner von seiner eigenen Stimmung und von der dramatischen Atmosphäre im Saal plötzlich überwältigt wird. Mit Tränen in den Augen verlässt er abrupt das Rednerpult und stürzt in die Arme Abernathys, Youngs und anderer Freunde, die betroffen im Hintergrund stehen. *»Ich glaube, er befreite sich mit dieser Rede selbst von der Todesangst. Er war bereit für den Tod, wann immer er kommen würde. Aber an diesem Abend, mit dieser Rede, spülte er diese unerträgliche Spannung förmlich aus sich heraus.«*

Am nächsten Tag, dem 4. April, kurz nach 3 Uhr, mietet James Earl Ray unter dem Namen John Willard für $8,50 pro Woche ein Zimmer in Bessie Brewers Rooming House. Es ist eine heruntergekommene Pension in 422 1/2 Main Street, von deren Rückseite man einen direkten Blick auf das Lorraine Hotel hat. Etwas später geht er noch einmal los, um ein Fernglas zu kaufen. Auf den Tatortfotos, die am selben Abend gemacht werden, sieht man, dass in dem ärmlichen Zimmer einige Möbelstücke verrückt wurden, um einen geeigneten Beobachtungsplatz am Fenster zu schaffen. Weniger als 100 Meter entfernt, auf der anderen Seite der Mulberry Road, kann man die gläserne Terrassentür zum Zimmer 306 des sehr viel komfortableren Lorraine Hotels erkennen, hinter der Martin Luther King noch mit den Invaders über Garantien für einen friedlichen Verlauf des bevorstehenden Marsches verhandelt und sich von Andrew Young über den erfolgreichen Einspruch gegen das Demonstrationsverbot informieren lässt. Es ist 5 Uhr, als Pastor Kyles an die Tür klopft, um King und seine Begleiter zu einem soul food Dinner, einem Abendessen nach Art der Südstaaten, abzuholen.

Es dauert eine Stunde, bis alle zum Aufbruch bereit sind. Eine entspannte Stunde, King hat sich von der bedrückten

Stimmung des letzten Abends erholt, ist bei bester Laune. »*Wir haben uns mit Kopfkissen beworfen, er war sehr albern*«, erinnert sich Andrew Young. »*Dann ging er auf sein Zimmer, um sich fürs Essen umzuziehen.*« Um 6 Uhr tritt King mit Kyles aus seinem Zimmer auf den Balkon, von dem eine Treppe in den Hof führt. Dort warten schon Orange, Williams, Young und Jesse Jackson am weißen Cadillac, der King bei seinen Memphis-Aufenthalten von einem Beerdigungsunternehmer zur Verfügung gestellt wird. King lehnt sich über das Geländer, um mit den unten Stehenden ein paar Worte zu wechseln: Für den nächsten Gottesdienst wünscht er sich das Lied »Precious Lord, take my hand …«. Kyles wird ungeduldig und geht in Richtung Treppe los, einer ruft zu King: »*Es wird kalt, nimm einen Mantel mit!*«, da knallt der Schuss. »*Ich dachte, es wäre eine Motor-Fehlzündung. Ich war überrascht, dass Martin Luther King zu Boden gefallen war. Und erst dachte ich, es sei ein Spiel, weil er vor ein paar Minuten noch so fröhlich war.*«

Das Hochgeschwindigkeitsgeschoss hat einen Teil seines Gesichts weggerissen, hat seinen Oberkörper innerlich zerfetzt und ist knapp unter dem Schulterblatt steckengeblieben. McCullough, ein Invader und FBI-Undercoveragent, wie sich später herausstellt, kniet als erster neben dem Sterbenden, Sekunden später kommt Kyles hinzu: »*Da war eine erloschene Zigarette in seiner Hand. Ich nahm sie ihm aus den Fingern. Er rauchte nicht in der Öffentlichkeit, stand aber unter starkem Druck, so dass er damit angefangen hatte. Sein Schlips war durchtrennt und der Knoten verdreht. Ich habe keine Ahnung, warum ich mich gerade daran erinnere. Und da war dieses fürchterliche Loch in seinem Gesicht.*« Obwohl sein Herz noch schlägt, gibt es im Krankenhaus nichts mehr, was die Ärzte für King tun könnten. Eine Stunde später wird sein Tod offiziell bekannt gegeben.

James Earl Ray alias John Willard ist zu diesem Zeitpunkt längst auf dem Highway unterwegs nach Atlanta, wo er ein möbliertes Zimmer hat. Obwohl sein weißer Mustang zur Fahndung ausgeschrieben ist, fährt er unbehelligt durch die Nacht. Am nächsten Morgen lässt er den auffälligen Wagen stehen, holt noch seine Wäsche aus der Reinigung und besteigt den Bus in Richtung Detroit, wo er in den Zug nach Toronto in Kanada umsteigt.

Die Jagd nach dem Mörder und die Untersuchung des Mordes zieht das FBI sofort an sich. Leiter der Sonderkommission ist Cartha deLoach, der King-Spezialist, der zuvor die subversiven Aktionen gegen den Bürgerrechtler geplant und koordiniert hat. Seine Arbeit wird durch einen ungewöhnlichen Umstand erleichtert: Wenige Meter vom Tatort entfernt hat man in einem Hauseingang ein Bündel gefunden. Es enthält nicht nur Rays Gewehr, ordentlich in der Schachtel verpackt, sondern auch sein Transistorradio und einige Übernachtungsutensilien, Dokumente und Fotos – geradeso, als hätte der Mörder seine Visitenkarte am Tatort zurückgelassen und, zur Erleichterung der Fahndung, auch noch einige Passbilder.

Die Nachricht löst in den USA ein politisches Erdbeben aus. In den Schwarzenghettos explodiert augenblicklich die Gewalt. Ganze Stadtteile gehen in Flammen auf. Lyndon B. Johnsons Justizminister Ramsey Clark fliegt noch am selben Abend nach Memphis. Keine 24 Stunden später gibt er in einer Pressekonferenz die Richtung der FBI-Ermittlungen bekannt: *»Wir haben keine Hinweise auf eine Verschwörung. Alle Beweise deuten zur Zeit auf einen Einzeltäter hin.«*

Clark, der heute in Manhattan eine renommierte Anwaltspraxis betreibt, ist auch jetzt noch von der Richtigkeit dieser

Einschätzung überzeugt: »*Ich habe damals nur versucht, die Beweise zu würdigen. Und es gab zu einer ganz frühen Zeit bereits eine Menge Beweise – weit mehr, als normalerweise in einem solchen Fall. Und alles fügte sich zusammen und deutete auf eine Person.*« Vielleicht hätte gerade dieses Übermaß an Beweisen stutzig machen müssen. Aber durch seine Flucht vom Tatort scheint Ray alle Vorwürfe zu bestätigen, sein Verschwinden in den nächsten drei Monaten gibt Zweifeln an der offiziellen Version keinerlei Raum.

Später werden gerade die Umstände dieser Flucht zu denken geben: Hatte dieser kleine, relativ unerfahrene Gangster überhaupt das Know-How, um durch das Netz einer der intensivsten Fahndungen in der Geschichte der USA zu schlüpfen? Wie besorgte er sich die falschen Namen und Identitäten, unter denen er reiste und die zudem alle »zufällig« von Personen entlehnt sind, die ihm auffällig ähnlich sehen? Und von denen die meisten auch noch in irgendeiner Beziehung zu amerikanischen oder kanadischen Sicherheitskräften stehen? Unter dem Namen Ramon George Sneyd wird ihm sogar ein kanadischer Pass ausgestellt, mit dem er über England nach Portugal reist. Vergeblich bewirbt er sich dort als Söldner für die portugiesische Kolonie Angola und kehrt nach London zurück. Doch inzwischen hat die kanadische Polizei die Identität von Ray/Sneyd herausgefunden und an Interpol weitergeleitet. Als er nach Brüssel weiterfliegen will, wird Ray am Flughafen Heathrow bereits erwartet. 65 Tage nach dem Mord an King sitzt der Mann, der von sämtlichen Zeitungen der Welt bereits als der »Mörder des Jahres« präsentiert wurde, endlich hinter Gittern. Ein knappes Jahr später überredet ihn sein Anwalt, sich schuldig zu bekennen – angeblich, um ihn vor dem elektrischen Stuhl zu bewahren. Dadurch entfällt eine ernst zu nehmende Beweisaufnahme, die Verhandlung dieses Jahrhundertverbrechens ist vor der Mittagspause zu Ende.

Ray, der zu 99 Jahren Haft verurteilt wird, widerruft nach drei Tagen sein Geständnis. Doch bis zum Ende seines Lebens wird er vergeblich auf eine neue Gerichtsverhandlung hoffen.

## Nashville, Tennessee

Im Staatsgefängnis von Tennessy sitzt uns ein alter, kranker Mann gegenüber. Sein Bauch unter dem Anstaltskittel ist unnatürlich aufgebläht, die Beine sind geschwollen und entzündet. Leberzirrhose im Endstadium. Der Häftling hat nur noch wenige Wochen zu leben. Unser Interview ist das letzte, bevor James Earl Ray ins tödliche Koma fällt. Hat er bittere Gefühle im Rückblick auf sein Leben? »*Nein, das einzige, was mich ärgert, ist das Leberproblem. Ich habe niemals Drogen genommen, habe nicht getrunken, immer gesund gelebt, und jetzt habe ich das Problem, weil sie mir im Knast eine Bluttransfusion gegeben haben.*« Die verhängnisvolle Transfusion mit Hepatitis-verseuchtem Blut erhielt er nach dem Attentatsversuch eines Mitgefangenen. 22 Messerstiche. Ein Wunder, dass er damals überlebt hat. Jetzt kommt der Tod – mit Verspätung. Nach dem Krieg war er als Besatzungssoldat in Deutschland: Bremerhaven, Nürnberg, die Namen hat er auch nach 40 Jahren noch im Kopf. Aus der Armee mehr oder weniger unehrenhaft entlassen, hat er auch zu Hause nicht mehr Fuß gefasst. Versucht, sich mit kleinen Gaunereien und Überfällen durchzuschlagen: »*Wissentlich hätte ich mich nie an Mord und solchen Sachen beteiligt. Meine Kriminal-Akte enthält nur Raub und Betrug und dergleichen, aber keine Mordsachen und so was. Ich denke, ich wurde benutzt.*«

Damals, nach seinem Ausbruch aus dem Gefängnis, behauptet er, habe er einen Mann getroffen, der sich »Raul« nannte und mit Waffen und Drogen handelte. Ein Einwanderer aus Portugal, angeblich mit guten Verbindungen zur Mafia in New Orleans. Dieser Raul versorgt den flüchtigen Ray gelegentlich mit kleinen Aufträgen, die gut bezahlt werden. Monatelang dirigiert er den Ausbrecher auf diese Weise durch die USA und Mexiko. Der Kauf des weißen Mustang, der Auftrag, das Gewehr zu besorgen und das Zimmer in Memphis zu mieten – alles Anweisungen dieses mysteriösen Raul, von dem er weder Nachnamen noch Adresse erfahren hat. »*Meine einzige Verwicklung in den Mord bestand darin, dass jemand für den Mord herhalten musste, und da können sie nicht jemanden nehmen, der gerade in Alaska ist.*« Deshalb auch sei er mit all den belastenden Indizien an den Tatort gelockt worden. Und seine Flucht? »*Ich sah die Polizei, schließlich war ich aus dem Gefängnis ausgebrochen und hätte noch 20 Jahre absitzen müssen. Unterwegs hörte ich im Radio, dass sie einen weißen Mann in einem weißen Mustang suchen. Da dachte ich, das könnte ich sein. Also habe ich in Atlanta das Auto stehen gelassen.*«

Es ist die klassische Geschichte vom »großen Unbekannten«, so unwahrscheinlich und voller Widersprüche, dass es dem FBI nicht allzu schwer fällt, Ray vor Justiz und Öffentlichkeit als notorischen Lügner zu denunzieren und alle Versuche einer Wiederaufnahme des Prozesses abzublocken. Obwohl 10 Jahre nach dem Mord ein Untersuchungsausschuss des amerikanischen Kongresses zum Tod von Kennedy und King, das House Select Committee on Assassinations, zu dem Schluss kommt, dass die Ermordung des schwarzen Bürgerrechtlers mit großer Wahrscheinlichkeit nicht das Werk von Ray alleine, sondern Ergebnis einer Verschwörung gewesen sein muss, wird die Verwicklung von Geheimdiensten und anderen staatlichen Stellen kategorisch ausgeschlossen. Die Akten des Falles werden vom Ausschussvorsitzenden für die nächsten 50 Jahre, also bis zum Jahr 2029 versiegelt.

Trotzdem findet Ray unverhofft Verbündete im Kampf um einen neuen Prozess: Es sind die Freunde und die Familie von Martin Luther King, die endlich die ganze Wahrheit wissen wollen – wie immer sie auch aussehen mag. Von einem Mitkämpfer Kings, dem schwarzen Pastor James Lawson, wird der verurteilte Mörder im Gefängnis getraut. Ein Jahr vor seinem Tod erhält er sogar Unterstützung von Kings Witwe Coretta und dem ältesten Sohn, Dexter King, der ihn bei einem Besuch im Gefängnis vor laufenden Fernsehkameras fragt: *»Haben Sie meinen Vater getötet?«* Frage und Antwort sind im Originalton über das Internet abrufbar: *»No, I didn't«*, antwortet Ray, *»but …«*

## Lorraine Hotel

Auch der letzte juristische Vertreter Rays ist ein Mann aus dem politischen Umfeld des Ermordeten, der Anwalt William Pepper, ein ehemaliger Aktivist der Anti-Vietnamkriegs-Kampagne, der versucht hatte, King als Kandidaten für die amerikanischen Präsidentschaftswahlen des Jahres 1968 zu gewinnen. Mehr als 20 Jahre lang haben seine Recherchen gedauert, in seinem 1998 erschienenen Buch »Orders to Kill« präsentiert er den Namen des Mannes, den er für den wirklichen Todesschützen hält.

Auch für John Billings, einen der Privatdetektive in der Pepper-Truppe, hat die Arbeit am King-Mord einen biografischen Hintergrund: 1968, am Abend des Mordes, verdient sich der damals knapp 20-jährige Schüler gerade etwas Geld als Helfer im Krankenhaus, als der schwerverletzte King eingeliefert wird. Er schiebt den Sterbenden in den Operationssaal und erhält anschließend den Auftrag, die Leiche zu bewachen. Das Chaos, die Panik der hereinstürmenden Zeugen, die schreienden Sicherheitskräfte mit ihren Maschinenpistolen, die Minuten der Stille, als er mit King allein ist, der Anblick des berühmten, jetzt von der Kugel entstellten Gesichts, all das hat sich dem Jugendlichen tiefer eingeprägt, als ihm damals vielleicht bewusst war. Als er Jahrzehnte später die Gelegenheit erhält, im Auftrag von Rays Anwalt die Ermittlungen im Mordfall King noch einmal aufzurollen, scheint es, als hätte er es mit einem alten Bekannten zu tun. Mehr noch: als bestünde da noch eine Verpflichtung gegenüber dem Mann, dessen erste Totenwache er durch einen seltsamen Zufall übernommen hatte.

Heute ist er – wie viele andere Beteiligte – von dem Fall besessen. Als Billing uns mit detaillierten Erklärungen über den Tatort führt, scheint es, als hätten sich die Ereignisse erst vor wenigen Tagen zugetragen. Das alte Zentrum der schwarzen Community, wo sich auch das Lorraine Hotel befand, wurde in den 80er Jahren niedergerissen. Nicht nur der Blues, sondern auch die Kriminalität hatte nach Meinung der Stadtväter in den dicht bewohnten Straßen seine Heimat. Wo einmal das Leben pulsierte, erstreckt sich jetzt eine riesige unbebaute Fläche mitten in der Stadt. Nur ein Teil der alten Backstein-Fabrikgebäude ist übriggeblieben, Kulissen einer Aufführung, die längst abgesetzt wurde. Auch der Häuserblock, in dem sich das Boarding House befand, von dem aus Ray den tödlichen Schuss abgefeuert haben soll, ist noch erhalten. Allerdings haben »Jim's Grill« und die Pension von Betty Brewer die nahezu menschenleere Gegend längst verlassen. Ein Künstler ist in die geschichtsträchtigen Räume eingezogen. *»Ich bekomme oft Besuch. Gerade neulich kam ein Typ von einem Verschwörungsclub aus Nashville, Tennessee, vorbei und hat mir all seine Theorien erklärt. Zum Schluss hat er mir 5 Dollar gegeben«.*

Von der Wohnung blickt man quer über die Mulberry Road direkt auf das Lorraine Hotel mit dem Balkon, auf dem King tödlich getroffen wurde. Das Gelände hinter dem Haus, das jetzt gerodet ist, war damals mit dichten Büschen bewachsen, die es einem Schützen erlaubt hätten, aus sehr viel geringerer Distanz, als von Rays angeblichem Posten im Badezimmer, seinen Job zu erledigen. Genau für diesen Tatverlauf haben die privaten Ermittler auch einen Zeugen gefunden: Lloyd Jowers, den damaligen Besitzer von »Jim's Grill« im Erdgeschoss. Glaubt man seinem Geständnis, hat er den Mörder durch seinen Imbiss auf das Gelände gelassen, hat ihm das Gewehr gegeben, das er nach dem Schuss wieder an sich nahm und im Lokal versteckte. Durch den Fund von Rays Gewehr wurde das Gebäude gar nicht erst nach weiteren Waffen durchsucht. Seine Darstellung wird auch von den anfänglichen Aussagen einiger Tatzeugen gestützt, jedoch weder FBI noch die Memphis-Polizei haben damals diese Spur verfolgt. *»Die Büsche, in denen sich der Todesschütze verbergen konnte, wurden am nächsten Tag auf Anordnung des Polizeichefs abgeschnitten, angeblich, um den Tatort zu konservieren. Unter dem Vorwand, nach Spuren zu suchen, hat man die wichtigste Spur, die eine Rekonstruktion des Tatverlaufs ermöglicht hätte, vernichtet«*, meint Billings und führt uns wenige Schritte weiter zum ehemaligen Eingang von »Canipes Amusement Company«. Dort hat man unmittelbar nach der Tat das entscheidende Corpus delicti, das zusammengeknüpfte Bettuch mit Rays Gewehr und seinem Übernachtungskoffer, gefunden. *»Das Bündel war immer schon ein Rätsel. Man könnte meinen, er hätte es absichtlich hingelegt mit all seinen Sachen darin. Ebenso gut hätte er ein Foto mit seiner Unterschrift hinterlassen können. Das gibt keinen rechten Sinn.«*

Folgt man dem Detektiv, so eröffnet sich hinter dem Schleier der offiziellen Darstellung des Tatverlaufs ein völlig anderes Bild – nicht ohne Fragen und Widersprüche, aber in sich mindestens ebenso schlüssig wie die offizielle Version. Da gibt es zur Verwirrung der Zeugen einen zweiten weißen Mustang, da gibt es einen Doppelgänger Rays, der aufgrund seiner Essgewohnheiten als »Rührei-mit-Wurst-Mann« in die Kriminalgeschichte eingegangen ist und da wird auch die Existenz jenes ominösen Raul bestätigt, von dem James Earl Ray behauptet als »Patsy«, als Strohmann, zur Ablenkung von dem wirklichen Mörder benutzt worden zu sein. Plötzlich bekommt auch die Aussage des schwarzen Tankstellenpächters McFerren einen Sinn, der wenige Minuten vor dem Mord zufällig Zeuge eines Telefongesprächs wurde: *»Erschieß den Hurensohn, wenn er auf den Balkon kommt«*, soll der Ladenbesitzer Frank Liberto einem unbekannten Anrufer aufgetragen haben. Die Liberto-Spur führt direkt zu Carlos Marcello, dem Chef der Mafia in New Orleans, der auch mit dem Kennedy-Attentat in Verbindung gebracht wird. Und sie deckt sich mit dem Geständnis Lloyd Jowers, der seinen Auftrag ebenfalls von Liberto bekommen haben will.

Ein Komplott also zwischen Mafia und FBI? Diese zunächst unglaublich anmutende Verschwörungstheorie erscheint schon wenige Jahre später in einem anderen Licht, nachdem die Church-Kommission des amerikanischen Kongresses herausgefunden hat, dass CIA und FBI auch für andere Attentatspläne, etwa gegen Fidel Castro, die Hilfe der Mafia in Anspruch genommen haben. Der Todesschütze allerdings, davon ist Anwalt Pepper überzeugt, war kein Profikiller aus dem Umkreis des organisierten Verbrechens, sondern ein Scharfschütze der Polizei von Memphis. Polizeichef Frank Holloman und seine Mitverschwörer hätten in diesem Fall alle Möglichkeiten gehabt, die wirklichen Spuren zu verwischen und den Verdacht systematisch auf den »Strohmann« James Earl Ray zu lenken.

Ein nahezu perfektes Verbrechen mit einer einzigen Schwachstelle: Es gibt Zeugen, wie Lloyd Jowers, der nach 25 Jahren sein Schweigen gebrochen hat. »*Würde irgendein weißer Mann in Amerika freiwillig sagen, ich habe Martin Luther King ermordet? Er sagt das und verlangt vom Staat Straffreiheit gegen seine Bereitschaft, alles zu sagen.*« Die Frage ist nur: Sagt er die Wahrheit oder ist er ein »Trittbrettfahrer«, der sich von seiner Aussage publicity und einträgliche Veröffentlichungshonorare verspricht? »*Es wäre doch so einfach*«, meint John Billings. «*Warum sichert der Staatsanwalt diesem Mann nicht Immunität zu, lässt ihn die ganze Geschichte erzählen und wenn es nicht stimmt, kann er ihn immer noch wegen Falschaussage ins Gefängnis stecken. Was hat er zu verlieren?*«

## Weltgeschichte im Pappkarton

John Campbell, der heute für den Mordfall Martin Luther King zuständige Staatsanwalt, sieht das anders: »*Lloyd Jowers hat im Fernsehen ausgesagt und viele Leute haben uns gefragt, warum habt ihr ihn nicht angeklagt? Aber dazu müssten wir der Meinung sein, sein Geständnis allein reicht uns für eine Verurteilung.*« Campbell, der uns in seinem Büro über den Dächern von Memphis gegenübersitzt, macht sich lustig über den Vorwurf, er sei Teil der Verschwörung *(»zum Zeitpunkt des Mordes war ich 9 Jahre alt«)*, doch seine Argumentation im Falle des Jowers-Geständnisses klingt wenig überzeugend: »*Wenn wir ihm Straffreiheit zusichern in dem Sinne, ›Du sagst uns, was du getan hast, und wir klagen dich nicht dafür an‹, dann verschaffen wir ihm Glaubwürdigkeit mit seiner Geschichte – wir glauben aber nicht, dass er die Wahrheit sagt.«*

Ein Mordbeteiligter, der verlangt, vor Gericht gestellt zu werden, und ein Staatsanwalt, der die Anklage verweigert – ein wahrhaft ungewöhnliches Szenario. Dennoch gibt sich der eloquente Staatsanwalt viel Mühe, uns von dem Standpunkt der Justiz zu überzeugen. »*Eine kleine überschaubare Verschwörung*« kann er sich durchaus vorstellen: »*Vielleicht Ray mit seinen Freunden, seinen Brüdern. Und sei es nur, ihm die Flucht zu ermöglichen – da scheint es mir einleuchtend zu sein, dass er Hilfe bekommen haben muss für seine Flucht. Ob diese Leute vorher von den Mordplänen wussten, kann ich nicht sagen – aber ich denke, da ist etwas. Allerdings, nach all diesen wilden Storys, die in den letzten Jahren hochgekommen sind, fürchte ich, ist es unmöglich, jetzt noch jemanden glaubwürdig mit dem Verbrechen in Verbindung zu bringen.«*

Geduldig kommentiert er vor unserer Kamera die vergilbten Fotos vom Tatort und verschafft uns schließlich sogar den Zutritt ins »Allerheiligste«: Die Asservatenkammer des Gerichts von Memphis. Ein relativ kleiner, fensterloser Raum, an dessen Wänden Hunderte von Kartons gestapelt sind – noch bedruckt mit den Labels von Radios, Fernsehern, Waschmitteln, Getränken, jetzt aber umfunktioniert und gefüllt mit den Überresten meist vergessener Verbrechen. Die King-Asservaten liegen mit denen anderer wichtiger Fälle in einem Nachbarraum unter besonderem Verschluss: Rays billiger Plastikkoffer, gefüllt mit den Dokumenten seiner Reisen. Führerscheine und Pässe auf seine diversen Alias-Namen. Hotelrechnungen aus Kanada und Portugal. Flugscheine auf den Namen SNEYD, Fotos des weißen Mustang, auf den Ray so stolz war und der mit überquellendem Aschenbecher in Atlanta gefunden wurde, obwohl Ray strikter Nichtraucher war.

Der Asservatenverwalter hat Gummihandschuhe an, als er die traurigen Überreste dieses Lebens auf der Flucht auf dem Tisch ausbreitet. »*Als er in Kalifornien war, nahm er Tanzstunden und besuchte eine Bartender-Schule. Das hier ist sein Diplom, das er dort gemacht hat. Und das ist das Foto dazu*«: Ein stolzer Ray mit schwarzem Kellnerdress und Fliege – das Foto wurde später auf dem FBI-Fahndungsplakat abgedruckt. In Ölpapier wird das verwitterte Fensterbrett des Badezimmers aufbewahrt, auf das er sein Gewehr hätte auflegen müssen, um besser zielen zu können. Man hat es aus dem Fenster herausgesägt, um die Rückschlagspuren des Gewehrs zu sichern, die wir mit bloßem Auge nicht entdecken können. Statt dessen sind dicke FBI Markierungen mit rotem Filzschreiber zu sehen. Aus dem überdimensionalen Pappkarton mit Rays Habseligkeiten ragt der Kolben des Remingtongewehrs heraus, das man am Tatort gefunden hat. »*Sehen Sie ruhig durch das Zielfernrohr*«, fordert uns der Asservatenverwalter auf, »*versuchen Sie, das Fadenkreuz zu fixieren, und versetzen Sie sich in die Person des Mörders!*« Sollte sich herausstellen, dass nicht mit diesem Gewehr auf King geschossen wurde, wäre Ray ein freier Mann. Tatsächlich gibt es heute, Jahrzehnte nach dem Mord, Techniken, die Handschrift einer Waffe zu identifizieren, als hätte sie einen Fingerabdruck auf der Kugel hinterlassen. Doch unglücklicherweise wurde die Kugel aus Kings Körper vom FBI zu Untersuchungszwecken in drei Teile zerschnitten und so blieben auch die späteren Tests »unconclusif«, ohne eindeutigen Befund – wie fast alles in diesem rätselhaften Fall.

# »Precious Lord, Take My Hand«

*»Lasst uns den Träumer erschlagen und wir werden sehen, was aus seinen Träumen wird«* – der Vers aus dem Buch Genesis, in Stein gemeißelt auf dem Hof des Lorraine Hotel, scheint eigens für diesen Ort geschrieben. Das Gebäude, auf dessen Balkon Martin Luther King erschossen wurde, ist heute ein Civil Rights-Museum. Kaum zu glauben, dass die meisten Exponate vor weniger als 50 Jahren zum Alltag in den Straßen von Amerika gehörten: Verbotsschilder für Schwarze in Restaurants, Wartesälen oder an Trinkwasserfontänen. Rassentrennung in Bussen und öffentlichen Bibliotheken. Schwarze Kinder, die nur unter Begleitschutz bewaffneter Nationalgardisten in die Schule gehen können. Bedrohliche Figuren mit Ku Klux Klan-Kapuzen stehen neben den Legenden der Bürgerrechtsbewegung: Rosa Parks, in Gips gegossen, sitzt für ewige Zeiten in der elften Reihe ihres Montgomery-Busses. Wenn der Besucher neben ihr Platz nimmt, löst eine Lichtschranke die Geisterstimme des Busfahrers Blake aus: »I need that seat now, please pull back!« Dann steigern sich die Befehle und Drohungen, *«wenn Sie nicht augenblicklich aufstehen, muss ich Sie festnehmen lassen …«* – der Augenblick, an dem alles begann. Ein paar Meter weiter sehen wir King vor seiner Kirchengemeinde, King im Gefängnis, das ebenfalls naturgetreu rekonstruiert wurde, King als Anführer eines seiner berühmten Märsche durch Städte und Dörfer der Südstaaten. Auch die streikenden Müllarbeiter von Memphis sind mitsamt ganzer Müllfahrzeuge hier aufgebaut. Mit ihren berühmten Schildern *»I AM A MAN«* marschieren die Gipsfiguren unter den Bajonetten der Nationalgarde durch die Stadt. Und dann ist da das Zimmer von King: hinter Glas konserviert, als wäre er erst vor einem Augenblick aus der Terrassentür getreten, direkt ins Visier des Todesschützen. Auf

dem Nachttisch die halbvolle Kaffeetasse, der überquellende Aschenbecher, die angebissenen Meetballs, auf dem zurückgeschlagenen Bett die Zeitung des 4. April 1968. Und alle drei Minuten singt Mahalia Jackson das Lied, das er sich gewünscht hatte, Sekunden bevor der Schuss ihn traf: »*Precious Lord, take my hand* …«

Am 23. April 1998, auf den Tag genau 31 Jahre nach seinem ersten Ausbruch, hat James Earl Ray auch das Staatsgefängnis von Tennessee verlassen. Nicht als freier Mann, wie er bis zuletzt gehofft hatte, sondern als Toter. Auf unsere Frage, ob er – ähnlich wie King – irgendeine Art von Botschaft hinterlassen wollte, hatte er nur wenige Wochen zuvor gereizt reagiert: »*Ich bin zu müde, mich damit zu beschäftigen. Er steckte in einer sozialen Bewegung, ich bin niemals in so was engagiert gewesen. All diese Bewegungen und dieses Zeugs, das geht völlig an mir vorbei. Hören Sie doch auf, von diesen Randproblemen zu sprechen! Das einzige, was mich interessiert, ist mein Leberproblem* ….« 250 000 Dollar hätte eine Lebertransplantation gekostet, zuviel – selbst für einen so prominenten Gefangenen wie James Earl Ray.

»*Es ist schwer zu akzeptieren, dass etwas so Großes und Wichtiges von jemand so unbedeutendem und erbärmlichem zerstört wird*«, meinte Ramsey Clark am Ende unseres Gesprächs. »*Daher werden diese Verschwörungstheorien niemals verstummen, ganz gleich, ob es sich um die Morde an Abraham Lincoln, an Kennedy oder an King handelt.*« Die Erklärung des ehemaligen Justizministers ist einleuchtend. Aber kann man deshalb jeden Zweifel an der offiziellen Wahrheit, jede neue Spur, ja sogar jeden neuen Zeugen als Phantasieprodukt paranoischer Verschwörungstheoretiker abtun? »*Das amerikanische Volk hat ein Recht auf die*

*Wahrheit*«, meint der Detektiv John Billings. »*Wenn man sagt, wen kümmert das 30 Jahre später – Kennedy ist tot, King ist tot –, dann sage ich, besser, wir kümmern uns darum, denn diese Leute sind immer noch an der Macht. Wenn wir es nicht ändern, ändert sich nie etwas. Und wenn wir nicht wissen, wo wir herkommen, dann werden wir auch niemals wissen, wohin wir gehen.*«

Der Zivilprozess um die symbolische Summe von 100 Dollar, den Ray-Anwalt William Papper im Namen der King-Familie gegen Lloyd Jowers anstrengte, war ein trickreicher Versuch, die amerikanische Justiz doch noch zu zwingen, die Mordakte King wieder zu öffnen. Jetzt gibt es ein offizielles Geständnis und ein rechtskräftiges Urteil gegen einen geständigen Mittäter, die Tür für einen Mordprozess, der diesen Namen verdient, steht weit offen. Doch Staatsanwalt Campbell winkt ab: »Eine juristische Farce«, kommentiert er die Entscheidung der Zivilkammer. Für ihn bleibt James Earl Ray der Täter – und so wird er trotz aller ungeklärten Fragen, Widersprüche und Merkwürdigkeiten wohl auch in die offizielle Geschichtsschreibung eingehen: als der Mann, der Martin Luther King erschoss.

# Ende eines amerikanischen Traums

## Das Attentat auf Robert F. Kennedy

Von Yoash Tatari

*»Wenn er gewinnt, bringen Sie ihn um.«*
*Amerikanische Farmarbeiterinnen 1968*

### Das Hotel

Eine Hitzewelle traf Juan Romero auf seiner linken Gesichtshälfte, in dem Moment, als er dem Sieger der demokratischen Vorwahlen von Kalifornien, Robert Francis Kennedy, die Hand schüttelte. Kennedy fiel zu Boden. Das geschah im Küchengang des berühmten Hotels Ambassador in Los Angeles. Der schmächtige mexikanische Hoteldiener kniete nieder und hielt den Kopf des Sterbenden mit der Hand. Er dachte, dieser wäre nur ausgerutscht, es ging ja alles so schnell. Juan schob seine linke Hand unter Robert Kennedys Kopf und glaubte, er hätte sich beim Sturz den Kopf aufgeschlagen. Doch seine Hand wurde warm vom Blut. Dann hörte er noch mehr Schüsse, die wie Donner klangen in dem engen Raum, wo sich so viele Menschen drängten. Später wird er vor der Polizei aussagen, dass die Schüsse aus etwa einem Meter Entfernung abgefeuert worden waren. In seiner Verzweiflung zog Juan seinen Rosenkranz aus der Tasche und legte ihn in die Hand des sterbenden Kennedy. 17 Jahre war Romero damals.

*»Ich schwöre, Mr. Kennedy sagte entweder, ›Sind alle okay?‹ oder ›Alles wird okay‹.«*

Juan Romero hatte sich in den Küchengang gedrängt, um Kennedys Hand wie am Tag zuvor noch einmal schütteln zu können. Dafür hatte er seinen Dienst mit einem Kumpel getauscht. Juan wusste nicht viel über Politik damals. Erst sieben Jahre zuvor, als Zehnjähriger, war er aus Mexiko in die USA gekommen. Aber was er wusste: viele mexikanische Immigranten hatten John F. Kennedys Foto neben dem Jesusbild an der Wand hängen. Die Kennedys waren Katholiken wie sie – eine große Familie. Gott segne ihre irischen Seelen. Jawohl, die Kennedys haben mit Respekt über anständige und schwer arbeitende mexikanische Immigranten gesprochen – und es gab nicht viele, damals in den USA, die dieser Meinung waren.

Juan Romero ist heute 49 Jahre alt, hat selber eine Familie und bricht nur zögernd sein Schweigen über diesen 5. Juni 1968, an dem Robert Kennedy erschossen wurde. Er hat damals nicht gesprochen, obwohl Vertreter der Presse ihm für ein Interview das Studium finanzieren wollten. Sein Stiefvater war Kellner im Ambassador und hatte ihn in dem Hotel untergebracht, damit er auf den Straßen keinen Unfug anstelle. Er sagte ihm: *»Du sollst niemals vom Tod eines Mitmenschen profitieren.«*

Das Hotel mit der Adresse 3400 Wilshire Boulevard, Los Angeles hat längst keine Gäste mehr. Nach dem Attentat auf Robert F. Kennedy ging es mit der Herberge der Luxusklasse bergab. Heute wird sie für mindestens 8000 Dollar am Tag als Kulisse an Film- und Fernsehgesellschaften vermietet. Das war in unserem Budget nicht vorgesehen. In der Küche zu drehen ist ohnehin verboten. Daher begnügen wir uns mit den Außenfassaden inklusive der abgeblätterten Farbe. Das weitläufige Gelände rund um das alte Hotel macht es nicht leicht, eine Position zu finden, die wir gebührenfrei einnehmen können. Aber auch auf dem kostenfreien Fleck sind wir nicht lange erwünscht. Ein Wächter vom Parkhaus nebenan verlangt durchaus höflich nach unserer »Drehgenehmigung«. Ein Ort in Los Angeles, an dem man die Öffentlichkeit nicht wünscht. Auch nicht die Erinnerung. Ein schmales Schild auf dem Rasen des Mittelstreifens erinnert daran, dass der Wilshire Boulevard einen neuen Namen trägt: Robert F. Kennedy Memorial Parkway. Der Name wird nicht benutzt, denn hierher kommen keine Menschen, die das lesen könnten. Nur Autos, und die rasen vorbei.

Am 4. Juni 1968 war das Hotel der Mittelpunkt der Stadt. Drei Großveranstaltungen fanden hier statt: Robert Kennedy hatte im Ambassador sein Hauptquartier und wartete mit Freunden und Anhängern auf das Ergebnis der Vorwahlen für die Nominierung des demokratischen Präsidentschaftskandidaten. Zwei republikanische Wahlpartys fanden am selben Abend dort statt.

## Der Kandidat

Senator Robert Francis Kennedy hatte sich erst drei Monate zuvor entschieden, für das Amt des Präsidenten zu kandidieren. Der amtierende Präsident Lyndon B. Johnson hatte das Amt 1963 nach dem Mord an John F. Kennedy übernommen und war in den Wahlen von 1964 bestätigt worden. Überraschenderweise erklärte er jedoch seinen Verzicht auf eine zweite Amtszeit, nur vier Tage nachdem Robert Kennedy angekündigt hatte, für das Amt des Präsidenten kandidieren zu wollen. Robert, den Freunde und politische Anhänger nur Bobby nannten, hatte keine Unterstützung von den mächtigen Flügeln der Partei und den großen Gewerkschaften. Gegen sie und gegen die demokratischen Konkurrenten, Senator Eugene McCarthy und Vizepräsident Hubert Humphrey, musste er die Vorwahlen gewinnen. Eugene McCarthy war der erste demokratische Politiker, der öffentlich gegen Johnsons Vietnampolitik protestiert hatte und die Bewegung der Kriegsgegner hinter sich wusste. Humphrey konnte der Unterstützung durch die Parteihierarchie und der Gewerkschaften sicher sein. Die Vorwahlen in Kalifornien waren die wichtigste Etappe im Rennen um die demokratische Nominierung.

Den Tag begann Robert Kennedy am Strand von Malibu. Es war der letzte Tag einer aufreibenden Wahlkampagne in Kalifornien. Er hatte mit Ethel und sechs seiner zehn Kinder im Haus am Meer des Filmregisseurs John Frankenheimer übernachtet.[1] Kennedy badete im Ozean. Da geriet sein zwölfjähriger Sohn David in eine Unterwasserströmung. Sein Vater konnte ihn gerade noch retten. Doch dann war der Tag eine Entspannung vom Wahlmarathon. Noch am Abend zuvor fühlte sich Kennedy dem physischen Zusammenbruch nahe. Jetzt spielte er mit den Kindern am Strand, diskutierte mit seinen Helfern und wollte eigentlich gar nicht zurück nach Los Angeles. Lieber das Ergebnis der Vorwahlen hier, in der Abgeschiedenheit, abwarten. Die Presse konnte ja nach Malibu kommen. Doch die einflussreichen TV-Anstalten weigerten sich, Reporter und Geräte dorthin zu verfrachten.

Gegen 18.30 Uhr schließlich fuhr Frankenheimer Kennedy in seinem Rolls-Royce über den Santa Monica Highway zum Hotel Ambassador. Frankenheimer hatte es eilig. Irgendwann sagte Bobby: »Fahr nicht so schnell, John, das Leben ist kurz genug!«[2] Sie kamen unbeschadet um 19.15 Uhr im Ambassador an. Kennedy hatte die »Königssuite« im fünften Stock gemietet. Alle Mitglieder seines »Schattenkabinetts« waren versammelt. Die meisten hatten schon eng mit Präsident John F. Kennedy zusammengearbeitet. Sie verfolgten die ersten Meldungen. Das Rennen war noch ganz offen und sah zuerst nicht gut für Kennedy aus. Er ging in seine Suite und arbeitete dennoch an seiner Rede: der Dankesrede für die Wahl, die zu gewinnen er entschlossen war. Seine Frau Ethel, im dritten Monat schwanger, lag auf der Couch und schlief.

Die Auszählung verzögerte sich. Zum ersten Mal zählte man in Kalifornien mit elektronischer Datenverarbeitung und war damit noch nicht recht vertraut.

Zu dieser Zeit waren etwa 18 Sicherheitsagenten des Hotels für die Sicherheit im Inneren des Gebäudes eingesetzt. Später kam Thane Eugen Cesar hinzu, er arbeitete im Nebenberuf für eine Sicherheitsfirma. In letzter Minute hatte das Hotel ihn für den Schutz von Robert Kennedy angeheuert. Uniform und Waffe musste er selbst mitbringen. Noch gab es nicht die gesetzliche Bestimmung, nicht nur die Präsidenten, sondern auch die Kandidaten durch staatliche Sicherheitsbeamte schützen zu lassen. Erst nach dem Attentat auf Robert Kennedy hatte das der amtierende Präsident Lyndon B. Johnson veranlasst. Aber Robert Kennedy wollte ohnehin keinen Polizeischutz. Es war die Zeit, da man Polizisten »Schweine« nannte, erinnert sich Roosevelt (Rosy) Grier. Der berühmte schwarze Football-Star und Freund von Kennedy war einer seiner »inoffiziellen« Bodyguards. Auch Rafer Johnson, der Zehnkämpfer, half mit Muskelstärke aus. Aber alle seine Freunde und Berater waren in Sorge. »*Ich lass mal beiseite, dass du zehn Kinder hast, das elfte unterwegs*«, beschwor ihn Edwin O. Guthman, der schon seinen Bruder John F. beraten hatte. »*Aber du bist verdammt wichtig für dieses Land!*« Kennedy beharrte: »*Keine uniformierten Beamten!*« Der einzige professionelle Sicherheitsmann war der pensionierte FBI-Beamte William Barry, ein Freund. Auch er war unbewaffnet.

## Verbündete

Gegen 22.30 Uhr kam die Trendwende und zeichnete den Sieg für Robert Kennedy ab. Die Stimmung wurde ausgelassen. Dass Bobby mit 46,3 % die Vorwahlen in Kalifornien knapp gewonnen hatte, das war doch auch der Sieg all seiner Freunde und Wahlhelfer. Sie waren in seiner Dankesrede, die er vorsorglich entworfen hatte, ausdrücklich vermerkt. Cesar Chavez etwa, und seine Vertreterin, Dolores Huerta, von der Vereinigten Farmarbeitergewerkschaft. Cesar Chavez hatte die United Farmworkers, eine Gewerkschaft für die mexikanischen Erntearbeiter in Kalifornien, gegründet. Sie waren die Vergessenen in der sozialen Hierarchie Amerikas. Ohne sie kamen keine Trauben, kein Wein, keine Erdbeeren, keine Rosen in die Supermärkte. Die Schinderei zum Hungerlohn und unter Arbeitsbedingungen des vergangenen Jahrhunderts war ein klassischer Job für Immigranten. Für Mexikaner, »Chicanos«, denen es zu Hause noch elender ging. Cesar Chavez war einer von ihnen. Er predigte, wie Martin Luther King, gegen Ungerechtigkeit, gegen Ausbeutung, gegen Diskriminierung mit ausschließlich friedlichen Mitteln zu kämpfen – und nie aufzugeben. Robert Kennedy wurde auf die Chicanos aufmerksam.

1966 organisierte Chavez den ersten Streik der Traubenpflücker. Dolores Huerta war 21. Sie erlebte zum ersten Mal, was es heißt, sich zu wehren: Der örtliche Sheriff hatte viele Arbeiter und Arbeiterinnen verhaften lassen. Kennedy flog zu den Streikenden nach Delano. »*Vom Sheriff wollte er wissen, warum er die Arbeiter hat verhaften lassen. ›Für alle Fälle‹, meinte der Ordnungshüter, ›man weiß ja nicht, was die vorhaben!‹ Da bat Senator Kennedy den Sheriff, erst die Verfassung der Vereinigten Staaten zu lesen und dann zu handeln!*«

Dolores Huerta lebt in einem kleinen Holzhäuschen in Bakersfield, Kalifornien, und ist heute die Vorsitzende der United Farmworkers. Sie nimmt sich Zeit, uns ihre Geschichte und die von Bobby Kennedy zu erzählen. Dabei ist gerade an diesem Tag ihr Mann von einer Krebsoperation aus der Klinik nach Hause entlassen worden. Sie besteht darauf, mit uns auf die Felder von Delano zu den Rosenpflanzern zu fahren. Die Arbeiter schuften in der Sonne. Wir sollen uns vorstellen, unter welchen Bedingungen sie damals geschuftet haben, ehe ihre Gewerkschaft bessere Arbeitsbedingungen erstreikt hatte. Ehe Bobby Kennedy hier auf den Feldern Reden hielt und Hände schüttelte. Einmal hat er sogar die Senatoren, die sich im US-Senat um die Belange der Farmarbeiter zu kümmern hatten, auf die Felder geschleppt. Sie sollten selbst sehen, warum die Mexikaner in den Streik getreten waren.

Dolores Huerta war eine seiner glühendsten Wahlhelferinnen. Noch nie zuvor hatten sich so viele mexikanische Landarbeiter für die Wahlen registrieren lassen. Alle gaben Kennedy ihre Stimme. Und nun waren die Vorwahlen geschafft, und Dolores Huerta und Cesar Chavez war ein Absatz in der Dankesrede gewidmet.

4. Juni, 23.00 Uhr. Im Ambassador wurde es Zeit, in den Ballsaal zu gehen. Kennedy und seine Freunde und Helfer nahmen den Frachtfahrstuhl nach unten. Er ging durch die Küche und schüttelte den mexikanischen Küchenhilfen die Hände. Dolores bekam Angst. Bobby umringt von fremden Menschen. Ihr

fiel ein, wie sie vor wenigen Wochen von Tür zu Tür der Farmarbeiter gelaufen war und für Kennedy geworben hatte. Viele ältere Frauen hatten gewarnt: »Wir wollen gar nicht, dass er gewinnt! Denn wenn er gewinnt, bringen sie ihn um!« Sie erklärten ihr warum: »Wer in diesem Land etwas für die Armen tut, wird umgebracht.« Aber jetzt wollte sie ihre Angst nicht zeigen. Im Ballsaal wartete eine begeisterte Menge. Rund 20 Freunde und Helfer waren auf dem Podium und Kennedy hielt seine Rede vor jubelndem Publikum: Fast 2000 begeisterte Freunde, Wahlhelfer, Sympathisanten. Keine Spur mehr von der Anstrengung des Wahlkampfes. Seine alte Vitalität war wieder da. Er bedankte sich wie vorgesehen bei Freunden und Wahlhelfern. Und bei Dolores Huerta und Cesar Chavez. Bei Rafer Johnson und Roosevelt Grier. Die beiden schwarzen Athleten waren nicht nur seine Bodyguards. An diesem Abend standen sie hier oben stellvertretend für die Schwarzen aus den Slums und den Vorstädten. In Bedford Stuyvesant, in Harlem, in Watts hatten sie Schlange gestanden, um Robert Kennedy ihre Stimme zu geben.

Schließlich bedankte sich der gutgelaunte Bobby auch bei seinem Hund Freckles, *»der in dieser Wahlkampagne oft vernachlässigt worden ist«*, und zuletzt bei seiner Frau Ethel – ohne mit der Reihenfolge der Danksagung eine Wertung vornehmen zu wollen. Das Publikum tobte über den Scherz. Die Hitze im überfüllten Saal wurde unerträglich und Kennedy verkürzte seine Rede:

*»Wir können es schaffen, die Kluft, die durch die Vereinigten Staaten geht, zu schließen ... Die Kluft zwischen Schwarz und Weiß, zwischen Arm und Reich, zwischen den Generationen, und über den Krieg in Vietnam ... Wir sind ein großartiges Land, ein mitfühlendes Land ...«*

Er wurde immer wieder von Applaus unterbrochen und von anhaltenden Sprechchören: »Wir wollen Bobby!«, »Bobby

Power«, »Kennedy Power«. Lange Pausen vergingen, bis das Publikum wieder still wurde.

*»In welche Richtung wollen wir gehen in den USA? … Was tun wir für die, die in den Vereinigten Staaten noch immer an Hunger leiden? … Wollen wir die Politik fortsetzen, mit der wir in Vietnam so erfolglos waren? Ich meine, wir müssen die Richtung ändern. Mein Dank euch allen – und jetzt weiter nach Chicago, zum nächsten Wahlsieg!«*

## Der »Rockstar-Politiker«

Robert Kennedy hatte mit diesem Sieg noch nicht die Nominierung der demokratischen Partei gewonnen. Mit den Stimmen von Kalifornien hatte er zwar Senator Eugene McCarthy klar geschlagen[3], aber Hubert Humphrey, der Vizepräsident, war noch zu besiegen. Das entscheidende Wahlduell zwischen Kennedy und Humphrey sollte im Herbst, in Chicago, auf dem nationalen Konvent der Demokraten stattfinden. Doch die meisten politischen Beobachter gingen von einem Sieg für Kennedy aus und damit einem Sieg der Demokraten: Gegen den charismatischen Kennedy gab man Richard Nixon wenig Chancen. So, wie der Republikaner schon vor acht Jahren am Bruder John F. Kennedy gescheitert war. Die Presse nannte ihn »Rockstar-Politiker«. Seine Auftritte verliefen chaotisch, alle wollten ihn anfassen, seine Haare streicheln, ihn umarmen. Oft hatte er Kratzspuren im Gesicht, blutende Hände, fehlende Hemdsärmel und Knöpfe. Er fuhr mit Vorliebe im offenen Wagen, die Menschen berühren und sich berühren lassen. Seine »Leibwächter« mussten ihn schon mal an Armen und Beinen festhalten, damit er nicht von der begeisterten Menge einfach weggezogen wurde. Das Weiße Haus schien ihm offen zu stehen.

bert F. Kennedy war nicht von Anfang an Gegner des Vietamkrieges.[4] War er doch noch 5 Jahre zuvor der Justizminister und engste Vertraute seines Bruders, des Präsidenten. Und es war John F. Kennedy, der den Krieg eskalieren ließ. Erst aus Überzeugung, dann, weil er sich gegen das Pentagon und die Falken im Kongress nicht durchsetzen konnte. Nach dem Attentat auf seinen Bruder erkannte Robert, dass dieser Krieg für die USA nicht zu gewinnen war. Und dass er das Land spaltete. Er versuchte, Präsident Johnson zur Kursänderung in Vietnam zu bewegen. Er versprach ihm, nicht gegen ihn zu kandidieren, würde Johnson den Vietnamkrieg beenden. Er wollte die demokratische Partei nicht spalten. Doch Präsident Johnson konnte sich ebenso wenig vom Druck der Pro-Kriegs-Fraktion befreien wie sein Vorgänger. Und er wollte nicht der erste amerikanische Präsident sein, der einen Krieg verlor. Nach der Tet-Offensive des Vietcong 1967 verstärkte er die Bombardierungen und schickte noch mehr amerikanische Soldaten in den Krieg. 1964 kämpften 23 000 GIs in Vietnam, 1967 waren es 525 000. Der Protest gegen den Krieg wuchs. Joan Baez beschwor »We shall overcome« und Jimmy Hendrix zersägte die amerikanische Nationalhymne mit einem einzigen Gitarrensolo. Der Aufschrei einer Bewegung.

Senator Eugene McCarthy war von Anfang an auf Seiten der Friedensbewegung. Deshalb forderte er Präsident Johnson mit seiner Kandidatur heraus. Aber der 43-jährige Kennedy traute dem 63jährigen Intellektuellen nicht zu, sich gegen die mächtige Kriegslobby im Land durchzusetzen.

War nun der Zeitpunkt für Robert gekommen, seine Kandidatur zu erklären? Seine Frau riet ihm zu, sein Bruder Ted ab, seine Schwägerin Jackie warnte. Ihm werde das gleiche zustoßen wie seinem Bruder Jack: »*Es gibt so viel Hass in diesem Land und Bobby hassen sie noch mehr als Jack …*«[5]

Im März 1968 flog Kennedy nach Kalifornien zu den Farmarbeitern und zu Cesar Chavez. Der war seit 25 Tagen im Hungerstreik gegen die miserablen Arbeitsbedingungen der Traubenleser, und die amerikanische Presse hatte noch immer wenig Notiz davon genommen. Sein Gesundheitszustand war nicht gut und die Ärzte meinten, jetzt könne ihn nur einer bewegen, wieder zu essen: Robert Kennedy. Als er in Delano ankam, empfingen ihn 6000 jubelnde Farmarbeiter. Kennedy bat Chavez, das Fasten zu beenden, und teilte ein Stück Brot mit dem geschwächten Gewerkschafter.[6] Die mexikanischen Arbeiter riefen »Kennedy for President!«. Zu diesem Zeitpunkt war er noch unentschlossen. Er hatte keine mächtigen Unterstützer in der Partei, die etablierten Gewerkschaften waren gegen ihn. Und wie würden die Antikriegsgegner reagieren, die jetzt Eugene McCarthy unterstützten? Doch hier in Delano jubelten ihm die Arbeiter zu. Einhellig. Auf dem Weg zurück nach Washington, entschied sich Kennedy zu kandidieren.

## Der Hoffnungsträger

Robert Francis Kennedy beschloss, der 37. Präsident der Vereinigten Staaten zu werden. Das teilte er zunächst Cesar Chavez per Telefon mit und dann seiner Frau. Er habe »viele Feinde«, erzählte er später einer Mitarbeiterin. *»Die Wirtschaft, die Gewerkschaften, die Pressekonzerne, die meisten Politiker.«* Wer ihn denn unterstütze? *»Die Jungen, die Minderheiten, die Schwarzen, die Puerto Ricaner …«*[7]

Für diese Amerikaner war er der Hoffnungsträger für eine neue, eine humane Gesellschaft.

Zum Beispiel für Scott Enyart. Der 15-jährige Schüler hatte für Bobby Kennedy in Los Angeles ehrenamtlich Wahlkampf gemacht. Flugblätter verteilt, den Laufburschen gespielt. Am 4. Juni 1968 wartete auch er im Hotel Ambassador lange auf das Ergebnis der Vorwahlen und auf »seinen« Kandidaten. Enyart fotografierte für seine Schülerzeitung. Und beobachtete die Verwirrung, die entstand nach Kennedys Rede und im brausenden Jubel: Sollte er die Bühne nach rechts verlassen oder nach links? Vorbereitet war eine Wahlparty, vorgesehen war auch, die Bühne nach links zu verlassen. Aber die Presse wollte noch schnell Interviews für die Morgenausgaben, also drängte man Kennedy nach rechts, Richtung Presseraum. Der Weg führte durch die Anrichte vor der Küche. Scott folgte Kennedy und fotografierte: den Kandidaten, der in der Anrichte eines Hotels dem Personal die Hände schüttelt.

Auch heute, 32 Jahre später, wird Enyart sichtbar nervös, wenn er über diese Zeiten spricht. Wir haben ihn in einer ruhigen Ecke von Santa Monica ausfindig gemacht. Er ist Computeranimateur und arbeitet zur Zeit ausgerechnet im Hotel Ambassador für eine Filmgesellschaft. Es drängt ihn, zu erzählen. Von dem Ereignis, das sein Leben verändert hat. Aufgewachsen ist er in unmittelbarer Nähe des Luxushotels. Als Kinder und Jugendliche waren sie Zaungäste, wenn Prominente ankamen, mit Limousine oder Hubschrauber. Das Ambassador verfügte über mehrere Ein- und Ausgänge und sehr diskretes Personal, erinnert sich Enyart mit einem Augenzwinkern. Auch Marilyn Monroe stieg hier ab, und die Kennedys waren Dauergäste. Nach dem Attentat war nichts mehr wie früher. *»Ich konnte mich 20 Jahre lang nicht damit auseinandersetzen. Meine Familie musste zusehen, wie ich das Interesse an Politik, die Freude am Leben verlor. Den Kandidaten, den du verehrst, so sterben zu sehen …«*

Auch für Paul Schrade bedeutete Bobby Kennedy Hoffnung. Schrade war mit Martin Luther King für die Gleichberechtigung der Schwarzen marschiert. Er hatte Vietnam-Gegner organisiert und die Armen in den Vororten von Los Angeles. Sein ganzes Erwachsenenleben lang suchte er als Funktionär in der Gewerkschaft der Automobilarbeiter zu beweisen, dass man auch in den USA Gewerkschafter sein kann, ohne korrupt zu werden. Er war schon ein Freund und Berater von Präsident Kennedy. Nun führte er die Arbeit für dessen Bruder fort, obwohl die meisten Gewerkschaftsbosse den jungen Kennedy nicht als ihren Kandidaten ansahen. Er half ihm vor allem, das Bündnis der Minderheiten zu schmieden: der armen Weißen, der Arbeiter, der Schwarzen, der Katholiken, der Immigranten, der Studenten, der Kriegsgegner. Noch nie hatte ein Kandidat mit so einer bunten Anhängerschaft und ohne die Unterstützung der mächtigen Lobbys im Land eine Chance, Präsident der Vereinigten Staaten zu werden.

Auch Schrade hatte »seine« Passage in der Dankesrede bekommen. Anschließend bat ihn Kennedy, mit ihm in den Presseraum zu kommen. Nun folgte er dem Freund und sah mit Sorge das entstehende Gedränge. Er wusste, dass auch den Draufgänger Kennedy die Angst immer begleitete. Aber dass er das Risiko in Kauf nahm, nun, da er entschlossen war, Präsident zu werden.[8]

Schrade war der erste, den ein Schuss zu Boden streckte.

Juan Romero, der Hoteljunge, war ganz aufgeregt. Hatte er doch eigens die Schicht getauscht, um Kennedy noch einmal zu sehen. Am Tag zuvor hatte er im Hotel dem Senator den Tisch gedeckt. Und der schüttelte ihm die Hand! »*Was für ein kräftiger Händedruck!*« erzählt uns Romero. »*Ich war 17 und ein Hilfskellner – aber in dem Moment war ich kein Mexikaner, kein Hilfskellner, nicht 17 – ich war mindestens drei Meter groß, und ich war ein Teil von Amerika!*«

Würde er ihn wieder erkennen? Ihm auch heute die Hand schütteln? Da machte der Senator einen Schritt nach vorn und packte seine Hand ....

## Der Attentäter

Die 22er Kaliber Iver-Johnson Cadet gilt unter Kennern als »Saturday Night Special«-Pistole – eine für den Samstagabend: billig und handlich, eine, die ihren »Job« hervorragend macht.

Für diesen Revolver besorgte sich der 24jährige Sirhan Bishara Sirhan Munition in einem Waffengeschäft außerhalb von Los Angeles. Zehn Jahre zuvor war der junge Jordanier mit seiner Familie nach dem israelisch-arabischen Krieg aus Ost-Jerusalem nach Kalifornien immigriert. Ihr Haus in Jordanien war während des Kriegs zerstört worden. Die Sirhans waren koptische Christen, zu ihrer Anerkennung als palästinensische Flüchtlinge hatte ihnen ein Pfarrer verholfen. Nun waren sie Mitglieder der örtlichen Baptistengemeinde von Pasadena. Sirhan Sirhan besuchte das College, studierte Deutsch und Russisch, musste aber nach drei Jahren abbrechen: Seine Schwester lag im Sterben, die Familie brauchte Geld. Er hatte viele Gelegenheitsjobs. Zuletzt arbeitete er auf einer Pferdefarm als Einreiter. Er wäre gern Jockey geworden, aber eine Reihe schwerer Stürze beendeten den Traum.

*»Ich fand keinen Job«*, wird er nach seiner Verhaftung sagen, *»der arabisch-israelische Krieg war zu Ende, die Unterdrückung im Nahen Osten ging weiter. Ich hatte keine Identität, keine Hoffnung, kein Ziel ... Ich war kein Amerikaner, ich war Araber! Und das war mein Problem – vor allem nach dem arabisch-israelischen Krieg. In Amerika lieben sie den Sieger. Die Israelis hatten gesiegt – und ich war der Verlierer*

*... Für mich war der amerikanische Traum ausgeträumt. Aus. Vorbei.«*[9]

Fast den ganzen Dienstag des 4. Juni 1968 übt Sirhan Sirhan im Schießclub St. Gabriel Valley in Duarte, Kalifornien, mit seiner 22er Kaliber Iver-Johnson. In sechs Stunden verfeuert er 300 bis 400 Patronen[10]. Sogenannte Hohlkörpergeschosse. Sie verursachen kleine Einschlagswunden, aber die Wunde wird immer größer, wenn sich die Kugel durch den Körper bohrt.

Anschließend fährt Sirhan zurück nach Pasadena, zu seiner Mutter und den beiden Brüdern. Später trifft er sich mit zwei Freunden in einem Cafe, von dort gehen sie gemeinsam zu einer Feier. Gegen 19.15 Uhr trennt er sich von den anderen und fährt in die Stadt. Gegenüber vom Ambassador findet die Wahlparty eines republikanischen Senators statt, aber es ist nicht viel los. Drüben, im Ambassador, soll eine bessere Party im Gang sein, und zwar von Senator Max Rafferty, ebenfalls Republikaner. Hier hofft Sirhan, die Tochter des Senators zu treffen, sie haben früher gemeinsam die Schule besucht. Sie ist nicht da. Er trinkt vier Tom Collins. Die Nacht ist heiß und der schmächtige Sirhan ist keinen Alkohol gewohnt. Es ist spät und er will nach Hause.

Er geht zurück zu seinem Auto, beschließt dann aber, erst einen Kaffee zu trinken, um nüchtern zu werden. Hier hat das erste Mal sein Gedächtnis gestreikt, wird er später sagen. Er muss seinen Revolver in die Hosentasche gesteckt haben. Zurück im Ambassador wird er an einem Kaffeestand gesehen, im Gespräch mit einer »attraktiven Frau im Tupfenkleid«. Auch daran will er sich später nicht mehr erinnern können. Jesus Perez, Küchenhilfe und Kollege von Juan Romero, sagt aus, Sirhan im Küchengang gesehen zu haben. Sirhan habe ihn nach Kennedys Route gefragt. Perez konnte ihm keine

Auskunft geben. Minuten später betreten Kennedy und seine Begleiter den schmalen Küchengang.

## Das Attentat

*»Kennedy, du verdammter Hurensohn …«*, ruft Sirhan Sirhan und schießt sein ganzes Magazin leer, acht Schüsse insgesamt. Er steht neben einem eisernen Gartisch und nach Ansicht aller Augenzeugen etwa ein bis eineinhalb Meter vor Kennedy.

Es war 0.14 Uhr morgens, am 5. Juni 1968, als drei Schüsse den demokratischen Sieger der Vorwahlen von Kalifornien schwer verletzt niederstreckten. Ein vierter Schuss durchschlug seine Schulterpolster, ohne ihn zu verletzen. Scott Enyart, der Wahlhelfer und Reporter für die Schülerzeitung, war direkt hinter Kennedy und fotografierte ihn. Mit einem Mal verschwand er aus seinem Sucher. Paul Schrade, am Kopf getroffen, fällt auf Enyart. Vier weitere Menschen wurden angeschossen.

Juan Romero kniete nieder und hielt Bobbys Kopf in der Hand. Als er hoch blickte, sah er »nur Füße, rückwärts gehen«. Die Leute bildeten einen Kreis und Romero hörte: *»Oh Gott, nicht schon wieder!«*

Zu dieser Zeit drängten sich rund 80 Menschen in dem schmalen Küchengang, der knapp 25 Quadratmeter durchmaß. Ethel Kennedy hatte es nicht in den Raum geschafft. Von der Menge getrennt, suchte Roosevelt Grier sie zu schützen. Als er die Schüsse hörte, bahnte sich der Zweimeterriese seinen Weg durch die schreiende Menge und warf sich auf Sirhan. Zwar hatte der deutsche Protokoll-Chef Karl Uecker ihn bereits nach dem zweiten Schuss in den Schwitzkasten genommen und Sirhans Hand auf den Gartisch gedrückt. Nun hielten mehrere Kennedy-Begleiter seinen Arm auf dem Tisch fest. Doch Sirhan gelang es auch aus dieser Position, die restlichen sechs Kugeln in den Raum zu feuern.[11]

Schließlich schaffte es Grier gemeinsam mit Rafer Johnson, Sirhan den Revolver zu entreißen. Und er sorgte dafür, dass der Attentäter nicht von den Umstehenden totgeschlagen wurde. »Wir wollen nicht noch ein Dallas!« rief einer der Parteifreunde.[12] Ethel folgte Roosevelt Grier und bahnte sich ihren Weg zu ihrem Mann, der am Boden lag. Juan Romero hielt noch immer Kennedys Kopf in den Händen. *»Als seine Frau kam, sah ich den Schmerz in ihrem Gesicht.«* Erst da hat er begriffen, wie ernst es um Kennedy stand. Ethel beugte sich zu Robert und versuchte ihn zu beruhigen: *»Alles wird gut, Bobby.«* Nach Aussagen vieler Augenzeugen war Kennedy noch bei Bewusstsein. Romero hörte ihn flüstern: *»Sind alle okay?«*, und: *»Ist Paul okay?«*. Kennedy muss noch gesehen haben, dass Paul Schrade getroffen zu Boden fiel. Er lag, am Kopf blutend, gut einen Meter hinter Kennedy. Ethel flehte die Umstehenden an, Platz zu machen, den Verletzten in der drückenden Hitze etwas Luft zu verschaffen. Zu seiner Frau flüsterte Robert Kennedy: *»Oh Ethel, Ethel ...«*

Der junge Romero beschwor ihn: *»Sie werden es schaffen, Mr. Kennedy ... Sie werden es schaffen!«*

Schließlich trafen zwei Ärzte ein und versuchten, erste Hilfe zu leisten. Kennedy atmete noch. Zwei Sanitäter waren 13 Minuten später am Ort. Sie schafften es kaum, Kennedy durch die Menschenmenge in den Unfallwagen zu transportieren. Ein Sanitäter berichtete später: »Die Leute versuchten ihn zu küssen, grapschten nach seinen Kleidern. Wir mussten sie buchstäblich wegscheuchen!«[13]

Er wurde zuerst ins Central Receiving Hospital gebracht. Dort versuchte man, seinen Kreislauf zu stabilisieren. Ein katholischer Priester erteilte ihm die letzte Ölung. Dann erst brachte man ihn in das spezialisierte Good Samaritan Hospital, gleich nebenan. Das Operationsteam wartete schon. Vier Stunden dauert die Operation. Erst später wird die Frage gestellt, weshalb der Umweg über zwei Kliniken genommen wurde.

Das Büro von Ronald Reagan ruft an. Der Gouverneur von Kalifornien möchte mit Mrs. Robert Kennedy sprechen, aber Ethel ist nicht zu erreichen. Der spätere US-Präsident Reagan wird aus dem Attentat eine kommunistische Verschwörung machen.

Robert Francis Kennedy stirbt nach Auskunft der Ärzte um 01.44 Uhr, am 6. Juni 1968. Die tödliche Kugel war hinter seinem rechten Ohr in den Schädel gedrungen, in drei Fragmente zersplittert und stecken geblieben.

Der Schuss kam von hinten, gefeuert von unten nach oben. Aus einem Revolver, fast aufgesetzt an seinem Kopf.

Sirhan Bishara Sirhan wird am Tatort verhaftet, seine Wohnung sofort durchsucht. Die Polizei findet seine mit Hand geschriebenen Tagebücher, und in einer Schublade einen Umschlag mit den von derselben Hand geschriebenen Worten: »RFK muss vernichtet werden wie sein Bruder … reaktionär.« Im Hinterhaus werden weitere Tagebücher von Sirhan entdeckt, teils in englischer, teils in arabischer Schrift geschrieben: »RFK muss vernichtet vernichtet vernichtet werden, gründlich. Robert Fitzgerald [sic] Kennedy muss bald sterben sterben sterben sterben …«[14]

# RFK – die Karriere und die Feinde

Robert Francis Kennedy kam am 20. November 1925 in Brookline, Massachusetts, auf die Welt. Das siebte der neun Kinder von Joseph und Rose Kennedy und der dritte Sohn in der Familie. Er war schmächtiger und kleiner als die Brüder. Doch bald zeigte sich, dass er entschlossen war, der Zäheste zu sein.[15]

Als 17-jähriger absolvierte er seine Ausbildung bei der US Marine. Sein Vater, damals Botschafter in London, wurde 1940 zurückberufen, weil er einen Krieg gegen Deutschland nicht im Interesse Amerikas sah. Doch als die USA Deutschland den Krieg erklärten, wollte er sich als guter Patriot zeigen: Als erster meldete sich sein ältester Sohn Joe jr. zu einem gefährlichen Einsatz als Kampfpilot und wurde im August 1944 über der Normandie abgeschossen. Vater Joseph hatte für seinen Ältesten schon früh die Präsidentschaftskandidatur geplant. Nun war der zweite, John, an der Reihe. Er meldete sich zur Marine und wurde wegen Tapferkeit ausgezeichnet. Bobby kam nicht mehr zum Einsatz.

Wie vom Vater vorgesehen, wurde John Fitzgerald Kennedy 16 Jahre später der 35. Präsident der Vereinigten Staaten.

1948 beendete Robert sein »undergraduate« Studium an der Havard Universität als Journalist und bekam seinen ersten Auftrag für den Nahen Osten und Israel von der Boston Post. Sein Vater hatte dies arrangiert. Bobby war 22 Jahre alt und wurde Zeuge des ersten arabisch-israelischen Krieges. Es folgte das Jurastudium an der Virginia Universität. 1951 arbeitete der junge Anwalt für die Internal Security Division of the Department of Justice, die Abteilung für innere Sicherheit im Justizministerium. Dort wurden Fälle von Spionage und politischer Verschwörung für die Anklage vorbereitet. Später wechselte er zur Criminal Division – der Abteilung für Verbrechensbekämpfung und arbeitete an Korruptionsfällen in New York. Ein Draufgänger in jedem Job, den er annahm – oder den sein Vater ihm besorgt hatte. Ein Draufgänger auch im Privatleben. Und ein streng gläubiger Katholik.

1952 kündigte er dem Ministerium, um seinen Bruder im Wahlkampf für den Senat zu unterstützen. Der Bruder wurde Senator, und nun brauchte auch Bobby wieder einen Job: »*Was willst du jetzt machen?*« mahnte der alte Kennedy. »*Du bist noch nie in ein Amt gewählt worden! Willst du bis zum Ende deines Lebens auf deinem Hintern sitzen und nichts tun? …*«[16]

Es war die Zeit, da Joe McCarthys berüchtigtes Komitee »unamerikanische Umtriebe« untersuchte. Der republikanische Senator hatte es vier Monate nach Beginn des Koreakrieges, im Februar 1950, gegründet. Während die »Commies« die amerikanischen Jungs in Korea umbrachten, mobilisierte Senator McCarthy die Heimatfront für seinen antikommunistischen Kreuzzug: gegen Linke, »kommunistische« Künstler und Intellektuelle, gegen »Spione«. Joe McCarthy war ein Freund der Familie. Und Joe schuldete dem alten Joseph einen Gefallen, denn der hatte seine politische Laufbahn mit Spenden unterstützt. Also nahm er den 27-jährigen Bobby als stellvertretenden Chef-Anwalt in sein Komitee auf. Der Chefposten war schon vergeben …

Robert Kennedy blieb etwa 6 Monate. Er hatte die Handelsbeziehungen der US-Alliierten mit dem kommunistischen China zu untersuchen: In Korea kämpften die Alliierten unter UNO-Flagge gegen die Chinesen. Mit der fanatischen Gesinnungsschnüffelei im Inneren hatte er wenig zu tun. Aber er bekam genug davon mit, trat aus McCarthys Komitee aus und schloss sich einer demokratischen Untersuchungskommission im Senat an. Robert Kennedy verfasste für die Kommission einen kritischen Bericht über die McCarthy-Methoden. Im Dezember 1954 sprach der Senat Senator Joe McCarthy das Misstrauen aus.

10 Jahre später hat der Schriftsteller Peter Maas Robert Kennedy gefragt: »*Wie konntest du nur jemals was mit Joe McCarthy zu tun haben?*« Robert Kennedy antwortete ihm: »*Zu der Zeit glaubte ich, die innere Sicherheit der USA sei ernsthaft bedroht. Und dass Joe McCarthy der einzige war, der wirklich was unternahm!*« Er fügte hinzu: »*Ich habe mich geirrt.*«[17]

1956 wird Robert F. Kennedy beratender Anwalt im Subkomitee des demokratischen Senators McClellan. Es soll Korruptionsfällen in der US-Armee nachgehen, aber bald weiten sich die Untersuchungen aus: auf die Transportarbeitergewerkschaft und ihren mächtigen Chef James R. Hoffa. Den Gewerkschaften werden Korruption und Verbindungen zur Mafia nachgesagt. Der Bericht des Komitees wird schließlich den Kongress veranlassen, eine Reform der Gewerkschaftsbeziehungen zu verabschieden.

Mit dieser Arbeit fällt Robert Kennedy zum ersten Mal in der Öffentlichkeit auf. Das Ausmaß von Korruption und Mafia-Einfluss hatte ihn schockiert: »*Hoffa glaubt doch, jeder Mann hat seinen Preis! Und wir erleben, dass er schon die wichtigsten Bürger in den amerikanischen Städten erreicht hat: die Banker, Unternehmer, Beamten, Richter, Kongressabgeordneten. Wenn es ihm gelingt, … sie zu kaufen, dann ist klar, was das für unser Land bedeutet. Entweder setzen wir uns durch – oder die kriegen das Land!*«[18]

Robert Kennedy veröffentlicht: »The Enemy Within« – Der innere Feind. Ein Buch über Mafia und Korruption.

Ende 1959, im Jahr vor den Präsidentschaftswahlen, wird Robert Wahlkampfmanager für seinen Bruder. Ein unschlagbares Team: der intellektuelle gutaussehende John Fitzgerald und sein kleiner raubeiniger Bruder Robert Francis. Nach anstrengenden 10 Monaten haben es die beiden geschafft: John F. Kennedy schlägt seinen Rivalen Richard Nixon – mit 120 000 Stimmen Vorsprung.

Nach der Wahl hilft der Bruder dem Präsidenten bei dessen Kreuzzug gegen Mafiaterror und korrupte Gewerkschaften. Präsident Kennedy ernennt den 35-jährigen zum Justizminister, ungeachtet aller Vorwürfe von Vetternwirtschaft. Er wird Johns engster Vertrauter und hilft ihm die Kubakrise zu bewältigen.[19]

Die beiden Kennedys starten eine Initiative für die Gleichberechtigung von Schwarzen und Weißen – wenn auch zögerlich. Nicht von Anfang an war beiden die historische Dimension der Bürgerrechtsbewegung klar. Bobby hilft John aber auch, private Affären zu meistern. Er »tröstet« Marylin Monroe und sorgt nach ihrem Tod für diskrete Informationspolitik …

Seinen Erzfeind James Hoffa, den mächtigen Chef der Teamsters, wird er erst 1964, nach dem Mord an John F. Kennedy und während seiner letzten Monate im Amt als Justizminister, überführen. Hoffa bekommt 13 Jahre Haft: wegen Manipulation der Rentenkassen der Gewerkschaft und wegen Beeinflussung der Jury.

Robert Kennedy ist fest davon überzeugt, Hoffa und seine Mafia-Kumpane haben den Befehl zum Attentat auf den Präsidenten gegeben.[20] 1967 soll Hoffa im Gefängnis gesagt haben: *»Derzeit ist Kennedy nicht in Gefahr. Aber wenn er in die Vorwahlen geht oder wenn er gewählt wird – ich sage nicht, wie oder wann –, aber dann wird er alle gemacht.«*[21]

## Die Regenbogenkoalition

Die politischen Beobachter in Washington waren uneins, ob Robert F. Kennedy seinen Aufstieg zuerst der tatkräftigen Hilfe seines Bruders, des Präsidenten, und dann der Erinnerung an den ermordeten Bruder zu verdanken hatte – oder doch seiner Arbeit als unerschrockener Anwalt gegen die Mafia. Das Attentat auf John jedenfalls hat ihn verändert. An dem draufgängerischen Macher beobachten Freunde nun eine Art »irischer Melancholie«. Er wirft sich vor, den Präsidenten nicht besser beschützt zu haben. Sooft er nur kann, besucht er das Grab seines Bruders. Ist das Tor spätabends geschlossen, klettert er schon mal über den Friedhofszaun von Arlington. Er liest griechische Tragödien und findet Parallelen zum Schicksal der Kennedys.

Der Politiker Kennedy entdeckt die sozialen Risse in seinem Land. Die Rettung Amerikas sieht er nun in der Schaffung eines großen Bündnisses der Arbeiter und der Unterprivilegierten und in der Beseitigung der Rassendiskriminierung.

Aber mit Lyndon B. Johnson war ein alter Widersacher an die Macht gekommen und aus dem Insider Robert F. Kennedy wurde ein Außenseiter in Washington. Er tritt vom Amt des Justizministers zurück. Kennedy braucht eine neue, eine eigene Machtbasis. Als Johnson 1964 die Wahlen gewinnt, bewirbt sich Robert F. Kennedy um das Amt des Senators für den Bundesstaat New York und gewinnt.

Nun beginnt er seine politische Reise durch das »andere« Amerika: durch die Ghettos in Brooklyn, die schwarzen Armenviertel in Mississippi, die weißen Elendsviertel in den Apalachen. Er besucht Indianerreservate und die mexikanischen Amerikaner, die als Landarbeiter im Westen schuften. Eine Welt, die nicht hätte weiter entfernt sein können von den Ostküstenvillen seiner Kindheit. Vater Joseph hatte für jedes

Kind bei seiner Geburt ein millionenschweres Konto eingerichtet. Karrieren waren vorprogrammiert. Doch jetzt entdeckt Robert Kennedy die »unsichtbaren« Amerikaner: *»Die Armen in unserer Gesellschaft sieht man nicht … Eine kleine Minderheit in einem reichen Land. Und es ist kaum zu fassen, wie ignorant wir, die Mehrheit, uns ihnen gegenüber verhalten.«*[22]

Er entdeckt sie auch als politisch vernachlässigte Wählergruppe. Und macht sie zu seinen Verbündeten. Damit schuf er sich die Feinde gleich mit. Und wusste darum: *»Teamster, Gangster, Rassisten, rechte Fanatiker, aber auch einsame Verrückte, irgendwo da draußen …«*[23]

CIA, FBI und dem Pentagon war der junge Senator suspekt. Hochrangige Militärs beschimpften ihn als ›Pazifisten‹. Mafia und korrupte Gewerkschafter machten ihn für die Zerschlagung ihrer Organisationen verantwortlich. Und was sollte das politische Establishment in Washington über einen Senator der Vereinigten Staaten denken, der mitten im Kalten Krieg von einer Reise zu den Minenarbeitern in Chile zurückkehrt und öffentlich sagt: *»Wenn ich dort arbeiten würde, wäre ich auch Kommunist!«*. Und der einer britischen Journalistin erzählt, er wäre wohl Revolutionär geworden, wäre er nicht reich auf die Welt gekommen.[24]

Dolores Huerta wirft sich noch heute vor, nicht besser aufgepasst zu haben, in der Nacht vom 4. auf den 5. Juni 1968, als Bobby die vielen Hände schüttelte. Hatten die alten Frauen in ihrem Viertel sie nicht gewarnt? Hatte sie nicht gewusst, es gab »die Kreise, die verhindern wollten, dass sich was ändert«?

## Das Verfahren

Das Verfahren gegen Sirhan Bishara Sirhan begann am 7. Januar 1969 und dauerte 15 Wochen. Die Beweislage schien eindeutig, es gab 89 Zeugen, der Angeklagte gestand die Tat. Sein damaliger Verteidiger hatte ihm das vorgeschlagen, um ihm die Todesstrafe zu ersparen.[25] Der Staatsanwalt war einverstanden, doch Richter Herbert Walker lehnte ab. Er wusste um das große öffentliche Interesse und bestand auf einem Verfahren. Dieses Kennedy-Attentat sollte lückenlos aufgeklärt werden. Nicht wie die Morde an John F. Kennedy oder Martin Luther King, die nie vor einem Gericht untersucht und verhandelt worden waren.

Zu Beginn des Verfahrens widerrief Sirhan das verabredete Schuldgeständnis: Vor Gericht erklärte er sich für »nicht schuldig« in allen Punkten der Anklage. Aber während des Verfahrens rief er plötzlich in den Gerichtssaal, er ziehe seine Aussage, »nicht schuldig« zu sein, zurück und bekenne sich nun als schuldig. Seinen damaligen Anwalt Grant Cooper forderte er auf, sich von seinem Fall zurückzuziehen. Dann rief er, er wolle hingerichtet werden.[26] Drei Tage brauchte die Jury zur Beratung. Am 17. April 1969 wurde Sirhan von sieben Männern und fünf Frauen des vorsätzlichen Mordes für schuldig befunden und am 23. April zum Tod in der Gaskammer von San Quentin verurteilt. Seiner Mutter rief er zu: »*Tut mir leid, Mama, ich kann mich an nichts erinnern.*«[27]

Nach dem Urteil schickte Senator Edward Kennedy einen handgeschriebenen, fünf Seiten langen Brief an den Staatsanwalt mit der Bitte, die Todesstrafe nicht zu verhängen: »*Mein Bruder war ein Mensch mit der Fähigkeit zu Liebe und Mitgefühl. Er würde nicht wollen, dass für seinen Tod noch ein Leben genommen wird.*«[28]

Sirhan lebt noch heute. 1972 wurde die Todesstrafe in den USA wegen Verfassungswidrigkeit suspendiert und Sirhans Strafe in Lebenslänglich umgewandelt. Seit 1975 hätte er das Recht auf Entlassung unter Bewährung. Er hat mehrmals um seine Freiheit gebeten: Er wünschte, die Tat wäre nie geschehen, um Robert Kennedys willen und um seiner selbst willen … Aber an die entscheidenden Augenblicke am 5. Juni 1968 könne er sich nicht erinnern …[29]

Sein Bruder Adel Sirhan strengt nun ein neues Verfahren an, Sirhans Unschuld zu beweisen. Sirhan Sirhan gibt keine Interviews. Den Richtern des Wiederaufnahmeverfahrens sagte sein neuer Anwalt, Larry Teeter, im Namen seines Mandanten, er sei hypnotisiert worden, auf Robert F. Kennedy zu schießen, ohne ihn zu treffen, während ein anderer das Attentat beging. Der Versuch, vom eigentlichen Täter abzulenken, nach dem Muster des Kennedy-Mordes in Dallas. Das Geständnis nach seiner Verhaftung habe Sirhan nur gegeben, um der Todesstrafe zu entgehen.

Larry Teeter liebt Bach. Er ist Feierabend-Klavierspieler und hat sich mit der Lebensgeschichte des Leipziger Kantors genau beschäftigt. Bach, das sei die Geschichte eines Mannes, der den Launen der Mächtigen ausgeliefert war. Teeter kennt sich aus mit underdogs, er verteidigt Klienten, die wenig Geld haben. Die Geschichte über den deutschen Komponisten erzählt er mit Vorliebe deutschen Gästen: »*Johann Sebastian Bach war kaum tot, da warf man seine Frau aus dem Haus, nahm ihr die Kinder fort, sie musste betteln gehen.*« Teeter erzählt diese Geschichte nicht nur, um über die Verblüffung des Filmteams zu schmunzeln »*Sie ist deshalb nicht so bekannt, weil sie die sogenannten Förderer der schönen Künste in Verlegenheit bringen würde.*« Ganz ähnlich sei die Geschichte von Bobby Kennedys Tod nicht so bekannt, »*weil sie die besseren*

*Kreise von Amerika in Verlegenheit bringen würde, in deren Namen das Attentat begangen wurde«!*

Larry Teeter vertritt Sirhan Sirhan seit Mitte der 90er Jahre. Seitdem erhält er gelegentlich Morddrohungen.

Sein Klient in der Corcoran Vollzugsanstalt ist nach 32 Jahren der am längsten einsitzende Gefangene in Kalifornien. In einer Zelle von knapp sieben Quadratmetern. Im Hochsicherheitstrakt, der keinen Kontakt zu den Mitgefangenen zuläßt. Isoliert, gemeinsam mit 36 anderen »hochgefährlichen« und »hochgefährdeten« Gefangenen. Charles Manson ist einer von ihnen. Alle zwei bis drei Jahre steht Sirhan vor dem Ausschuss für Gnadengesuche. Dieses Gremium lässt Milde walten, wenn der Gefangene sich tadellos verhält und vor allem, wenn er seine Tat sichtlich bereut. Sirhan ist ein tadelloser Gefangener. Aber er bereut seine Tat nicht, weil er sich an sie nicht erinnern kann, sagt er. Hypnotisiert sei er worden, um, sozusagen bewusstlos, auf Kennedy zu schießen. Eine Behauptung, die etliche Experten in den USA nicht abwegig finden.[30] Die Richter, die zuständig für die Gnade sind, hat dieses Argument nie überzeugt. Sirhan Sirhan wird das Gefängnis nur verlassen, wenn es Larry Teeter gelingt zu beweisen, dass sein Mandant zwar geschossen, Robert Kennedy aber nicht, zumindest nicht tödlich, getroffen hat.

## Die zweite Waffe

Das konnte er gar nicht, sagt Scott Enyart, der Schülerfotograf. Sirhan stand etwa einen Meter vor Kennedy, als er schoss. Der Moment, in dem der Senator aus Enyarts Sucher glitt. Die Kugeln auf Kennedy aber kamen von hinten und von unten. Für die tödliche Kugel musste der Lauf fast an Kennedys Schädel angesetzt worden sein. Enyart hat Dutzende Fotos gemacht, die die Polizei sofort beschlagnahmte – angebliches Beweismaterial für den Prozess. Vor Gericht wurden sie der Jury nie gezeigt.

Vor Gericht wurde auch kein unabhängiger Ballistikexperte hinzugezogen. Einer, der untersucht hätte, ob alle vier Schüsse auf Kennedy aus einer Waffe stammten, ob Sirhan überhaupt in der Position war, den tödlichen oder irgendeinen Schuss auf den Senator zu feuern.

Der Ballistiker der Polizei, Dewayne Wolfer, war Autodidakt; er besaß nur ein Diplom in Zoologie. Testschüsse, die er angeblich aus Sirhans Waffe gefeuert hat, habe er »in einen falschen Umschlag gesteckt« – damit wurden sie einem anderen Revolver aus dem Polizeiarsenal zugeordnet. Larry Teeter wartet nun darauf, in seinem Wiederaufnahmeverfahren klären zu lassen, ob Wolfer wirklich mit dem Revolver von Sirhan geschossen und dann die Testkugeln versehentlich einer anderen Waffe zugeordnet hat – oder ob er Sirhans Waffe erst gar nicht benutzt hat … Der Nachweis wird dem Anwalt nicht leicht fallen, denn den Polizeirevolver hat die Polizei später »routinemäßig« vernichtet. Wie so viele Spuren. Plötzlich verschwunden waren auch der linke Jackenärmel Kennedys oder die Deckenplatten aus der Küchenanrichte mit den Einschusslöchern: Sie hätten Aufschluss über die Zahl und den Einfallwinkel der Schüsse geben können.

Lynn Compton kann nur kichern, wenn er danach gefragt wird: *»Da steht ein Typ vor dir, der die Tat gesteht, du hast Dutzende Zeugen, die gesehen haben, dass er vor Mr. Kennedy stand, den Revolver zog, ›Du Hurensohn‹ brüllte und abdrückte! Wofür um Himmels willen brauchen Sie da noch einen Ballistikexperten!«* Lynn Compton war Hauptankläger im Prozess gegen Sirhan Sirhan. Er lebt heute in Seattle, und er weiß gleich, wonach das deutsche Fernsehteam fragen wird. Die Theorie von der zweiten Waffe amüsiert ihn bis heute. Ein typisches Fantasieprodukt der extremen Linken, die »*erst dann zufrieden sein wird, wenn sie für den Mord an John Kennedy, an Robert Kennedy, an Martin Luther King doch noch jemand ausfindig gemacht hat! Jemand wie John Edgar Hoover oder die CIA ...*«

Paul Schrade erholte sich von der Kugel, die ihn in der Nacht vom 5. Juni traf, rascher als von der Kugel, die seinen Freund Bobby tötete. Mit Kennedys Tod starb seine Hoffnung auf politische Erneuerung. Er verschwand aus dem öffentlichen Leben und zog sich auf eine Farm in der Wüste zurück. Bis 1975 der Kongressabgeordnete Allard Lowenstein ihn ausfindig machte. »*Es gibt immer mehr Vermutungen, dass damals aus nicht nur einer Waffe gefeuert wurde. Wir sammeln Beweise. Willst du mitmachen?*« Paul Schrade wollte.

Ballistikexperten war inzwischen der Nachweis gelungen, dass die tödliche Kugel nicht unbedingt aus Sirhan Sirhans Waffe stammte.[31]

Schrade und Lowenstein stießen auf viele Ungereimtheiten. Gleich nach dem Attentat etwa hatte Thomas Noguchi, der Chef des Gerichtsmedizinischen Instituts der Polizei von Los Angeles und einer der anerkanntesten Pathologen, ausgesagt: Die Schüsse auf Kennedy kamen von hinten und aus einer Entfernung von 1,2 bis 4 Zentimetern (nach Einschließung aller Fehlerquellen bis 7 Zentimetern). Keiner der Zeugen aber sah die Pistole von Sirhan näher als einen halben Meter an Kennedy herankommen. Noguchi wurde entlassen, weil er sich weigerte, seine Aussage zu »korrigieren«. Erst später und mit einem Gerichtsbeschluss konnte er seine Wiedereinstellung erwirken.

Schrade erwirkte eine Zivilklage gegen Sirhan, bloß um

eine neue Beweisaufnahme zu erzwingen. So wurde noch einmal aus Sirhans Waffe gefeuert. Die Gutachter kamen zu keinem einhelligen Ergebnis.

Paul Schrade hatte immer gewusst, dass Bobby, ebenso wie damals sein Bruder John, mächtige Feinde hatte: »Die Mafia, der Ku Klux Klan, Pro- und Anti-Castro-Kubaner, FBI-Chef Edgar Hoover gehörten dazu …« Und das musste der Polizei von Los Angeles doch auch bekannt gewesen sein. Warum also wurde die Beweisaufnahme nur wenige Stunden nach dem Mord abgeschlossen? Warum wurden Fotos vernichtet, sogar vom Tatort ein Türrahmen mit Einschusslöchern? »Sie haben nicht mal die Waffen beschlagnahmt – und in diesem Raum hatte nicht nur Sirhan Sirhan einen Revolver!« Und es gab mehr Einschusslöcher und Spuren als die der acht Kugeln aus Sirhans Revolver. Die Polizei habe sich damals große Mühe gegeben, die Schussbahnen der Ein-, Durch- und Ausschlagslöcher so zu rekonstruieren, dass sie unbedingt mit nur acht Kugeln übereinstimmten. Der Polizeibericht beschrieb etwa den abenteuerlichen Flug von Geschoss Nummer acht: Abgefeuert von Sirhan, dessen Arm schon auf dem Tisch niedergedrückt lag, habe sie zwei Zwischenwände durchschlagen, sei an der Decke abgeprallt und habe schließlich die Zeugin Elisabeth Evans an der Stirn getroffen. Frau Evans hatte sich soeben gebückt, um ihren Schuh, der ihr im Getümmel vom Fuß geschlüpft war, wiederzufinden. Ihre Verletzung aber war die Wunde einer Kugel, die von unten nach oben gefeuert worden war – also kaum von einer Decke herab stammen konnte.

Die Hauptzeugen aus der Küchenanrichte sollten am Tatort den Tathergang rekonstruieren. Die Polizei führte Regie: Zeugen, die die Version der Polizei nicht »nachspielten«, wurden auf ihren »Irrtum« aufmerksam gemacht. Als Sirhan Sirhan agierte ein Mann, der 30 Zentimeter größer war als der schmächtige Attentäter. Entsprechend verwirrend fiel der Film aus, den die Polizei von dieser szenischen Rekonstruktion drehte. So verwirrend, dass er weder dem Gericht, noch der Öffentlichkeit je vorgeführt wurde.[32] Hätte er dies alles gewusst, sagt Sirhans ehemaliger Anwalt Grant Cooper nun, hätte er ihn ganz anders verteidigt.

Schrades Freund, der Abgeordnete Allard Lowenstein, stand auf Nummer sieben der »innenpolitischen Feindesliste« von Präsident Nixon. 1985 wurde er von einem »verrückten« ehemaligen Kollegen erschossen. Sein Assistent, Greg Stone, half weiter nach neuen Spuren des Attentats auf Robert Kennedy zu suchen. Am 29. Januar 1991 beging er Selbstmord.

Paul Schrade erzählt uns seine Geschichte auf unsere erste Anfrage hin und obwohl er sich gerade von der Chemotherapie nach einer Krebsoperation erholt. Er hatte auch nicht gefragt, ob das deutsche Fernsehen ein Honorar zahlen würde. Eine Frage, die für viele sogenannte Freunde Kennedys und Sachverständige ganz selbstverständlich ist. Von dem Attentat auf Robert F. Kennedy lebt eine ganze Branche selbsternannter Experten bis heute. Wir haben die »Honorarexperten« gemieden. Nicht nur, weil das öffentlich-rechtliche Fernsehen andere Prinzipien hat. Auch, weil bis heute keinem dieser Experten die lückenlose Enthüllung gelungen ist.

Ted Charach war Reporter. In der Mordnacht stand er im Korridor vor der Küche. Er hat damals weiter recherchiert und sich vor allem für den bewaffneten Sicherheitsmann interessiert: Thane Eugene Cesar, den Freizeit-Bodyguard, den das Hotel in letzter Minute engagiert hatte. Charach fand schnell heraus, dass Cesar politisch weit rechts stand: »Sozusagen eine wandelnde Rechtsaußen-Philosophie in Uniform!«[33]

Cesar stand um 0.14 Uhr rechts hinter Kennedy. Die tödliche Kugel, die von hinten, von unten nach oben, von rechts nach links und von ganz nah gefeuert wurde, konnte also aus seiner Richtung kommen. Ted Charach vermutet, dass Cesar *»in diesen Momenten des Irrsinns«*, als die ersten Schüsse fielen, selber auf den Boden gestürzt sei, im Fallen abgedrückt und den Senator getroffen habe. Er bezeichnet sich als »Vater der Theorie der zweiten Waffe«. Ted Charach forschte nach Cesars Waffe: Und fand einen Mann in Arkansas, dem der Wachmann drei Monate nach Kennedys Ermordung seinen Revolver mit dem 22 mm Kaliber verkauft hat. Cesar habe ihm erzählt, er hätte die Waffe im Juni gebrauchen müssen und befürchte nun Komplikationen. Kurze Zeit später wurde dem Mann der Revolver gestohlen …

Der Polizei hatte Cesar erzählt, diese Waffe schon drei Monate vor dem Attentat verkauft zu haben. Im Übrigen habe er in der Nacht im Ambassador seine übliche Dienstwaffe, einen 38 mm Revolver, benutzt. Die Polizei hat damals nicht weiter gefahndet.

1968 war Thane Eugene Cesar 26 Jahre alt und Schlosser bei Lockheed Aircraft. Nebenbei arbeitete er für die Sicherheitsagentur ACE, die gelegentlich auch die Bodyguards für das Hotel Ambassador stellte. Er lebt heute mit Frau und zwei Kindern im Süden von Kalifornien. Ein Interview? 50 000 Dollar! Wir haben die Reise zu ihm nicht gemacht. Was hätte er uns erzählt? Er lässt sich die Information, die er damals auch dem FBI gegeben hat, bereitwillig von den Medien abkaufen: Er habe unmittelbar hinter dem Senator gestanden, damals, habe ihn am Ellbogen durch die Menge geführt. *»Als ich Sirhan schießen sah, zog ich meine Waffe …«*

Vor Gericht wurde Cesar nicht vernommen. Vor Gericht galt es nicht, die Frage zu klären, *ob* Sirhan Kennedy erschossen hat. Es galt nur zu klären, *warum* Sirhan Kennedy erschossen hat.

Larry Teeter will heute das Gericht zwingen, sich endlich

mit der ersten Frage auseinander zu setzen. Aber sein Antrag auf Wiederaufnahme des Verfahrens ist seit drei Jahren (Juni 1997) nicht beantwortet. Der Anwalt hätte im Namen seines Mandanten – und vieler Freunde von Robert Kennedy – noch viele Fragen zu stellen: Wie so viele Beweismittel einfach verschwinden konnten, vor 30 Jahren; oder weshalb die Waffe des Sicherheitsmannes nie untersucht wurde, obwohl er in der richtigen Position stand, Kennedy von hinten zu treffen: »Der Sicherheitsmann verlässt die Küche mit der Waffe in der Hand. Scott Enyart, der Fotograf, wird festgehalten, seine Fotos beschlagnahmt. Die Waffe lässt man ziehen – die Fotos werden beschlagnahmt …«[34]

Fotograf Enyart hat sie nie gesehen. Nach dem Prozess – in dem sie nicht als Beweismittel benutzt worden waren – teilte ihm die Polizei mit, sie würden erst nach 20 Jahren frei gegeben. 20 Jahre später erinnerte Scott Enyart an seine Fotos – und bekam die Auskunft, sie lagerten im Staatsarchiv. Er wandte sich an das Archiv und erfuhr: »Die Polizei habe die Fotos verbrannt.«

Insgesamt 2410 Fotos vom Tatort hat die Polizei von Los Angeles in einem Hospital verbrannt. Drei Monate nach dem Attentat und acht Monate vor dem Ende des Verfahrens gegen Sirhan Sirhan. Scott Enyart versuchte, auf dem Gerichtswege zu klären, was mit seinen Fotos geschehen war. Die Bilder vom Ballsaal, von der Rede, vom Eintreffen des Kandidaten, hat er alle zurückbekommen. Verschwunden blieben sämtliche Fotos aus der Küchenanrichte. Vermutlich die einzigen Bilddokumente vom Tathergang. Im Laufe seines Schadensersatzverfahrens tauchten im Staatsarchiv Sacramento doch noch einige seiner Abzüge auf, und ein Gerichtsbote sollte sie ihm zustellen. Der Bote wurde überfallen, die Fotos gestohlen. Der Fotograf erhielt von der Polizei von Los Angeles eine halbe Million Dollar Schadensersatz. Doch Enyart klagt weiter. Er will die Behörden zwingen, ihm offen zu legen, was mit den Fotos vom Tatort geschehen ist.

Was wäre auf ihnen zu sehen gewesen?

Die Beispiele ließen sich fortsetzen.[35] Die Widersprüche auch:

So viele Polizeipannen in einem so prominenten Fall? So viele Zufälle? So viele Todesfälle, Unfälle, bei denen, die den schnellen Ermittlungsergebnissen nicht trauen mochten?

Aber ist eine Verschwörung denkbar – so umgreifend, methodisch, bis heute fortwirkend? Eine mörderische Regie, die den vorgeschobenen Täter hypnotisiert, das Opfer aus Malibu nach Los Angeles lockt, vom Podium nach rechts statt nach links gehen lässt ...? Konnte ein Einzeltäter vor Robert Kennedy stehen und ihn von hinten treffen? Oder war es ein Unfall: ein Einzeltäter, der treffen wollte und verfehlte – und ein Bodyguard, der schützen wollte und traf?

Eines steht fest: Für jede Möglichkeit gibt es eine Theorie. Die Zahl der Möglichkeiten, wie es gewesen sein könnte, übertrifft die Wahrscheinlichkeit, je zu klären, wie es war.

Wie groß aber ist die Wahrscheinlichkeit, dass Kennedy sich seinen Traum vom anderen Amerika hätte erfüllen können?

*»Viele sehen die Dinge, wie sie sind, und fragen: ›Warum?‹ Ich träume von Dingen, die noch nie waren, und frage: ›Warum nicht?‹«*[36]

Dolores Huerta hat auf diese Frage eine klare Antwort: *»Amerika hätte ein humaneres Gesicht, wäre er am Leben geblieben ...«*

## Das Vermächtnis

Juan Romero, der mexikanische Hoteljunge von damals, lebt heute in einem zweistöckigen Reihenhaus in San José, Kalifornien, mit 4 Kindern und 3 Enkeln. Er hat es geschafft, sein amerikanischer Traum ist in Erfüllung gegangen. Er ist Bauarbeiter und asphaltiert Parkplätze und findet, dass er mit $22 pro Stunde gut bezahlt ist. Er lebt sein Leben, wie sie es ihm in Mexiko beigebracht haben: stolz, aber bescheiden, Gott und die Familie ehren, Toleranz für andere zeigen und beweisen, dass die Hispanos Respekt und Mitgefühl verdient haben. Deren Zahl ist zwischen 1970 und 1990 um 7.6 Millionen oder auf beinahe ein Viertel der gesamten Bevölkerung des Bundesstaates Kalifornien gestiegen. Und ihre Stimmen werden heute ernst genommen.

Russell Neu, sein deutschstämmiger Boss, der ihn vor 15 Jahren einstellte, erzählt uns: »*Ich sage ihm immer, er solle jede Stunde, die er arbeitet, aufschreiben – und er sagt, ›Nee, nee, nee. Das ist alles in Ordnung.‹*« Romero fühlt sich gebraucht und respektiert, und hier und da zu helfen ist eine Art Wiedergutmachung für seine neue Heimat: »*Weißt du noch, was sein Bruder John gesagt hat? ›Frag nicht, was dein Land für dich tun kann!‹ Das bedeutet mir viel. Wenn ich hart arbeite, meine Familie gut versorge, werde ich keine Last für die Gesellschaft sein. Das ist meine Art, Bobby zu ehren und den Namen Kennedy lebendig zu halten.*«

Das Hotel Ambassador, die Perle von Los Angeles nach der Eröffnung 1921, in dem die Berühmtheiten von Hollywood Dauergäste waren und die Oskar-Preisverleihungen stattfanden, ist heute verlassen. Demnächst will Donald Trump das ganze Gebäude mit Bulldozern beseitigen. Dann soll ein Einkaufszentrum mit Discountläden und einem Multikomplex-Kino entstehen.

Juan Romero ist seit dem Attentat nie wieder hierher zurückgekommen. Nach Washington aber wird er fahren, auf den Friedhof von Arlington, sich »von Bobby zu verabschieden«. Eines Tages, wenn das Geld reicht. Eine Reise, die nie hätte nötig werden dürfen: *»Ich hätte die Kugel kriegen sollen.«*[37]

## Anmerkungen

1 Dan E. Moldea, »The Killing Of Robert F. Kennedy«, New York, 1997,
S. 134. Frankenheimer hatte u.a. den Film ›The Manchurian Candidate‹ inszeniert: Ein Mann wird durch Hypnose zum Mörder auf Bestellung. Nach der Tat kann er sich an nichts erinnern.

2 Übers. aus Arthur M. Schlesinger Jr, »Robert Kennedy And His Time«, New York und Toronto 1978, S. 913

3 Und er wußte auch schon einen Weg, Eugene McCarthy ganz aus dem Rennen zu ›loben‹, um die Vietnamkriegsgegner nicht zu spalten: Man könne ihm doch den Posten als Außenminister anbieten unter einem künftigen Präsidenten Robert F. Kennedy!, sagte er an diesem Abend zu einem Berater ..., zitiert nach Schlesinger, a. a. O.

4 1962 bekundete Robert Kennedy Südvietnam seine volle Unterstützung gegen Nordvietnam : »... die Vereinigten Staaten werden tun, was sie können, einem Land zu helfen, das gegen Unterdrückung mit Blut, Schweiß und Tränen kämpft ...«; übers. aus: RFK Collected Speeches, Hrsg.: Edwin O. Guthman und C. Richard Allen, New York 1993, S. 269/270

5 Übers. aus Schlesinger, a. a. O. S. 857

6 RFK Collected Speeches, a. a. O. S. 204

7 zitiert nach Schlesinger, a. a. O. S. 839

8 »Er erschrak bis ins Mark, als in Chinatown Knallfrösche krachten, wurde kreidebleich, als ein Luftballon explodierte. Er hat immer damit gerechnet ...«, erinnert sich Paul Schrade.

9 Interview mit NBC 1969
10 Moldea, a. a. O. S. 27
11 Karl Uecker hatte Robert Kennedy an der Hand durch den Küchengang geführt. Vor Gericht wird er aussagen, dass Sirhan nur zwei Schüsse in Richtung Kennedy gefeuert haben konnte.
12 Übers. aus Moldea, a. a. O. S. 47 (kurz nach dem Attentat auf Präsident John F. Kennedy wurde der Attentäter Harvey Lee Oswald ermordet, von Jack Ruby, angeblich aus ›Empörung‹. Ein Prozess fand nie statt.)
13 zitiert nach Moldea, »The Killing Of Robert F. Kennedy«, New York 1997, a. a. O. S. 54
14 Übers. aus Moldea, a. a. O. S. 81. Seinem Anwalt hat er erzählt, er habe am Jahrestag des Sechstagekrieges Robert Kennedy im Fernsehen reden gehört: Kennedy habe der Regierung Johnson beigepflichtet, 50 Phantom-Jäger an Israel zu liefern …
15 »Als siebtes von neun Kindern musst du schon um dein Leben kämpfen, um zu überleben …«, scherzte Kennedy, als ihm wie so oft vorgeworfen wurde, »skrupellos« zu sein. Schlesinger, a. a. O.
16 zitiert nach Schlesinger, a. a. O. S. 99
17 Übers. aus: Schlesinger, a. a. O. S.97
18 Übers. aus: RFK, a. a. O. S. 33
19 RFK organisiert und hält die Verbindung zum sowjetischen Botschafter und trägt entscheidend dazu bei, die Krise zu entschärfen.
20 Washington Post, 16. Mai »The Mafia, the CIA and Castro«, George Crile III, zitiert nach Schlesinger, S. 549
21 Übers. aus Moldea, a. a. O. S. 118
22 Übers. aus Schlesinger, a. a. O. S. 882
23 Übers. aus Schlesinger, a. a. O. S 616
24 Margaret Laing, »The Next Kennedy«, New York 1968
25 Gesteht in den USA ein Angeklagter ein Kapitalverbrechen, können sich Richter, Staatsanwalt und Verteidiger auf ein Strafmaß »einigen«. Ein Verfahren wird notwendig, wenn der Angeklagte sich als nicht schuldig bekennt. Dann fällt die Jury den Schuldspruch und setzt das Strafmaß fest.
26 Moldea, a. a. O. S. 121
27 Übers. aus Moldea, a. a. O. S 125

28 Übers. aus Moldea, a. a. O. S.123
29 Übers. aus Moldea, a. a. O. S. 302
30 Sirhan Sirhan war zum Zeitpunkt der Tat Mitglied einer okkulten Gruppe, die mit Hypnose experimentierte. Er wurde mehrmals getestet, ob er ein für Hypnose empfänglicher Mensch sei. Ein Gutachten hat – nach seiner Verurteilung – dies positiv beantwortet. Der Gutachter wollte weitere Tests durchführen, die Gefängnisleitung lehnte dies ab. William Turner & Jonn Christian, »The Assasination of Robert F. Kennedy«, New York 1993
31 Schon 1970 fotografierte der angesehene Waffenexperte William W. Harper die Kugel aus Kennedys Kopf und die aus dem Bauch eines angeschossenen Fernsehjournalisten mit einer Spezialkamera. Er kam zu dem Ergebnis, dass die Kugeln nicht aus einer Waffe stammten. 1975 bestätigte der Ballistikexperte Herbert MacDonnel dem Kongressabgeordneten Lowenstein, »das Geschoss aus dem Körper Senator Kennedys kann nicht aus Sirhans Revolver stammen!«. Zitiert nach Paul Schrade.
32 Moldea, a. a. O.
33 In einem Interview 1971 hat Cesar zu Ted Charach gesagt: ›Nie hätte
ich für Bobby Kennedy gestimmt. Sein Bruder hat unser Land ausverkauft. Er hat es den Commies, den Minderheiten, den Schwarzen geschenkt …‹, zitiert nach Moldea, a. a. O. S. 150
34 Wir hätten Richtern, Staatsanwälten, der Polizei von Los Angeles auch gern Fragen gestellt. Alle Interviewwünsche wurden abgelehnt. Einzig Lynn Compton, Staatsanwalt im Ruhestand, war bereit, uns seine Version vom Tathergang zu erzählen.
35 »Das freundlichste über die Ermittlungsmethoden der Polizei von Los Angeles und des FBI, wäre zu sagen: Sie haben den Fall so dämlich und inkompetent gehandhabt, als wäre es der Straßenraub von nebenan. Ist man weniger freundlich, entdeckt man Unterschlagung und Vernichtung von Beweismitteln, in der Absicht, alles beiseite zu schaffen, was hätte Zweifel aufkommen lassen: Sirhan Sirhan, das hat die Polizei beschlossen, war Einzeltäter und der einzige, der auf Robert Kennedy geschossen hat …« zt. und übers aus: William Klaber und Philip H. Melanson: ›Shadow Play, The Murder of Robert F. Ken-

nedy, The Trial of Sirhan Sirhan, and the Failure of American Justice«, New York 1997, S. xiii

36 Jules Witcover, »The Year The Dream Died«, Revisiting 1968 in America, New York 1997

37 Zitate ohne Quellenangaben sind Zitate aus Interviews, die der Autor für den Dokumentarfilm gemacht hat.

# Bloody Monday

## Das Attentat auf Lord Mountbatten

Von Hans-Rüdiger Minow

*»Alles Rassische müssen wir pflegen,*
*alles was nach Boden schmeckt ...,*
*denn trotz der Beimischung englischen Blutes ...*
*ist diese Insel keltisch*
*und wird es auf ewig sein.«*
DOUGLAS HYDE, *Erster Präsident der Republik Irland*

Der Sommer des Jahres 1979 war verregnet, der Blick über die Bucht ging ins Nirgendwo. Irishmurray, die sagenumwobene Insel der Republik Irland, verschwand weit draußen in den Wolken, die den Atlantik erdrückten. Man hätte die Gischt sehen können, die über die Kaimauern schwappte, doch wer es wagte, in Mullaghmore auf die Klippen zu gehen, riskierte sein Leben. Ein Steinkreuz erinnerte an das vorerst letzte Opfer, einen ahnungslosen Touristen, den die Wellen von der Straße holten, als er zwischen Hafen und Schloss die Brandung bestaunte. »*Nein*«, sagte Ms McHugh, die im Pier Head House die Hotelschlüssel zählte, »*dies ist kein Wetter, das zum Baden einlädt.*«

Statt des Strandbetriebs blieb nur die Bar, um Geschäfte zu machen.

So zuverlässig wie der Sommerregen durch den Hafenort floss und mit der Nässe der Gischt in die Hausritzen drückte, so absehbar war der tägliche Bierkonsum. Im Pier Head House und bei der benachbarten Konkurrenz, im Beach Hotel, wurde den wenigen Urlaubern nachgeschenkt. Sie boten ein Zubrot, wenn der Fischfang versagte, zahlten nicht schlecht für Tagesausflüge oder buchten sich Skipper, um nach Haien zu angeln. Ihr Sommervergnügen ernährte ein Dutzend Männer in Mullaghmore. Rodney Lomax hatte daraus einen Betrieb gemacht, der auf der Hafenstraße mit seinem Namen warb. Lomax besaß das größte Boot und zog die ertragreichsten Chartergruppen an Land. »*Meist ein ziemlich mieser Job*«, sagte Lomax, »*noch vor ihren Angeln packen sie die Bierkisten ein, und nach zwei Stunden sind sie entweder besoffen oder seekrank. Beides läuft aufs selbe raus: Sie kotzen dir das Boot voll.*« Lomax verzog sein rotes Gesicht zu einem angewiderten Ausdruck und schob eine der Gardinen beiseite.

## Die ewigen Dinge

Von beiden Kneipen konnte man auf die vertäuten Boote sehen, die bei Ebbe auf Grund setzten und sich dann langsam zur Seite neigten. Ging das Wasser zurück, bot der Hafen einen traurigen Anblick. Jemand schien einen Ausfluss geöffnet zu haben, auf den die Brackteile sanken, verrottendes Holz, Möwenkadaver und Katzenhaigräten. Erst mit beginnender Flut kehrte Leben zurück, zumindest die Aussicht auf Bewegung am Kai. Sobald das Hantieren an den Hummerkäfigen begann, später das Schmieren der Dieselmotoren, war der Hafen nicht länger Endstation, sondern Aufbruchsort auf dem Weg in die See. Dann liefen die Boote nach Donegal, zum Norden der Republik, oder kurvten südlich nach Sligo, dem Provinzmittelpunkt. Der Zweitakterklang war anfangs in den Kneipen zu hören, wurde schnell leiser und verlor sich an den

Riffen und Klippen, über denen das Schloss stand. Schon nach ein paar hundert Metern sahen die Boote wie Nussschalen aus, so weit und grenzenlos schien der Atlantik, an dessen anderem Ende New York lag, sofern es nicht weggeschwemmt worden war von dem endlosen Regen dieses seltsamen Sommers.

»*Sie sollten das Hinterland nicht vergessen*«, sagte Pete McLawn. »*Mullaghmore liegt an einem fantastischen Küstenstück, wohl wahr, aber das Meer ist nicht alles. Blicken Sie nach Osten! Unsere Bergwelt ist einmalig. Trecken in die Truskmore Mountains – gar kein Problem. In einer halben Stunde sind Sie dort! Die Flüsse sind voller Lachse. Oder schon mal was von Ben Bulben gehört, einem geheimnisvollen Berg, dessen Spitze fast immer in den Wolken liegt, einem Ort alter Kulturen? Wir sind stolz auf die Spuren der Menschheitsgeschichte, die in Irland nicht erst mit den Kelten begann. Jahrtausende früher, noch vor christlicher Zeit, erwachten bei uns die Naturreligionen, ein verschwundenes Wissen um Sonne und Mond, um Ebbe und Flut, um den ewigen Wechsel von Leben und Tod.*«

Pete hatte sich zu seinem Lieblingsthema vorgearbeitet, für das er Bodenproben nahm und neuerdings auch Aufsätze schrieb. Seine Forschungen waren selbst in Sligo berühmt, ja von Zeit zu Zeit veranstaltete er in den Hinterzimmern des Pier Head House Lichtbildabende, zu denen Honoratioren auch aus Dublin anreisten, um über die heidnischen Ursprünge Europas und ihr irisches Zentrum aus dem Munde von Pete mehr zu erfahren. Man hätte ihn für einen Dorflehrer halten können, der in die Tiefen der Geschichte vorstieß, weil er dabei an Ausblick und Weite gewann. Doch Ausblick und Weite lagen längst hinter ihm. Er hatte die Kaimauern westwärts durchfahren, war von Mullaghmore in die Staaten gezogen und schwor dort den Eid, den man Neubürgern abnimmt. Wenig später fand sich Pete in Vietnam wieder, aber konnte den Krieg auch nicht gewinnen. Seine Rückkehr nach Irland schien die Kreise zu schließen, die den verlorenen Sohn mit der Wiege verbinden. Pete hatte wiedergefunden, was er als Heimat verstand. Seine Sprache war Gälisch, Pete grub in der Erde, suchte Steine und Knochen, deren kultische Botschaft er zu deuten bemüht war. Über Vietnam sprach er wenig.

»*Haben Sie schon unsere Kirche besucht?*« Brian McNulty lächelte harmlos, bevor er die ausgekragten Gläser wechselte und ein neues Bier aus dem Zapfhahn zog. »*Wenn Sie wollen, ich nehme Sie mit … Man lernt eine Menge über das Dorf. Sie sehen Leute, die hierher nicht kommen.*«

McNulty wandte sich ab, um das torfbraune Wasser mit dem wenigen Schaum an die Tische zu bringen. Seine Bar im Beach Hotel füllte sich zusehends. Ein Plakat lud zur nächsten Folk Session ein. Es war der letzte Abend des Wochenendes. Bevor eine weitere Runde des Alltags begann und die ewigen Wolken Ben Bulben verhüllten, bestand Anlass zu feiern.

Vielleicht war es auch Brians freundliche Art, bei der die Leute eher im Beach als im Pier Head vergaßen, dass ein weiteres Tief vom Atlantik heranzog. Brian hielt sich zurück, ohne gleichgültig zu sein, oder zeigte Interesse, ohne fordernd zu werden. Sein Bemühen, als Kneipier allen Gästen zu dienen und hinter dem Tresen in Bereitschaft zu stehen, bewahrte ihn nicht vor ernsten Blessuren, die er sich zuzog, wenn er eine der regelmäßigen Schlägereien schlichtete. Seine linke Augenbraue war aufgeplatzt und die kaum verheilte Wunde eines Stuhlbeins zog sich bis zur Schläfe.

McNulty stellte das Radio lauter, so dass die gälischen Trommeln durch die Bar dröhnten. »*Zum Kirchgang kommen meist alle, auch die aus dem Schloss*«, teilte er mit. Brian nannte keine Namen, aber dass Mr. Nicholson dort als Butler arbeitete, Pat Barry ihm zur Hand ging und Mary Kennedy in der Küche stand, wusste hier jeder. Zwar schien das Schloss zu einer äußeren, den Fischern verschlossenen und daher meist fremden Welt zu gehören, doch brauchte sie Nahrung, Pflege und Zeitvertreib. Die Menschen von Mullaghmore schufen dafür die Basis.

Was Mary Kennedy auf den Speiseplan setzte, war morgens gefangen, im Hafen aus den Netzen geklaubt und durch das Wachtor gebracht worden. Mr. Nicholson nahm es in Empfang, überprüfte die Reinigung und deckte die Tafel. Dass in der ältlichen Küche gekocht werden konnte und auch im Sommer Kaminholz für Behaglichkeit sorgte, verdankte man Ron. Wenn nach Seeaal und Hummer den Herren des Schlosses die Aussicht gefiel, mit dem Boot aufzubrechen, stand Paul Maxwell bereit, einer der Hafenjungen; für den Ausritt am Strand sorgte Michael Connolly, der Lodge Keeper. Sie und noch andere bedienten das Schloss, von dem hier keiner ein Wort sprach, so als wäre es Luft, und dessen tiefe Verbindung mit dem Leben des Dorfes wie nebenbei zu erwähnen nur Brian wagte.

In seine Bar drängten neue Besucher, andere wechselten ins Pier Head House. Der Lärm immer lauter werdender Folk Music, die sich urtümlich gab, hallte von den Kaimauern wider. Obwohl der Wetterbericht keine Änderung versprochen hatte, war das aufgewühlte Meer gegen Abend ruhiger geworden. Im Hafenbecken schlugen Drahtseile gegen die Masten. Die Flut lief ein. Zwischen den Tauen, die in das steigende Wasser hingen, waren Schatten zu sehen. Über der Bucht riss die Wolkendecke auf.

## Die Schlossherren

Michael Conolly schaltete das Außenlicht ein. Der Regen hatte aufgehört. Die Scheinwerfer der britischen Gäste beschienen das Wachtor, durch das man zum Schloss kam. Der stärker werdende Wind ließ Musikfetzen hören, die aus dem Hafen anwehten. Neben dem Gatter stand ein Zivilpolizist der irischen »Garda«.

Wie vom Schlossherrn angekündigt brachten die Wagen den Rest der Familie, Lady Patricia, ihren Ehemann Lord Brabourne sowie die Zwillinge Nicky und Timothy, zwei der sieben Brabourne-Kinder. Trotz einer anstrengenden Reise war die Stimmung ausgezeichnet. In England und im britischen Norden der Insel begann am morgigen Montag ein Bank Holiday. Mullaghmore, das zum Süden gehörte, bot den richtigen Abstand für Erholung und Ferien. Die Kinder freuten sich auf das Abendessen und fragten Connolly nach dem Zustand der Pferde. Es war das übliche Begrüßungsgeplänkel, ein familiärer, fast vertraulicher Ton, der Connolly für Momente mit der Missgunst versöhnte, die er im Dorf zu spüren bekam. Er bedankte sich für die freundlichen Worte und rief umgehend im Schloss an, als die Wagen den Krüppelwald passierten und von dort durch die Dünen auf den Vorplatz zufuhren.

Der geschwungene Weg führte langsam ans Meer, das man kurz vor dem Schlosshof zu ahnen begann, aber erst bei Erreichen der obersten Höhe, nach zwei Kilometern, aus nächster Nähe erblickte. Erst jetzt war zu sehen, dass der hügelige Schlossplatz am äußersten Ende einer Landzunge ruhte, deren vordere Teile ins Wasser abbrachen. Die Wucht des Atlantik unterhöhlte das Ufer, das an einigen Stellen ins Rutschen geriet, an anderen einfiel. In den riesigen Trichtern aus stürzenden Felsen zerschlug sich die Brandung. Dazwischen leuchteten Sandstrände auf. Am Horizont lagen die nächtlichen Konturen von Irishmurray.

Vor der Meereskulisse schrumpfte das Schloss zu einem viktorianischen Spielzeug. Graue Steinquader versuchten den Anschein von Alter zu geben. Die Kopie eines Wehrturms lief in Spitzbögen aus. Wohl um den Verdacht der baulichen Täuschung durch Höhe zu mindern, überragte das Haupthaus eine gotische Spitze. Doch Classiebawn Castle, das traditionsreich wirken sollte, war weder normannisch noch der Gotik entsprungen; es wurde entworfen, als zwischen London und Dover längst Bahnschienen lagen, ein fantastisches Zerrbild von Mechanisierung und Großindustrie im 19. Jahrhundert.

Lord Louis Mountbatten, Earl of Burma, letzter Vizekönig von Indien und Admiral der englischen Flotte, stand auf den Stufen der Eingangshalle, um Lady Patricia, seine älteste Tochter, und deren Familie zu begrüßen.

Den vergeblichen Anschein geschichtlicher Größe hatte Mountbatten weder zu verantworten, noch hatte er ihn nötig. Das Schloss gehörte zum Erbe seiner verstorbenen Gattin, deren Bankiersvorfahren aus Köln stammten. Sie war eine der reichsten Frauen Englands gewesen, ein Umstand, der auf Geschäfte zurückging, für die sich auch das englische Königshaus interessierte und nach erfolgreichem Abschluss der Finanztransaktionen mit dem Adelsstand dankte. Classiebawn Castle war feudale Kulisse für Bürgerkarrieren, die dem geltenden Recht nicht immer genügten und die – mit dem Aufstieg der Familie Mountbattens verglichen – parvenuhaft erschienen.

Lord Louis war zur Jahrhundertwende als zweiter Sohn des Prinzen von Battenberg geboren worden, einem Einwanderer aus Deutschland, seine Mutter war Victoria Prinzessin von Hessen. Ihre Darmstädter Herkunft machte sie zu Verwandten des russischen Zaren und der Königin von England. Windsor Castle stand den Battenbergs zeitlebens offen. Selbst antideutsche Anfeindungen wurden höfisch geglättet und der Name der Battenbergs in Mountbatten verwandelt, als der Kriegseintritt Englands den Hass auf die Krauts zu Höchstformen trieb. Damals war Louis 14 Jahre alt. Das Gefühl, zu Unrecht verdächtigt zu werden, stärkte seinen bohrenden Ehrgeiz, der in militärischem Prunk Befriedigung fand.

Als ehrenwerter Lord Seiner britischen Majestät erklomm er nicht nur die höchste Stufe der Flottenkarriere, sondern diente der Krone auch in politischen Rängen. 1947 wurde er mit dem Abzug der Engländer aus Indien betraut, eine Aufgabe, die ihm den glanzvollen Titel eines Vizekönigs eintrug, aber privat nur Enttäuschungen mit sich brachte. Edwina, seine eigenwillige Gattin, und Pandit Nehru, sein indischer Unterhändler, begannen ein intensives Verhältnis, das sich in Mountbattens Gemächern in Delhi zutrug und am Londoner Hofe für Kopfschütteln sorgte. 1952 wurde Lord Louis Oberkommandierender der britischen Flotte im Mittelmeer.

Auch nachdem er vier Jahre später in den offiziellen Ruhestand ging, blieb Mountbatten den Windsors verbunden. Er beriet Königin Elizabeth und der Thronfolger Charles, Prinz of Wales, nannte ihn einen »väterlichen Freund«. Mountbattens Töchter, Lady Patricia und Lady Pamela, verbrachten mit den Royals gemeinsame Ferien. So alt wie das Jahrhundert, blickte Mountbatten auf ein Leben zurück, das seine adeligen Vorbilder Europas erreichte und für Bürgergemüter überragender, ja großartiger kaum sein konnte.

Das einzige, was Lord Louis zunehmend fehlte, war Geld. Die Ehe hatte ihn zum Teilhaber eines mehrstelligen Millionenvermögens gemacht, aber davon blieb nur ein Zehntel, als er nach dem Tod seiner Frau den Erbteil der Töchter zur Auszahlung brachte, vor allem 80 Prozent an die Steuer verlor. Er begann, seine Ausgaben zu kontrollieren und befand, dass das Schloss verkauft werden sollte.

Die politische Lage erschwerte das Vorhaben. Zwar lag Classiebawn Castle im Süden der Insel, aber nah an der Grenze zum englischen Nordteil, wo der Kampf gegen London gewalttätig war. An verfallenden Katen und den Straßen von Sligo las man Parolen: »Brits out«. Wegen möglicher Bomben riet die irische »Garda«, vor Besteigen der Autos nach Zündern zu sehen. Als Käufer kam schwerlich ein Brite in Frage. Der Interessentenkreis wurde weiter eingeschränkt, weil Mountbatten verlangte, dass der neue Besitzer von Classiebawn Castle das übereignete Schloss nur teilweise nutzte – im August wollte jährlich Lord Louis absteigen und wie früher als Grundherr den Dienern befehlen.

Selbst diese Bedingung, die bei Eigentumswechsel auf Feudalrecht bestand, schien Tough Parley nicht zu schrecken. Er war in der Nähe des Schlosses groß geworden und hatte Classiebawn Castle als eine ferne Verheißung am Horizont liegen sehen. Hier, wo er aufwuchs, herrschte Hunger und Elend, dort, wo das Schloss lag, gab es Schinken und Fleisch, das die vornehme Herrschaft im Überfluss speiste. Seitdem war Fleisch zur Passion seines Lebens geworden. Er kaufte Kühe und Schafe, vermakelte Schlachtvieh und vertrieb seine Ware mit einem eigenen Fuhrpark. Parleys Fleisch wurde in ganz Europa gegessen, sagte er stolz, Parley stand auf zahllosen Trailern, die fast täglich zwischen Dublin und dem Festland verkehrten.

Tough Parley war reich geworden, niemand kannte die genaueren Umstände, aber er hatte das Geld und er zahlte es pünktlich, als Mountbatten das Schloss abstoßen wollte. Das war 1976. Seitdem verbrachte Lord Louis den August an den Klippen und tat, als sei er noch immer der Grundherr von Classiebawn Castle.

Er hatte Dinner im Speisesaal servieren lassen, wo er der Tafel vorsaß und auch en famille eine genaue Beachtung der

Etikette verlangte. Tough Parley durfte teilnehmen. Das formale Gehabe hemmte die Enkel, die Mountbatten oft als zu streng, hochfahrend und verletzend erlebten. Seine Stimmung konnte schnell umschlagen. Timothy und Nicky, die vierzehnjährigen Zwillinge, hielten sich an ihre älteren Cousinen, die drei Töchter von Lady Pamela, die fast den gesamten August im Schloss verbracht hatten und kurz vor der Rückreise nach England standen.

Wie immer machte Lord Louis, den man bei Hofe kurz »Dickie« nannte, Pläne für die kommenden Tage, in die er sämtliche Anwesenden einband. Auch auf Classiebawn Castle schien er einen Kreuzer zu dirigieren, brauchte eine Mannschaft, vor allem aber ein Ordnungsgerüst, an dem er die Schwankungen auffing, die ihn ständig bewegten. Er setzte einen Bootsausflug an, der am kommenden Morgen stattfinden sollte, um die Hummerkäfige zu bergen, die er eigenhändig ausgebracht hatte.

Seine Ausfahrten waren berüchtigt. Den kleinen Kutter, der an der Kaimauer von Mullaghmore dümpelte, hatte er »Shadow V« getauft und der technischen Obhut von Lomax übergeben, dem widerwilligen Touristenskipper. Mr. Parley musste sich um den Gesamtzustand kümmern, eine Aufgabe, die ihm Mountbatten erschwerte, indem er die notwendigen Ausgaben kürzte. Verschiedene Bootsjungen spielten Matrosen, während Lord Louis die grüne Barke bestieg, den Kurs überprüfte und nach Art der Marine Befehle ausgab. Mit Mountbatten auf See auszulaufen war kein Sonntagsvergnügen, eher Tribut an sein Altersverlangen, in der früheren Rolle bewundert zu werden.

Die Familie hatte sich im Kaminzimmer versammelt. Der Butler ordnete die verlassene Tafel und trat dann ans Fenster. Die See schien ruhig, der Himmel aufgeklart.

## Blut und Boden

Ms Maxwell meinte die Sterne zu sehen. Sie stand vor der Kate, die den schweren Geruch aus Asche und Torf nicht loswerden wollte, obwohl das ärmliche Haus längst als Feriensitz diente und von den einstigen Fischern geräumt worden war. Ms Maxwell, ihr Mann, die Töchter und Paul verbrachten den Urlaub fast immer am Meer. Mullaghmores Strände begeisterten sie, Paul lockte der Hafen.

Den Weg zwischen Kate und modrigem Kai ging Paul jeden Tag. Er folgte den Resten von Legesteinmauern, führte weiter bergab, passierte die Hütten mit Dächern aus Reet und stieß dann ans Meer. »Shadow V« war schon von weitem zu sehen, fest vertäut, frisch geölt und ständig bereit, den Anker zu lichten. Für Ms Maxwell war es eine Auszeichnung, für Paul ein Abenteuer, dass Mountbatten den Jungen als Bootsboy heranzog und »Shadow V« zum Ereignis der Schulferien wurde.

Es schien Neider zu geben, die Pauls harmlose Arbeit mit Missgunst verfolgten. Einer von ihnen musste Parley sein. Vielleicht hatte er eigene Bewerber, die zu kurz gekommen waren, vielleicht andere Gründe, jedenfalls nahm er den Jungen dermaßen wichtig, dass er mehrmals vom Schloss bei den Maxwells anrief. *»Seltsame Anrufe«*, sagte Ms Maxwell, *»ich kannte ihn nicht und unsere Familien standen in keiner Beziehung, aber Pauls Ferienbeschäftigung irritierte ihn derart, dass es sehr ungewöhnlich war. Er meinte, diese Arbeit wäre nichts für den Jungen, zu schwer, zu gefährlich – obwohl sich Paul fast genau in dem Alter befand, in dem Mountbatten als Matrose der Marine begann … 15 Jahre.«*

Ms Maxwell schloss die Tür. Paul schlief. Neben dem Bett stand ein Hummerkäfig, in dem er seinen Bootslohn verschlossen hielt. Am kommenden Morgen würde Paul im

Hafen sein, um »Shadow V« klarzumachen. Durch den zugigen Giebel war das Anfahren der Autos vor den Kneipen zu hören. Wer jetzt noch nicht genug hatte, wechselte rüber zu O'Toole.

Francis O'Toole war Immobilienhändler, ein Mann mit Geschäftssinn, den er nach seiner Arbeit in Bundoran anwandte, keine zehn Meilen vom Schlosshof entfernt, um hinter dem Tresen einer eigenen Kneipe nicht nur Bier anzubieten. Hier gab Francis O'Toole auch sein Liedgut zum besten und empfing im Büro, gleich hinter dem Waschraum, des öfteren Gäste.

Mit dem Kauf und Verkauf von Häusern und Weiden hatten seine Gespräche nicht direkt zu tun. Sie verließen den Boden von Eigentumsfragen, sofern diese Fragen nur Bundoran betrafen, Donegal, Dublin oder Sligo, und widmeten sich dem irischen Ganzen, der gesamten Nation, die nach Sprache und Erde vereint werden musste. »Unite Ireland« war noch die harmloseste Parole, die an O'Tooles Kneipenwänden hing.

Dass der Kampf um die Einheit militärisch gemeint war, zeigten bunte Plakate martialischer Männer, die mit dem Lauf der Gewehre ihre Feinde anzielten. Zwischen den Flaschenbatterien und jeder Art Whiskey wurde dem Gegner mit Terror gedroht: »Achtung Heckenschützen«. Auch auf Postkarten zu erstehende Konterfeis erinnerten an die frühen Helden der IRA. Der Feind saß in London und hielt den Norden der Insel noch immer besetzt. Die irische Erde zurückzugewinnen war oberstes Ziel. Richtig betrachtet ging es Francis O'Toole auch in der Kneipe um Eigentumsfragen, um Häuser und Weiden, Fabriken und Banken, die nicht en detail, sondern vielmehr en gros erworben sein wollten.

Der Kneipensaal war brechend voll. Er lag an der Hauptstraße von Bundoran und auch ein Blinder hätte verstanden, was hier vor sich ging. IRA-Songs machten die Runde, das

Publikum klatschte, wenn Schmährufe Großbritannien verdammten. Der irischen »Garda«, die zehn Meilen weiter in Bereitstellung lag und vor Classiebawn Castle das Meer rauschen hörte, schien die Kneipe im Zentrum nicht wichtig zu sein.

O'Toole zapfte Braunbier und führte aufmunternde Reden.

*»In diesem Land ist noch niemals unschuldiges Blut vergossen worden, jedenfalls keines, das englischer Herkunft ist. Das einzige unschuldige Blut ist irisches Blut. Und es sind die Engländer, die es auf dem Gewissen haben. Seit sie hier sind herrscht Krieg … Sie haben uns unser Land weggenommen und auf den fruchtbaren Weiden ihre Schlösser gebaut. Während sie prassten, mussten wir hungern. Wir haben für Pennies in London geschuftet oder sind vor Hunger und Elend nach New York emigriert. Wir sind ein Volk, dessen Heimat von Fremden besetzt ist, von Ladies und Lords, die den Müßiggang lieben! Unser Kampf ist nicht Spaß, sondern bittere Pflicht. Er kostet Tränen und Blut … Selbstverständlich wollen wir Frieden, aber gerecht, wir wollen Selbstbestimmung ohne englische Einmischung. Unser irisches Volk will nichts als die Freiheit … Es ist an der Zeit, dass die Engländer gehen.«*

Während seine Worte in Beifall untergingen trat Francis ans Mikrofon, die Akkordeon-Band griff zum Verstärker. Auf der kleinen Tanzfläche stampften Betrunkene. Die Neonröhren schienen grell.

*»Als ich ein Bursche war*
*Und jung noch an Jahren*
*Kämpfte ich mit der IRA*
*In den ersten Brigaden.«*

Der Saal fiel in den Refrain ein, Biergläser gingen zu Bruch.

*»Kommt zurück Kameraden*
*Von den ersten Brigaden!«*

O'Toole hob die Stimme. Mit den Füßen gab er den Takt vor. Frauen und Kleinkinder schunkelten mit.

*»Ruhm den Taten*
*Der Kämpfer*
*Die mit Gewehr und Granaten*
*Gegen England antraten …«*

Der Montag hatte begonnen.

## Tod beim Hummerfang

*»Meistens war es halb 8, wenn wir in Classiebawn Castle die Arbeit begannen. Das Frühstück stand bevor.«*

Peter Nicholson dachte nach.

*»Es war ein herrlicher Tag, ganz anders als die Wochen vorher; wer diesen irischen Sommer schon abschreiben wollte, konnte nur staunen: Keine Wolke am Himmel, ein tiefblaues Meer und das Grün auf den Felsen leuchtete hell. Irishmurray schien mit der Hand zu greifen … Kurz vor 8 ließ sich Mountbatten wecken, denn um 8 hörte er regelmäßig die BBC-Nachrichten. Man konnte sicher sein, ihn um diese Zeit quicklebendig vorzufinden. Seine 79 Jahre sah man ihm nicht an. Wenn Lord Louis die Ferien in Irland verbrachte und mit dem Boot, seinem Kutter, auf See fahren konnte, fühlte er sich bestens.«*

»Shadow V« lag an gewohnter Stelle, als Paul gegen 9 am Hafen vorbeikam. Die Boote schwammen flach, hatten aber noch Wasser unterm Kiel. An der Kaimauer wurden Netze getrocknet. Vor dem Beach und dem Pier Head war der nächtliche Müll bereits weggefegt worden. Die ersten Besucher brachten Boote ins Wasser. Zwei Urlauber packten ihre Skibretter aus, ein Dingi verließ den Hafen. Brian McNulty säuberte seine Bar. Paul schlenderte weiter zum Schloss, begrüßte Connolly und hielt sich für die Abfahrt Mountbattens bereit.

Der Wagen fuhr kurz nach 10 durch das Gatter. Außer Lord Louis war Patricia zu sehen, seine älteste Tochter, ihr Ehemann John sowie dessen Mutter. Die Enkel Nicky und Timothy folgten, Paul schloss sich an. Er half den Gästen ins Boot, öffnete den Motorkasten und startete die Maschine. Wie immer übernahm Lord Louis das Ruder. Unter Aufsicht der »Garda« verließ »Shadow V« Mullaghmore als es 11 Uhr 30 war.

Mountbatten drehte nach Süden, passierte das Pier Head und nahm Kurs auf die Bojen in den vorderen Buchten. Ihr Grund galt als fischreich. Nach nur 500 Metern gab er Befehl, den Motor zu drosseln. Sie befanden sich auf der Hälfte der Strecke zwischen Hafen und Schloss. Hinter »Beautiful Beach«, dem riesigen Sandstrand, stieg Ben Bulben empor. Mit Classiebawn Castle bestand Radiokontakt.

John Brabourne beugte sich über Bord, um nach den Hummerkäfigen zu sehen, Nicky und Timothy belegten das Dachdeck. Paul stand am Motor, weiter entfernt saßen die Frauen. Über den Felsen kreisten hunderte Möwen. Seit der Abfahrt waren 15 Minuten vergangen. Mountbatten hielt das Steuer. Die See lag still, fast bewegungslos. »*Ein wunderschöner Tag*«, rief Lady Patricia.

McNulty hörte eine dumpfe Explosion. Er rannte von der Bar in die Küche, weil sein erster Gedanke den Gasflaschen galt. Sie waren intakt. Der Lärm kam von draußen. Auf der Beach-Promenade irrten Menschen umher. Brian eilte zum Hafen und traf auf Ms McHugh, die vor dem Pier Head House stand. Sie blickte fassungslos Richtung See. Die Kaimauer verstellte den Blick. Peter, ihr Sohn, riss die Sachen vom Leib und stürzte zu den Rettungsbooten. Die Leute der »Garda« telefonierten.

»Shadow V« war verschwunden. Weder der Bootsrumpf noch die Kabine trieben im Meer. Von seewärts lief das Urlauber-Dingi durch zersplitterte Planken und nahm Kurs auf den Hafen. Zum Zeitpunkt der Zündung war es dem Kutter am nächsten gewesen. Jetzt suchte die Mannschaft den Unglücksort ab und transportierte die Funde zum Kai. Peter watete im Wasser, um das Dingi anzulanden. Es lief schwer beladen auf Sand. Aus dem Pier Head brachte Ms McHugh Laken und Handtücher. Michael hatte seinen Taucheranzug angelegt. Er hievte die Körper auf ein Holzbrett. Ein Firnis aus Öl und schmierigem Blut bedeckte die Leichen. Mr. Maxwell kniete an der Mauer. Er schlug mit der Faust auf die Steine.

Als die Meldung vom Anschlag über die Ticker lief, saß Frank McDonald im Nachrichtenraum. Es war 13 Uhr und Zeit für den Lunch. Aber statt im Zentrum von Dublin einen Snack einzunehmen, hörte er Radio. Im Großraumbüro der »Irish Times« hatte sich die gesamte Redaktion versammelt und schien wie erstarrt. Dass Mountbatten zu den Toten gehörte war nicht ohne politische Logik. Aber warum hatten sie die Kinder getötet, Nicky Brabourne und Paul Maxwell, warum den Rest der Familie grausam verstümmelt? Kamen die Täter aus dem örtlichen Umfeld? Wer gab den Tipp, setzte den Tag fest und besorgte die Deckung?

Sich vor Ort umzusehen war Sache von Frank. Der Redaktionsschluss drängte. Gegen zwei warf er seine Klapperkiste an und kalkulierte vier Stunden bis zur Gegend um Sligo. Die Straßen waren schlecht. Er hing hinter zahllosen Heuwagen, die im späten August die Wege verstopften, und hörte Nachrichten. Wie zu erwarten, folgte dem Anschlag ein Täterbekenntnis. Sie brachten es zwischen Knock und der Küste. Was jeder längst annahm und für Frank schon am Mittag keiner Frage bedurfte, wurde nun offiziell: Die IRA hatte zugeschlagen. Der Wortlaut des Schreibens nannte Details. Von einer 50-Pfund-Bombe war die Rede, die sie ferngezündet hätten. Also war ihr Kommando im Hafen gewesen, um im Barlicht des Beach und vor dem nächtlichen Pier Head den Sprengstoff auf dem Kutter Mountbattens zu legen. Vielleicht hatten sie später ihre Helfer getroffen oder verbrachten die Zeit bis zum Sonnenaufgang an einem der Strände. Jedenfalls waren sie am Morgen auf die Klippen gestiegen und hatten per Fernglas Paul Maxwell gesehen, Nicky und Timothy, den Rest der Besatzung.

Was im Anschluss geschah, nannte das Schreiben eine »Exekution«. Die militärische Wortwahl wollte einschüchternd wirken und gab dem Bombenmassaker einen Anstrich von Recht, das zwar hart, aber ordnend vollzogen sein wollte. Für die Unterdrückung durch England wurde Strafe verlangt. »Wir werden die imperialistischen Herzen der Schuldigen in Stücke reißen«, verlas der Nachrichtensprecher.

Frank McDonald schaltete das Radio aus. Er glaubte an eine Ungeheuerlichkeit, die ihresgleichen suchte, aber hätte es nicht für möglich gehalten, dass die IRA an diesem Montag eine zweite Tat plante – und dass die Vorbereitungen in vollem Gange waren.

## Blown to bits

Der Heuwagen parkte ein.

Die Haltebucht lag in Fahrtrichtung Newry und stieß an das Ufer, das zur Grenze abfiel. Sie verlief in der Mitte des schmutzigen Flusses, um nach einhundert Metern das republikanische Irland vom Norden zu trennen. Der Industriebezirk Newry mit Straße und Lay-By gehörte zu Belfast, dem englischen Teil, die ländliche Böschung auf der anderen Seite zu Dublin. Es genügte ein Zuruf, um sich zwischen den Ufern der verfeindeten Mächte bemerkbar zu machen, und wo auch immer man die Angel ins Flusswasser hielt, trieben Köder wie Haken nach drüben.

Warum die Parkbucht zum Stop an der Straße einlud, erklärte der Hinweis in der Nähe des Wassers. Dort erhob sich ein Turm mit Zinnen und Umgang. Das Steinfundament stand laut Schild in Verdacht, rein keltisch zu sein, vielleicht auch normannisch, und erbrachte auch hier den Ahnenbeweis, der dem englischen Adel den Besitz streitig macht, indem dargelegt wird, dass viel ältere Rechte das Grundbuch belasten.

Direkt neben dem Turm und nur durch die Straße getrennt befand sich der Eingang zu einem größeren Landsitz. Um das Grundstück zu betreten, musste man ein Gartenhaus passieren, wohl die frühere Lodge, die verwaist war und leer stand, doch die Auffahrt zum Manour noch immer begrenzte. Wegen der augenscheinlichen Enge hieß die Flussstelle Narrow Water und sowohl Turm wie auch Landsitz gehörten dazu.

Die Zugmaschine wurde abgekoppelt, der Wagen mit den Heuballen der Straße überlassen.

Wegen der Freizeit am Bank Holiday und des herrlichen Wetters herrschte reger Verkehr. Zwar hatte die Nachricht vom Bombenanschlag auch Newry erreicht, war aber kaum in der Lage, die Stimmung zu trüben. Ganz im Gegenteil. Im Industriebezirk Newry rekrutierten die Kämpfer für ein einiges Irland ihre besseren Kader. Der Ort war mit Parolen übersät, an den Ausfahrtsstraßen grüßte die Warnung, die – wie bei O'Toole – den bewaffneten Kampf gegen England anpries: »Achtung, Heckenschützen!«. Aber während die Kneipe O'Tooles im Hinterland lag und sich polizeilicher Duldung durch Dublin erfreute, stießen in Newry die Fronten zusammen. Über den Slums wehten republikanische Fahnen. Die staatliche Macht, die Belfast gehorchte, verbarg sich in Häusern aus Eisenbeton und schusssicherem Glas oder rückte gepanzert in die Wohnviertel vor. Hier, keine Tagesreise östlich von Sligo, verlangte die Drohung mit dem plötzlichen Tod, der im Hinterhalt lauert, Opfer um Opfer. Die Zahl stieg auf 40. Der Mord war alltäglich, er war ein Umstand des Krieges, den O'Toole für unvermeidbar, ja notwendig hielt, um die irische Heimat und die irischen Menschen auf historischer Erde zusammenzuführen. Diesem Ziel galt der Anschlag gegen Louis Mountbatten; dieses Ziel war der Maßstab, an dem auch kommende Opfer zu messen sein würden.

Als der britische Militärkonvoi sich den Heuballen näherte, deren friedlicher Anblick nach Ernte aussah, war es 16 Uhr 40. Auf der gegenüberliegenden Flussseite, hinter Böschung und Farn, aktivierten zwei Männer ein Radiosignal. Entfernung und Sicht waren ideal, Peilpunkte die keltischen Zinnen.

Die Bombe zerriss ihr Trägergefährt. Das täuschende Heu flog über die Straße, bedeckte das Dach der früheren Lodge, ja selbst den keltischen Turmhof. Auf beiden Seiten der Fahrbahn lag Reisegepäck. Aus durchlöcherten Koffern hingen Fetzen der Kleidung, die zur Mannschaft des Trupps auf den Wagen gehörte. Die Steuersäule eines Landrover steckte im Mittelstreifen, der Motor fehlte. Zwei Viertonner brannten. Unter lodernden Planen saßen tote Soldaten.

Keven Burns zählte fünf an den Wagengestellen, zwei weitere an der Mauer zum Landsitz. Er hatte als Inspektor in Newry zu tun und erreichte den Ort kurz vor fünf. Burns stand nicht weit von den Feuerwehrmännern, die die Brandherde löschten. Er sah den Hubschrauber kommen, der Verstärkung mitbrachte und Sanitäter ablud, um Verletzte zu bergen. Die Überlebenden hatten Deckung gesucht und an der äußeren Mauer der früheren Lodge die Gewehre im Anschlag.

Der Hubschrauber setzte gerade auf, als die zweite Bombe explodierte. Burns wurde zu Boden geschleudert und verlor das Bewusstsein. Dann hörte er das Prasseln von Steinen, die auf den Asphalt aufschlugen und vom Explosionszentrum stammten. Er merkte, dass er unverletzt war. Burns blickte sich um und suchte die Lodge an der Auffahrt zum Landsitz. Die Lodge war verschwunden. Sie hatten die Bombe in der Lodge deponiert. Auch der britische Trupp, der dort Schutz finden wollte, existierte nicht mehr. Seit der Sprengung des Heus um 16 Uhr 40 waren 18 Soldaten ums Leben gekommen.

Burns wühlte sich aus dem Schutt. Eric Anderson kam ihm entgegen, Superintendant und Mann für das Grobe. Der Staub färbte ihn weiß, seine Schussweste war blutbefleckt. Sie stolperten über abgesprengte Eisenstücke und menschliche Körperteile, um zum Explosionsort vorzudringen. Dort, wo zuvor das Gartenhaus stand, hatte die Bombe einen Krater gerissen. Anderson schätzte die Sprengkraft. Nach Ausmaß und Tiefe des riesigen Trichters war sie doppelt so groß wie bei der Bombe im Boot. Burns blickte auf seine Uhr. Der Zeiger rückte auf sechs vor.

In Newry schlossen die Geschäfte. Sie schlossen früher als sonst. Die Nachricht vom Chaos, das keine fünf Meilen vom Stadtzentrum herrschte und nur durch Kader der Gegend geplant werden konnte, löste einen Freudentaumel aus. Die Provos der IRA[1] hatten zurückgeschlagen. Sie rächten den Terror der britischen Truppen, die den Aufstand für Irland mit Gewalt unterdrückten. Sie rächten das Leiden der verhafteten Kämpfer, die hinter englischen Gittern hohe Strafen absaßen. Ihnen zur Ehre und den Köpfen des Anschlags bei Narrow Water zum Ruhm wollte man feiern.

Durch die örtlichen Pubs ging eine Tagesparole: *»Es ist ein Siegestag für unser Volk, für unsere Nation.«* In den Kneipen am Kanal, der Newry mit Narrow Water verbindet und das schmutzige Wasser aus der Carlingford Lough ins Stadtzentrum schwemmt, wurde ein Freudenlied gesungen:

*»Eighteen Brits*
*Blown to bits*
*Down by Narrow Water«*[2]

## Tote en gros

Frank McDonald war müde. Seit seiner Ankunft am Ort des Geschehens trat er auf der Stelle. Er hatte die Zeugen am Hafen befragt und über den Ablauf Klarheit gewonnen. Aber sobald er versuchte tiefer zu bohren, stieß er auf Widerstand. Mullaghmore schwieg. Man hielt einen ökumenischen Gottesdienst ab, um durch gemeinsame Trauer ein Zeichen zu setzen, aber man schwieg. Lomax wusste von nichts, Parley hatte keine Ahnung und auch alle anderen vermochten zum Hass, der das englische Schloss seit jeher umgab, nichts Genaues zu sagen. Es herrschte fromme Bestürzung, die das Umfeld der Täter der Einsicht entzog.

Frank setzte sich, um zu Abend zu essen.

Es war kurz nach acht und das Beach Hotel brechend voll. Frank erkannte einige Pressekollegen; ansonsten sah er nur Dorfbewohner. Entweder sie schienen aus Neugier gekommen und tauschten sich aus oder meinten tatsächlich, der Volksmusikabend, der vor mehreren Wochen geplant worden war, würde doch noch stattfinden.

Jemand erklomm einen Stuhl. Die Rede begann zögerlich und wurde durch mehrere Biere befördert. Es war der Volksmusiksänger. »*Zwar ist es tragisch*«, begann er, »*was heute morgen in Mullaghmore passiert ist, aber die irische Ge-*

*schichte ist voll von Tragödien.«* Frank McDonald glaubte seinen Ohren nicht zu trauen. Der Mann hatte vor, den blutigen Montag historisch zu werten und den Mord an Mountbatten, an Paul Maxwell und Nicky auf die Waage des irischen Leidens zu legen, das sein Freiheitsverlangen seit achthundert Jahren mit Toten bezahlte.

Der Saal schwieg. Der Redner schien es als Beifall zu deuten.

Sein Exkurs in die irischen Kampfeslegenden beschrieb einen Bogen: Von der Zeit der Normannen bis zur britischen Herrschaft war die Insel mit ständiger Abwehr beschäftigt und ließ das wertvolle Blut ihrer tapferen Stämme. Soweit Frank verstand, war der frühere Blutzoll als Haben zu buchen, das Blut von Mountbatten als Soll. Die leicht lallende Stimme des Volksmusiksängers wurde lauter. In der Todesbilanz, die der Rede den Sinn gab, stand der Abgleich konkurrierender Werte bevor. »*In all diesen Jahren ist es vor allem unser Blut gewesen, das vergossen wurde, nicht ihr Blut*«, sagte er.

Der Saal schwieg. Der Redner stieg vom Stuhl. Von Bundoran schien Gesang aus der Kneipe zu kommen. Es war kurz nach zehn.

Frank stand auf, um mit Dublin zu telefonieren.

Der Bericht, den er der »Irish Times« durchgegeben hatte, stand auf der Frontseite der Dienstagsausgabe. Die Anzahl der Toten musste korrigiert werden. Der Newsdesk teilte mit, dass Lady Patricias Schwiegermutter, die sechste Person auf dem zerrissenen Boot, trotz sofortiger Hilfe im Sterben lag.

Frank zählte nach. In Mullaghmore waren vier, in Narrow Water achtzehn Personen ums Leben gekommen. Wer den Tod dieser Menschen en gros kalkulierte und auch über Leichen von Schulkindern ging, hatte viel zu gewinnen.

Die Bastler, die die Bombe im Bootskasten legten, würde man kriegen. Sie waren Verlierer, nicht die Planer des Krieges, der auch auf der Seite des bewaffneten Terrors Soldaten auffraß. Ob die wirklichen Täter je auftauchen würden, schien fraglich.

Frank stand am Kai und sah auf die Felsen. Am Ufer fischten Schatten im Meer. Sie sammelten Holz. Frank wandte sich ab und lief rüber zum Beach. Als er zu Bett ging, war es um Mitternacht.

## Verrat und Verräter

*»Sie haben reserviert?«* Die freundliche Dame in der riesigen Halle des Luxus-Hotels lächelte herb und gab unsere Namen in den Hausrechner ein. Die Dimensionen des Baus erreichten die Maße, die von Hongkong bis London zum Standard gehören, doch die innere Verkleidung der Allerweltskonstruktion war nicht zu verwechseln.

Getäfelte Wände, die nach Eiche aussahen, wollten bäuerlich wirken und verströmten den Charme einer besseren Scheune. Aus der stattlichen Höhe, in der baumdicke Balken ein Holzdach vortäuschten, hingen Leuchter aus Eisen. Wie in Ausstattungswestern schwangen die Türen. Wo immer sich Glas für Durchsichten fand, war es milchig gemustert und mit Schnörkeln versehen. An den Fenstern der Halle wallte mächtiger Stoff, der brokatähnlich wirkte. Aus der Bar klang es gälisch. Eine prächtige Wanduhr zeigte römischen Ziffern. In einer Nische lag Stroh auf Felsen drapiert. Im Wirrwarr der Stile überboten die Farben der Sesselbezüge alle anderen Töne. Bordeauxroter Samt, schwarzroter Samt und hellroter Samt ließen jeden verstehen, dass hier edler Geschmack sowie das Erbe der Väter die Maßstäbe setzten.

Das Hotel am Kanal, im Zentrum von Newry, hatte Eamon Collins empfohlen, wohl nicht ohne Grund. In den knapp zwanzig Jahren seit dem blutigen Montag war das Elend der Stadt an die Ränder gezogen und machte Platz für viel Geld. Wie Collins erzählte, kam es von Clans im republikanischen Süden, die ihre Millionenprofite aus EU-Subventionen in Immobilien anlegen. Die Herkunft der Mittel erklärte den Protz, der auch in Gängen und Zimmern der Luxus-Herberge herausfordernd wirkte.

Nur ein einziges Mal betrat Collins die Halle. Er fürchtete, erkannt zu werden.

Collins kam aus dem Slum, der sich Barcroft Park nennt, und galt als Verräter. Er hatte den Provos den Rücken gekehrt und nach Jahren der Haft wegen mehrfacher Morde sein Schweigen gebrochen. Seitdem er bemerkte, dass in dem keltischen Kitsch des Luxus-Hotels Leute verkehrten, die dem innersten Zirkel des Terrors entstammen, hielt er sich fern.

*»Ich kenn' sie von damals. Ich kenne die Typen. Sie kreuzen im Schlepptau der Viehhändler auf, vermögend gewordener Subventionsspezialisten. Sie verkehren bei den ersten Adressen der Stadt. Sie sind die Crème de la Crème, Einsatzgruppe »South Armagh« der IRA. Wenn ihr mehr wissen wollt über den Montag, über die Planer, besorgt euch Klamotten aus den besten Geschäften und trefft diese Bande in ihren feinen Cafés.«*

Nach Collins Entscheidung, mit den Provos zu brechen, brannte sein Wagen. Sie zündeten ihn in Barcroft Park an, mitten im Slum. Trotz hunderter Zeugen rief niemand um Hilfe. Kurz darauf überquerte Collins die Straße und wurde von einem Auto erfasst, das ihn an die nächste Wand quetschen wollte. Collins überlebte mit schweren Verletzungen, der Fahrer floh.

*»Sie töten und morden, ohne mit der Wimper zu zucken, unterschiedslos. Jeder, dem man Sympathien für England nachsagt, gilt bei ihnen als Volksfeind. Erst stößt man ihn aus, dann*

*wird er vertrieben … und manchmal erschossen.«* Collins lachte sarkastisch. *»Angeblich wollten sie das Volk befreien, die Nation. Was davon übrig blieb, ist nationalistischer Wahn.«*

Bereits im Gefängnis hatte Collins begonnen, die Geschichte der IRA zu erforschen. Er war auf frühe Rebellen, meist Lehrer, gestoßen, die den bewaffneten Kampf als Blutsopfer priesen. Sie erfanden den Kult um die gälische Sprache, die aus den Tiefen des irischen Altertums ruft, doch in Wirklichkeit eine Neuschöpfung ist.

*»In den zwanziger Jahren«*, sagte Collins, *»war das irische ›Volkstum‹ schon so weit entwickelt, dass es sich mit Mussolini zusammentat. Kämpfer wie Canon Hayes bewunderten ihn, ja riefen die Iren zur Nachahmung auf, natürlich auf gälisch: »Muintir Na Tire« … Von da führt ein logischer Weg nach Berlin – an die Seite der Nazis.«*

Collins spielte auf IRA-Kader an, die bei Ausbruch des Krieges mit dem »Reich« konspirierten. Unterstützt von der »Abwehr«, Abteilung Sabotage und Terror, wurden in London Bomben gelegt. Gälische Radiosendungen, made in Berlin, riefen die Iren zum Befreiungskampf auf. Zu den irischen Küsten liefen U-Boote aus, um Sprengstoff und Waffen gegen England zu liefern.

*»Ihr Wahlspruch lautete: ›Was England schadet, ist für Irland von Nutzen‹. Hieß es bei den Deutschen: ›Blut und Eisen‹, so hieß es bei den Iren: ›Für Blut und Boden‹. In beiden Weltkriegen hat die IRA mit Deutschland paktiert … Das sind ihre Traditionen, die den Terror erklären, das sind die Quellen ihres nationalistischen Wahns … Wenn ihr sie fragt, werden sie lachen. Sie erwecken den Eindruck, Sozialisten zu sein. Sie sind geschickte Betrüger … Sie lassen die Kleinen die Drecksarbeit machen so wie damals am Hafen und am keltischen Turm. Seht sie euch an, in ihren Anwaltbüros, in ihren Immobiliengeschäften.«*

Collins hatte uns Namen genannt und Adressen gegeben. Die Kontakte fanden am Telefon statt, aber führten nicht weiter. Wir landeten bei freundlichen Vorzimmerdamen, die Termine notierten und Treffs arrangierten, meist in Pubs und Cafés, aber niemand erschien. Jedenfalls sahen wir keinen, der uns ansprechen wollte. Wir hätten sehr gerne nach Thomas gefragt, den verurteilten Mörder, der die Bombe im Boot von Mountbatten anbrachte. Der Mann saß in Haft, aber wer gab das Geld, das sein Anhang bezog und wer würde zahlen, wenn Thomas das Zuchthaus in Belfast verließ?

Ein Abgleich der Namen aus den Anwaltskanzleien mit bekannteren Namen des politischen Lebens zeigte die Spur. Sie endete in den Planungszentralen des nationalistischen Irland, wo kompetente Berater Gerry Adams umgeben und »Sinn Feín« unterstützen, den politischen Arm der IRA. Collins meinte, dass Adams der Mann war, der bei der Untergrundarbeit der achtziger Jahre den jüngeren Kadern Instruktionen erteilte und mehr Härte verlangte. Das war in der Zeit nach dem blutigen Montag. Inzwischen glich Adams einem besseren Broker und trug feines Garn.

Auch mit Adams gelang kein Pressegespräch. Er verhandelte gerade mit Ministern aus London, um später das Flugzeug nach Spanien zu nehmen. Sein Ziel war »Euzkadi«, der baskische Norden, wo das irische Drama aus Sprache und Blut seine Fortsetzung fand. Adams schien dort als Souffleur aufzutreten.

»*Eine nationalistische Dublette*«, lachte Collins. »*Das Kleinbürgertum will an die Geldpresse ran. Sie wittern die Chance auf einen eigenen Staat. Sie sind im Begriff, Minister zu werden. Was wollen sie mehr?! Dafür haben Thomas und ich und all die anderen Kader unseren Kopf hingehalten?*« Collins wurde wütend. »*Dafür?*« Er spuckte aus.

Sein Name war in Newry an den Wänden zu lesen. Es geschah über Nacht. Sie hatten die Buchstaben mit Kreuzen durchstrichen und dahinter das Wort »Verräter« gemalt. Besuche in Barcroft Park glichen Spießrutenlaufen. Jede Bewegung wurde registriert.

Collins wollte dort weg. Er war im Begriff, ein kleines Häuschen zu bauen, und zeigte uns stolz die Zimmer der Kinder. Es waren vier, die im Slum ohne Zukunft sein würden. Die Mauern hatte er selbst hochgezogen und danach sahen sie aus. *»Vielleicht bringt man mich um«*, sagte er, *»aber darauf zu warten ist Nonsense. Soll ich deswegen abhauen?«* Er blickte auf die Bucht von Carlingford und von dort auf den Rohbau. *»Aber selbst wenn sie's tun. Ich möchte den Kindern mehr hinterlassen als Erinnerung an Dreck. Ich möchte was aufbauen, das wertvoller ist als der Terror von damals.«*

Wir vereinbarten, auch nach unserer Reise in Verbindung zu bleiben und fuhren an die Westküste.

Rodney Lomax bekam einen Wutanfall. Er schien betrunken und brüllte uns unbeherrscht an. Über die Morde von damals wisse er gar nichts, auch sei es nicht wahr, dass die technische Arbeit an dem Kutter Mountbattens seiner Werft unterstand. Und selbst wenn dem so wäre – er sei am Montag, dem Mordtag, nicht im Hafen gewesen, auch nicht am Sonntag, sondern in Urlaub, jedenfalls auswärts und daher nicht fähig, nach all diesen Jahren Auskunft zu geben. Wir sollten verschwinden.

Mullaghmore schwieg. Es schwieg mit wechselnden Stimmen und bewahrte sein Wissen.

Michael Connolly bat um Verständnis, dass die wenige Zeit, die die Ärzte ihm gaben, keine Fragen vertrug. Er stand an der Lodge und atmete schwer; er war praktisch erblindet. Mit dem neuen Besitzer von Classiebawn Castle lag er im Streit. Beide wollten die Lodge: Michael, der ein früheres Versprechen Mountbattens anrief, Tough Parley unter Vorweis des Grundbuchs.

Mr. Parley stand klein, ja fast unscheinbar wirkend auf dem Vorplatz des Schlosses, ein bescheidener Mann, dem ein strebsames Leben zwar viel Geld hinterließ, aber wenig Gesundheit. Er tat, was er konnte, um uns weiterzuhelfen, wobei seine Umsicht vor allem dem Zweck galt, den geringsten Verdacht politischer Nähe zum Provo-Milieu sofort zu zerstreuen.

Gewiss, er sei katholisch erzogen und aus tiefstem Herz gläubig, auch ein wirklicher Ire und daher im Kern national eingestellt, doch sollte das reichen, ihn mit Bomben und Terror in Verbindung zu bringen?! Wäre er fähig, bei einem Mord mitzuhelfen, der das irische Blut von Paul Maxwell vergoss, um Mountbatten zu treffen, Mountbatten, der nicht wahrhaben wollte, dass man irischerseits durchaus Grund haben kann, dem englischen Adel mit Distanz zu begegnen?! War es denn nötig, dass der ältliche Herr den August jenes Jahres in Irland verbrachte, trotz aller Warnungen, trotz der starken Gefühle, die den irischen Stolz von allem Britischen trennen? Warum musste geschehen, was bei Lage der Dinge voraussehbar war, wenn auch von ihm, Mr. Parley, weder erwünscht noch angestrebt wurde?!

Tough Parley blickte auf die See, die sich hinter den Fenstern des Schlosssaals auftat. Seine Stimme war brüchig und leise. »*Ich bedauere es sehr, nicht helfen zu können.*« Er machte eine Kunstpause. »*Sie sollten versuchen, mit republikanischen Kreisen Kontakt aufzunehmen. Haben Sie Francis O'Toole und Mc Lawn schon getroffen?*«

Wir waren erstaunt. »Sie kennen sich?« fragten wir zurück.

Mr. Parley wirkte noch sanfter als sonst. »*Nicht wirklich*«, antwortete er. »*Man sieht sich mal hier und mal da. Oder hört voneinander. Pete McLawns neues Buch soll hervorragend sein.*«

Wir nickten. Es gehörte zur Serie seiner Volkstums-Recherchen. »*Wir treffen ihn noch.*«

*»Dann grüßen Sie bitte.«* Mr. Parley lächelte freundlich. *»Für Ihre Arbeit drück' ich die Daumen. Viel Erfolg bei der Suche! Und halten Sie mich auf dem laufenden, bitte.«* Tough Parley erhob sich. Er hatte ein köstliches Dinner bestellt und bat nun zu Tisch wie vor ihm Mountbatten. Umrauscht von der See, war die Tafel gedeckt. Man ahnte die Bucht, in der das Boot explodiert war.

Pete empfing uns im Sessel an dem großen Kamin, der sein Wohnzimmer schmückte. Classiebawn Castle lag vor der Veranda.

*»Nun, historische Tatsache ist, dass die Menschen der Gegend ihre Freiheit sehr schätzen und erbitterte Feinde von Fremdherrschaft sind – seit der Eroberung durch die Normannen und Engländer. Auch in Mullaghmore.«*

Pete war gesprächig.

*»Dieser Freiheitskampf wogte durch endlose Zeiten, um vor gut 80 Jahren an Kraft zu gewinnen, ein Höhepunkt also. Damals kamen die Kämpfer auf einer Weide zusammen. Hier, von wo man aufs Meer blickt.«* Er zeigte nach draußen. *»Und auch auf das Schloss.«* Pete lächelte. *»In den Legesteinmauern waren Verstecke. Dort lagen Waffen. Sie holten sie nachts und schossen damit, Bauern, die der IRA angehörten. Einer von ihnen war mein verstorbener Vater.«* Petes Ausdruck gewann an Stolz. *»Nur ein paar hundert Meter vom Schlossplatz entfernt säten die Männer die Saat der Vernichtung. Die Herren da oben, in Classiebawn Castle, wussten von nichts. Solange es hell war, sahen sie Bauern, die ihre Mützen abzogen und ehrfurchtsvoll grüßten. Nur Ben Bulben war Zeuge, wenn ihr Training begann, nachts, in den Wiesen und Tälern.«*

Pete zeigte aufs Meer. *»Manchmal schossen sie auf die Fischkutter dort, englische Kutter.«* Er federte aus dem Sessel und lachte. *»Mein Vater, so sagt man, war ein blendender Schütze.«*

Pete stand neben dem Kamin und langte hinter die Haube. *»Vielleicht denken Sie jetzt, das sind alte Geschichten, Heimatgeschichten, die interessieren Sie nicht. Okay, Sie sind hier, um die Sache im Hafen zu klären, ich langweile Sie.«* Er erwartete nicht, dass wir ihm widersprechen, und redete weiter.

*»Was Mountbatten angeht, so würde ich sagen, es war unausweichlich.«*

Pete drehte sich um. Seine Hände umfassten zersplittertes Holz, das er hinter der Haube hervorgeholt hatte. Die Bootsplanken waren immer noch grün. Er wog seinen Schatz.

*»Sie haben richtig gesehen.«* Die Stimme klang klar und entschlossen. *»Es sind die Planken des Boots von Mountbatten.«*

## Gälische Laute

Eamon Collins war gefasst, jedenfalls ließ er sich nichts anmerken. Ja, es würde ihm gut gehen, nur seine Pläne, den Umzug betreffend, wären geändert. Er müsste noch weiter in Barcroft Park wohnen, weil der Neubau, der inzwischen längst fertig sein sollte, überraschenderweise nicht bewohnt werden konnte.

Sie hatten das Haus in der Nacht angezündet, wenige Stunden nachdem die Wohnung im Slum bereits leergeräumt war und die Kinder vor Freude kaum einschlafen konnten. Der Möbelwagen musste abbestellt werden. *»Sie quälen dich«*, sagte er am Telefon, *»es ist das Programm von Faschisten.«*

Obwohl wir ihm rieten, das Land zu verlassen, gab Collins nicht auf.

Er kratzte Ruß von den Steinen und hoffte auf Geld der Versicherungsgesellschaft. Es erreichte ihn nie.

Von seinem letzten Spaziergang, den er morgens um 5 mit dem Hund unternahm, kam das winselnde Tier alleine zurück. Sie hatten ihn anfangs bewusstlos geprügelt, dann mehrfach erstochen und den Schädel am Schluss mit dem Auto zermalmt.

Am Morgen des Todes ließ ein Nachbar von Collins die Presse notieren: »*In den Pubs dieser Stadt, insgesamt sieben, wird man heut' Abend Folgendes sagen, und zwar unterschiedslos: Collins ist abgetreten. Kein Verlust festzustellen.*«

Wir hatten es eilig, die Fähre zu kriegen, die zwischen Dublin und der Westküste Englands verkehrt. Ein Touristenprospekt beschrieb den irischen Sommer. Aus der Bootsbar klangen gälische Laute. Es war irgendein Montag, ein herrlicher Tag – keine Wolke am Himmel, ein tiefblaues Meer und das Grün auf den Felsen der keltischen Insel leuchtete hell.

## Anmerkungen

1 Anhänger der Provisional Irish Republican Army

2 »Achtzehn Briten/In Stücke gerissen/Am Fluß von Narrow Water«

# Mord im Kolonialstil

## Patrice Lumumba, eine afrikanische Tragödie

Von Thomas Giefer

*»Im Interesse der Freien Welt haben wir beschlossen, dass die Beseitigung Lumumbas das vorrangige Ziel unserer verdeckten Aktion ist.«*
John Foster Dulles, CIA-Direktor

17. Januar 1961, es ist kurz vor Mitternacht. Ein Autokonvoi bewegt sich mit ungewöhnlicher Geschwindigkeit von der Hauptstadt der abtrünnigen Kongorepublik Katanga, Elisabethville, in nordöstlicher Richtung. Dem Polizeijeep an der Spitze folgen drei große amerikanische Limousinen, in denen der selbsternannte Präsident Katangas, Tschombé, und einige seiner Minister sitzen. Danach ein Militärkombi, auf dessen Pritschen man die drei Gefangenen gefesselt hat – blutig geschlagen, in zerfetzter Kleidung, der Bewusstlosigkeit nahe von den Misshandlungen, die sie den ganzen Tag über erlitten haben. An der Abzweigung nach Mwadingusha, etwa 50 Kilometer von der Hauptstadt entfernt, biegt die Kolonne nach rechts in den Feldweg ab und stoppt nach etwa 100 Metern. Auf einer kleinen Lichtung führt man die drei Männer im Licht der Autoscheinwerfer an einen Baum. Vier belgische Offiziere teilen die schwarzen Soldaten in mehrere Hinrichtungskommandos auf und geben

Feuerbefehl. Vor den Augen Tschombés und seiner ziemlich betrunkenen Ministerriege werden nacheinander Mpolo, kongolesischer Sportminister, Okito, stellvertretender Parlamentspräsident, und Patrice Lumumba, der gewählte Ministerpräsident des Kongo von den Salven der Maschinenpistolen förmlich durchsiebt. »*Noch heute ist das zu sehen*«, spottet ein belgischer Kolonialbeamter, »*jemand, der dorthin geht, könnte immer noch 10 Kilo Blei in diesem Baum finden. Als wir die Leichen bewegten, fielen Kugeln heraus. Man hatte viel zu häufig geschossen. So töten halt Neger. Die sind so.*« Während die Regierung von Katanga schon wieder in ihre Dienstwagen steigt, sind die belgischen Militärs mit ihren schwarzen Untergebenen noch damit beschäftigt, den Ort des Massakers aufzuräumen. Die Leichen werden in ein vorbereitetes Loch geworfen, oberflächlich mit Erde bedeckt. Noch gibt man sich keine große Mühe, den Mord zu vertuschen, die Toten sollen hier ohnehin nicht bleiben.

Als Gerard Soete, ein belgischer Polizist im Dienst des Innenministers von Katanga, am nächsten Tag an den Tatort zurückkehrt, hat er den Auftrag, die kompromittierenden Leichen restlos verschwinden zu lassen. Spuren sind unerwünscht.

»*Aus der Erde ragte noch eine Hand hervor*«, erinnert Soete sich. »*Einer der Toten. Er sagte immer: Hier! – und war doch schon tot. Das ist makaber, nicht wahr?*«

Die Geschichte, die uns der freundliche Herr Soete erzählt, ist mehr als makaber – ein Alptraum, ein Ausflug in die Abgründe der menschlichen Seele. Und als wäre es nicht genug, legt er vor uns ›Beweise‹ auf den Tisch, Trophäen seines dunkelsten Dienstgeschäfts, das ihn ein Leben lang nicht mehr losgelassen hat. Nicht einmal ein Tier könne so etwas tun, meint der pensionierte Polizist. »*Nein, das ist keine Arbeit für ein menschliches Wesen. Aber es ist getan, getan, getan.*

*Das ist vorbei – man versucht, es zu erklären, das ist alles, was man noch tun kann.«*

Erklären und aufklären. Warum war es so schwierig, die Wahrheit über den Mord an Patrice Lumumba herauszufinden? Warum hat es 30 Jahre gebraucht, wenigstens die äußeren Umstände einigermaßen zuverlässig zu rekonstruieren? Und weitere 10 Jahre, auch noch die Hintergründe zu beleuchten? Warum muss erst im Jahr 2000, fast 40 Jahre nach der Tat, ein Untersuchungsausschuss des belgischen Parlaments eingesetzt werden, um die Verantwortlichen zu ermitteln? Mit dem ehrenwerten Ziel, sich – gegebenenfalls – bei den Angehörigen der Opfer zu entschuldigen? Warum wurde kein einziger der Beteiligten jemals angeklagt, geschweige denn verurteilt oder gar bestraft? Warum erlaubt uns die kongolesische Regierung auch heute nicht, den Ort der »Hinrichtung« aufzusuchen und mit der Kamera zu dokumentieren?

## Kongo 1960

30. Juni 1960. Das Palais de la Nation in der Hauptstadt Léopoldville, dem späteren Kinshasa, ist bis zum letzten Platz gefüllt mit Journalisten aus aller Welt, ausländischen Staatsgästen und natürlich allem, was Rang und Namen hat in der Kolonie Belgisch-Kongo. In einem feierlichen Staatsakt wird das Land in die Unabhängigkeit entlassen. In alten Wochenschauaufnahmen sieht man den belgischen König Baudouin und den designierten Präsidenten des Kongo, Kasavubu, mit gemessenem Schritt in den Saal einziehen – wie das Brautpaar einer Fürstenhochzeit, von den Gästen mit stehendem Applaus empfangen. Ihre Reden – ein verlogenes Ritual, das für solche Gelegenheiten vorgesehen ist: Baudouin preist das

Genie seines Großonkels Leopold, der die Kolonie in Besitz nahm, stellt die Unabhängigkeit als ein Geschenk dar, dessen sich die Eingeborenen würdig erweisen mögen. Vor allem mahnt er seine (Noch-)Untertanen, sich nicht in unüberlegte Reformen zu stürzen und dem Rat ihrer belgischen Freunde auch in Zukunft zu vertrauen. Kasavubu bedankt sich artig und bittet Gott, die neuen Führer des Landes mit seiner Weisheit zu segnen. Doch dann tritt einer ans Mikrofon, der als Redner in dieser erhabenen Feierstunde gar nicht vorgesehen war: Patrice Lumumba, als Führer der stärksten Partei im neugewählten Parlament kommender Regierungschef des Kongo. Der hochgewachsene, schlaksige 35-jährige, populärster und zugleich umstrittenster Politiker des Kongo, kümmert sich nicht um das Protokoll. Statt sich an die Majestäten und Exzellenzen zu wenden, grüßt er die »*heute siegreichen Mitkämpfer für die Unabhängigkeit*« und zeichnet von der Kolonisation, »*jener Schande des 20. Jahrhunderts*«, ein ganz anderes Bild: »*Wir haben Hohn, Beleidigungen und Schläge ertragen müssen, morgens, mittags und abends, nur weil wir Neger waren. Wer wird vergessen, dass ein Schwarzer mit ›Du‹ angeredet wurde? Sicherlich nicht als Zeichen der Freundschaft, sondern weil das ehrenwerte ›Sie‹ den Weißen vorbehalten war! Wer wird die Erschießungen vergessen, denen so viele unserer Brüder zum Opfer fielen, die Verliese, in die jene geworfen wurden, die sich dem Regime von Ungerechtigkeit, Unterdrückung und Ausbeutung nicht mehr unterwerfen wollten?*«

Als Lumumba an seinen Platz zurückgeht, wird er von den Afrikanern im Saal mit Ovationen gefeiert, für Hunderttausende, die die Zeremonie im Radio verfolgen, hat er buchstäblich im letzten Augenblick, in diesen letzten Minuten der Kolonialherrschaft, den Stolz und die Würde der Menschen wiederhergestellt. Doch der belgische Monarch ist außer sich und will auf der Stelle abreisen, nur mit Mühe kann ihn sein Premierminister dazu überreden, die Zeremonie zu Ende zu führen. *»Mit dieser Rede hat Lumumba sein Todesurteil unterschrieben«*, sagen manche der Gäste. 200 Tage später wird es vollstreckt.

## Tasumbu Tawosa, genannt Lumumba

Tasumbu Tawosa wird im Jahr 1925 in dem winzigen Dorf Onalua geboren. Freunde rufen den unbändigen Jugendlichen »Lumumba«, was in der Tetela-Sprache soviel wie »Aufrührerische Massen« bedeutet. Seine Familie ist eine der ärmsten des Ortes, und die Atetela sind ein unbedeutender Stamm weit im Osten des Kongo mit dem Ruf, besonders redegewandte Leute, aber auch besonders raffinierte Betrüger hervorzubringen. Der begabte Junge wird mehrfach von der Missionsschule geworfen, nicht wegen mangelnder Leistung, sondern eher wegen seines frühreifen und »antiautoritären« Verhaltens. Schließlich reißt er aus, macht sich mit ein paar Freunden auf den Weg in die Provinzhauptstadt Stanleyville. Die Passierscheine, die jeder Neger braucht, um sein Dorf zu verlassen, haben sie gefälscht, sie laufen nachts, verstecken sich tagsüber im Gebüsch. Es wird eine abenteuerliche Reise, eine regelrechte »Initiation« voller Gefahren und Prüfungen. Erst nach Wochen erreicht Lumumba die Stadt, wo er bei einem entfernten Verwandten unterkommt.

Der junge Lumumba hat bereits gelernt, um jeden Meter seines Weges zu kämpfen, nicht aufzugeben, auch wenn die Situation aussichtslos erscheint. Diese Lektion wird er in den 15 Jahren, die ihm bleiben, nicht mehr vergessen. Patrice Lumumba hat zwar keine fundierte Schulbildung, doch er ist ein ehrgeiziger und hoch begabter Autodidakt. Seine »Karriere« in der Provinzhauptstadt ist für einen dahergelaufenen Negerjungen mehr als ungewöhnlich. Als Angestellter der Post erhält er bald die besten Zeugnisse, Belobigungen werden in der Lokalpresse veröffentlicht. Er steigt auf zu einem der führenden »évolués« der Stadt, sogenannten »entwickelten« Negern, die sich tagsüber in den Vierteln der Weißen aufhalten und sogar einige ihrer Cafés und Kinos besuchen dürfen. Er schreibt Artikel in der Kolonialpresse, in denen er sich kritisch mit den Ungerechtigkeiten des Systems auseinandersetzt, ohne die belgische Herrschaft grundsätzlich in Frage zu stellen.

Der aufsässige Schüler von einst ist zum »Musterneger« geworden, Stolz der weißen Kolonisatoren, die ihn mit einer kleinen Delegation von Auserwählten auf eine Studienreise nach Belgien schicken. Doch bei seiner Rückkehr wird er verhaftet. Man hat Unregelmäßigkeiten festgestellt, Veruntreuung von Geldern an seiner Arbeitsstelle. Vor Gericht begründet Lumumba die Unterschlagung damit, dass jeder weiße Kollege auf dem gleichen Posten das Doppelte und Dreifache seines Gehalts bekommt und er sich also nur genommen hat, was ihm zusteht. Das Geld hat er für seine gesellschaftlichen Aktivitäten gebraucht, Grundlage der späteren politischen Karriere. Der Prozess macht ihn bei den Schwarzen von Stanleyville noch populärer. Als er für anderthalb Jahre ins Gefängnis geht, hat er einen Mythos begründet. Stanleyville wird zu seiner politischen Basis, der »Lumumbismus« wird in dieser Stadt selbst seinen Tod noch um Jahre überdauern.

Der erzwungene Abbruch seiner beruflichen Laufbahn bei der Post wird für Lumumba zum fulminanten Aufbruch in die Politik. In der Hauptstadt Léopoldville gründet er eine Partei, den MNC (Kongolesische Nationalbewegung), nimmt teil an der Panafrikanischen Konferenz in Accra, wo sich die Vertreter antikolonialer Befreiungsbewegungen mit den Abgesandten bereits unabhängiger afrikanischer Staaten treffen. Der unbekannte junge Delegierte aus dem Kongo erkennt plötzlich: Millionen Menschen erheben in allen Sprachen Afrikas den Ruf nach Freiheit und Menschenwürde. Zahlreiche Nachbarstaaten haben sich schon vom Kolonialismus befreit, andere sind auf dem Weg. Lumumba – bisher eher ein Gemäßigter – stellt sich nach seiner Rückkehr an die Spitze der Bewegung im Kongo. In der ersten öffentlichen Veranstaltung seiner Partei berichtet er vor 10 000 Zuhörern über den Sturm, der bereits über ganz Afrika braust. Seine Rede- und Überredungskunst bringt ihn jetzt auch beruflich weiter: Als Chefverkäufer der neuen Biermarke »Primus« verdient er das Geld für seine gesellschaftlichen und politischen Aktivitäten und wird zu einer bekannten Figur in der Hauptstadt der Kolonie.

Bald zieht er aus seinem kleinen Häuschen in der Cité, der Eingeborenenstadt, in eine Villa am »Boulevard«, der Hauptstraße des weißen Léopoldville. Die Brauerei hat das Haus für ihn gekauft, als Schwarzer hätte er gar kein Recht, hier zu wohnen. Doch dieser Tabubruch bleibt ohne Folgen, weil die politische Entwicklung ein atemberaubendes Tempo annimmt. 1959 kommt es im Kongo zu Unruhen. Zwar wird der Aufstand mit zahlreichen Todesopfern von der Kolonialarmee »force publique« rasch niedergeschlagen, aber die meisten Belgier haben nicht die mindeste Lust, auf diesem riesigen Territorium – achtzigmal so groß wie das Mutterland – in einen Kolonialkrieg verwickelt zu werden. Brüssel entscheidet sich für die »kongolesische Wette«, eine überstürzte Unabhängigkeit ohne jede Vorbereitung. Die Neger, so hofft man, werden sich mit repräsentativen Regierungsämtern, mit Villen und Staatskarossen zufrieden geben und den belgischen »Beratern« den Rest überlassen. Ein »Wechsel ohne Veränderung« also. Dass die Wette verloren geht, liegt nicht zuletzt an einem unerwarteten Wahlsieger: Patrice Lumumba, der erste Premierminister des unabhängigen Kongo.

## Kongo, Januar 2000

Es dauert drei Monate, bis wir in der Demokratischen Republik Kongo des Präsidenten Kabila eine Drehgenehmigung erhalten. Das hat zum Teil technische Ursachen – so fällt zeitweise der einzige Kontakt, die E-Mail-Adresse des Informationsministeriums aus, weil die Regierung die Telefonrechnung nicht bezahlt hat. Aber auch politische Gründe für diese Verzögerung gibt es genug: Das Land ist unter drei rivalisierende Regierungen, Gegenregierungen und Befreiungsbewegungen aufgeteilt – eine Situation, die fatal an die Kongo-Krise der 60er Jahre und die chaotischen Verhältnisse unmittelbar nach der Unabhängigkeit erinnert. Der Bürgerkrieg lässt jeden ausländischen Augenzeugen – erst recht ein Filmteam – als Sicherheitsrisiko erscheinen. Und das Thema unserer Dokumentation wirkt zudem wie ein Stich ins Wespennest. Zwar ist die Zeit Mobutus, eines der Hauptverantwortlichen für die Ermordung des ersten Ministerpräsidenten, vorbei, auch Tschombé, der damalige Katanga-Präsident, ist seit Jahrzehnten tot. Aber manche der Beteiligten leben noch heute: Die damaligen Mörder, ihre Helfer und Helfershelfer haben sich mit den Anhängern, Freunden und Mitarbeitern Lumumbas im Laufe der Jahre und im Wechsel der politischen Gezeiten arrangiert, wohnen in benachbarten Villen hinter den hohen Mauern des Nobelvororts Binza oder im alten Europäerviertel der Hauptstadt Kinshasa. Lumumba wurde wenige Jahre nach seinem Tod von seinem schlimmsten Feind Mobutu zum Nationalhelden erklärt, seitdem gehört es zum guten Ton, die Toten ruhen und die Schuldigen unbehelligt zu lassen.

Lumumbas Tochter Juliana, die wir in alten Wochenschaufilmen als Vierjährige gesehen haben, wie sie während der Pressekonferenzen im Büro ihres Vaters auf einen Stuhl klettert und staunend die Journalistenmeute beobachtet, ist zur

Zeit Kulturministerin. Ein mäßig einflussreicher Job in einem Land, das sich seit Jahren im Ausnahmezustand befindet. Ihre Ernennung – das ist auch der Ministerin klar – ist vor allem eine Referenz des ehemaligen Rebellen und jetzigen Präsidenten Kabila an den legendären Namen Lumumba. *»Ich habe viele Erinnerungen an meinen Vater, obwohl ich sehr klein war. Ich war ständig mit ihm zusammen, auch im Büro. Wenn er an seinen Reden arbeitete, war ich die einzige, die bei ihm sein durfte. Ich saß ganz ruhig dabei und war bei Papa, das ist alles. Jedes Kind betet seinen Vater an. Wenn Sie alte Archivfotos sehen und er hat ein Kind auf dem Arm, dann bin ich das meistens.«*

Lumumba wird als begnadeter Redner geschildert, als charismatischer Führer, der – getreu seinem Namen – in der Lage war, »die Massen zu bewegen«. Merkwürdigerweise gibt es keine einzige Film- oder Tonaufnahme, die diesen Volkstribun Lumumba zeigt. In den überlieferten Interviews wirkt er moderat, bemüht, den richtigen Ton zu treffen, überkorrekt gekleidet, fast erstaunt über den eigenen Erfolg. Kein Mann für das große Drama, so scheint es. Und schon gar nicht für die tödliche Tragödie, in der seine kurze politische Karriere enden wird. Was also ist das Geheimnis Lumumba? *»Ich bin keine Lumumbistin«*, betont Juliana, schließlich habe ihr Vater keine Dynastie gegründet, sondern eine demokratische Partei. Aber seinem politischen Stil, seiner Konsequenz fühlt sie sich auch in ihrer eigenen Arbeit verpflichtet. *»Er war ein Mann mit Überzeugung, ein Mann, der seine Ideen bis ans Ende verfolgt und daran glaubt. Man kann sagen, dass er nicht die Zeit hatte, seine Ideen zu entwickeln, aber er hat daran geglaubt bis zum Ende. Das ist mein Bild: kein unerbittlicher Mann, sondern ein Mann mit Überzeugung. Natürlich, wenn man sich mit vielen verbündet, schafft man sich auch viele Feinde. Er hat immer die Gewaltlosigkeit gepredigt, aber in der belgischen Presse hat* *man ihn mit Hörnern als Satan dargestellt. Als Kommunist. Nur weil er etwas ausdrückte, das der Meinung der Mehrheit entsprach, aber nicht im mindesten den Interessen und der Mentalität der damaligen Kolonialmächte. Er wollte, dass der Schwarze Mann zuerst und vor allem ein würdiger Mensch werden sollte – aus seiner eigenen Kultur heraus –, und er glaubte an diesen Menschen. Nicht nur: ›Weißer Mann, wir wollen die Unabhängigkeit!‹ – sondern: in Gleichheit und Respekt.«*

## Die Kongo-Krise

5. Juni 1960. Lumumbas Regierung ist ein »Kabinett der nationalen Einheit«, in dem fast alle politischen Parteien vertreten sind. An den Schalthebeln von Verwaltung, Finanzen und Militär aber sitzen nach wie vor die früheren belgischen Kolonialbeamten. Die kongolesischen Minister haben kaum ihre Büros bezogen, da bricht in der ehemaligen Kolonialarmee, die am Tag der Unabhängigkeit in ANC (Nationale kongolesische Armee) umbenannt worden ist, eine Meuterei aus. Die schwarzen Soldaten revoltieren gegen ihre belgischen Offiziere, die nicht daran denken, nach der Unabhängigkeit das Kommando abzugeben. Es gibt eine Handvoll Tote, einige weiße Offiziersfrauen werden vergewaltigt. Obwohl Lumumba und Präsident Kasavubu auf die Forderungen der Soldaten eingehen (Erhöhung des Solds, Ernennung schwarzer Offiziere) und einen schwarzen Armeechef einsetzen (Colonel Mobutu), löst die Revolte eine fatale Kettenreaktion aus: In Panik verlassen Zehntausende belgischer Siedler, Techniker und Berater das Land. Kaum eine Woche nach der Unabhängigkeit sind Produktion und staatliche Verwaltung weitgehend zusammengebrochen, das Land droht im Chaos zu versinken.

Die fatalsten Konsequenzen aber hat die Meuterei in Katanga, ganz im Süden des Landes. Der Gouverneur der reichen Kupferprovinz, Moise Tschombé, ruft belgische Fallschirmjäger gegen den Aufstand der eigenen Truppen zu Hilfe. Die Belgier lassen sich nicht zweimal bitten. Unter ihrem Schutz und unter der Patronage der »Union Minière«, der belgischen Minengesellschaft in Katanga, erklärt der geschäftstüchtige Moise Tschombé die Abtrennung seiner Provinz vom übrigen Kongo. Damit schneidet »Monsieur Ladenkasse«, wie er genannt wird, die kongolesische Zentralregierung Lumumbas von ihrer wichtigsten Einnahmequelle ab. In den Wahlen hatte sich der panafrikanische Nationalist Lumumba gegen regionale Stammesfürsten wie Tschombé oder Kalonji durchsetzen können, jetzt kehren die Vertreter von ethnischer Autonomie und Tribalismus durch die belgische Hintertür zurück. Katanga ist nur der Auftakt – dem Premierminister ist klar, dass bei einer Tolerierung der Sezession das Land in seine ethnischen Einzelteile zu zerfallen droht.

## Der Mann aus Langley

»*Nennen Sie an der Schranke meinen Namen, sonst lässt man Sie nicht durch*«, sagt uns Larry Devlin am Telefon. Der knapp 80-Jährige lebt in einer komfortablen Villenanlage in Virginia, von seiner weißen Sitzlandschaft im riesigen living room blickt man direkt auf den künstlich angelegten See. Wer hier wohnt, genießt den Luxus, sich von ungebetenen Besuchern abschirmen zu lassen. Neben dem Kamin erinnert ein mächtiger geschnitzter Elefantenstoßzahn an die wilden Jahre im Kongo. Als der relativ unerfahrene Nachwuchsagent 1960 in den Kongo geschickt wurde, schien das ein ruhiger Anfängerjob in einer afrikanischen Bananenrepublik zu werden. Das stellte sich schnell als Irrtum heraus: »*Wenn Sie niemals meuternden Truppen gegenübergestanden haben, können Sie nicht verstehen, was das heißt: Da gibt es keine höhere Instanz, jeder Mann mit einem Gewehr tut, was er will. Am dritten Tag, als ich da war, wurde ich zweimal zum Tode verurteilt und stand schon vor einem Hinrichtungskommando. Ich wurde beschuldigt, ein flämischer Spion zu sein.*« Im letzten Augenblick wird er von einem zufällig vorbeifahrenden Minister Lumumbas gerettet.

Offiziell fungiert Devlin damals als amerikanischer Konsul, in Wahrheit ist er der »CIA Station Chief« in der jungen Republik. Lumumba setzt in seinem Konflikt mit der ehemaligen Kolonialmacht Belgien große Hoffnungen auf die Amerikaner, erinnert sich Devlin: »*Lumumba kam in die Botschaft und verlangte, amerikanische Truppen sollten ins Land kommen und die Belgier rauswerfen.*« Doch Botschafter Timberlake verweist auf die Vereinten Nationen. Deren Generalsekretär Dag Hammarskjöld macht die Operation ONUC (Organisation des Nations Unies au Congo) zur Chefsache, innerhalb weniger Tage übernehmen UNO-Truppen faktisch die Macht im Land, ohne jedoch – wie von Lumumba und seiner Regierung gefordert – die Sezession Katangas zu beenden. Auch ein spontaner Staatsbesuch Lumumbas in Washington und in New York, beim Sitz der Vereinten Nationen, ändert nichts an der Weigerung der westlichen Staaten, die belgische Intervention in Katanga rückgängig zu machen. »*Ein Mann wie Lumumba hatte nicht das Geschick oder das Auftreten eines normalen deutschen, französischen, oder englischen Diplomaten*«, meint Devlin. »*Er tendierte dazu, Dinge sehr offen auszusprechen, und verärgerte damit die westlichen Nationen. Ich denke, wir verstanden ihn nicht sehr gut und er verstand den Rest der Welt nicht.*« Wie sollte er auch. Der Kalte Krieg ist auf seinem Höhepunkt. Für die beiden

Supermächte USA und Sowjetunion ist der Konflikt im Kongo einzig unter geopolitischem Aspekt interessant. »*Es war kurz nach der Geschichte mit Castro, der gesagt hatte, er wollte eine demokratische Regierung führen, dann aber kommunistisch wurde. Ich denke, die Leute verglichen das – jedenfalls tat ich es. Für mich war es eine Kuba-ähnliche Situation.*«

Als sich eine weitere Provinz, die Diamantenregion Süd Kasai, von der Zentralregierung lossagt – ermutigt und unterstützt von Tschombé und seinen belgischen Freunden –, geht Lumumba auf ein Angebot Chruschtschows ein und lässt seine Truppen in russischen Tupolews an die Front transportieren. Innerhalb weniger Tage erobern sie die abtrünnige Provinzhauptstadt Bakwanga zurück und stoßen weiter in Richtung Katanga vor. Doch in Washington löst die sowjetische Hilfe für den kongolesischen Politiker die höchste Alarmstufe aus. Präsident Eisenhower geißelt die »sowjetische Intervention« und beauftragt seinen Stab mit einer radikalen Lösung des Problems. »*Im Interesse der Freien Welt haben wir beschlossen, dass die Beseitigung Lumumbas unser vorrangiges Ziel ist*«, teilt die CIA-Zentrale ihrem Agenten in der kongolesischen Hauptstadt telegrafisch mit. Gleichzeitig werden dem Station Chief bis zu 100 000 US-Dollar zur freien Verfügung gestellt, um die notwendigen Maßnahmen zu finanzieren. Als Devlin keine schnellen Erfolge vorweisen kann, drängt Präsident Eisenhowers »special assistant« Gordon Gray den CIA-Chef Dulles zu aggressiveren Maßnahmen. Devlin erinnert sich: »*Ich bekam ein Kabel, dass ein hochrangiger Offizier käme, um mir Instruktionen zu geben. Er stellte sich als Joe aus Paris vor. Ich war völlig überrascht, als er mir erklärte, dass sie Lumumba umlegen wollten. Ich hatte niemals davon gehört, dass der CIA in solche Dinge verwickelt war. Ich hörte zu, machte mir Notizen und je mehr ich davon hörte, desto verrückter kam es mir vor – schon aus rein praktischen Gründen. Ich weiß, dass eine Menge Liberaler sagen werden, das hätte keine Rolle spielen dürfen. Aber ich befürchtete, wenn der Anschlag fehlschlagen würde, dass dann jeder Europäer in Kinshasa umgebracht würde – und dafür wollte ich nicht verantwortlich sein.«*

Es ist die Zeit, als amerikanische Agenten am anderen Ende der Welt versuchen, Fidel Castro mit einer vergifteten Zigarre aus dem Weg zu räumen. Für Lumumba haben die CIA-Chemiker eine Zahnpasta entwickelt, *»die eine Krankheit wie Polio oder so ähnlich auslösen sollte, soweit ich mich erinnere.«* Doch Devlin scheitert bei dem Versuch, das tödliche Mittel über eine Vertrauensperson des Premiers an den Mann zu bringen. Noch zwei weitere Mordkommandos werden über den großen Teich geschickt, Devlin erhält ein Gewehr mit Zielfernrohr und weiteres Geld, um Attentat und Staatsstreich zu finanzieren. *»Ich habe niemals widersprochen«*, sagt Devlin heute, *»aber ich war immer der Meinung, es lieber die Kongolesen selber machen zu lassen.«*

Gehörte die Ermordung ausländischer Staatsmänner damals wirklich zum politischen Tagesgeschäft des amerikanischen Präsidenten? Devlin lächelt verschmitzt und sagt alles, ohne etwas zu sagen: *»Es wurde abgestritten, dass Präsident Eisenhower diese Anweisungen selbst gegeben hat, aber damals ging ich davon aus. Und ich habe das Gefühl, dass irgend etwas von ihm gesagt worden sein muss. Entweder ordnete er es an, oder er wurde »missverstanden«. Ich jedenfalls glaubte damals, dass es eine Präsidenten-Order war.«*

## ... und sein Kollege aus Brüssel

*»Colonel Marlière war in der belgischen Abwehr, er war ein hochangesehener Offizier. Er verstand den Kongo wahrscheinlich besser, als 98 Prozent seiner Kollegen und mit Sicherheit besser als ich. Ich lernte eine Menge von ihm ...«* Larry Devlin erinnert sich noch heute gerne an den belgischen Militärberater, der sich in den heißen Monaten der Kongo-Krise geschickter zwischen den Fronten bewegte als irgendein anderer. Und Marlière erinnert sich ebenso gern an den Amerikaner: *»Wir verstanden uns gut, haben bestimmte Dinge zusammen gemacht. Ich hatte den Eindruck, die Amerikaner wollten Lumumba liquidieren. Eines Tages haben wir uns darauf geeinigt, Wanzen in den Büros von Lumumba anzubringen. Die Amerikaner haben die Technik geliefert und die Belgier haben sie dort platziert. Wir haben alle Telefongespräche von Lumumba mitgeschnitten. Wir wussten immer, was er tat und was er sagte ...«*

Der Colonel, ein jovialer alter Mann, versinkt fast in einem riesigen Lederfauteuil, als er uns in seiner etwas verstaubten Villa in Spaa gegenübersitzt. Mitunter schließt er seine Sätze mit einem heftigen Gelächter ab, dann wieder kichert er belustigt in sich hinein. *»Lumumba hat die falsche Seite gewählt. Er war mehr oder minder Kommunist. Er hat eher das Lager des Ostens gewählt als das des Westens. Er hat die Hilfe der UNO erbeten, er hat Moskau um Hilfe gebeten, als er sich nicht mehr mit den Belgiern verstand, und hat unseren Botschafter verjagt.«*

Mitte Juli 1960, zwei Wochen nach der Unabhängigkeit, bricht Lumumba wegen der belgischen Intervention in Katanga die diplomatischen Beziehungen zu der ehemaligen Kolonialmacht ab. Während der Botschafter das Land verlässt, bleiben Tausende Belgier als »Berater« zurück – die meisten von ihnen nach wie vor im Sold Belgiens, wenn auch mit Billigung der kongolesischen Regierung. Marlière ist Berater bei Désiré Mobutu, einem alten Freund und Mitarbeiter von Lumumba und seit der Meuterei der Truppen Generalstabschef der Armee. Eine bessere Position kann es für einen Maulwurf wie Marlière kaum geben. Er steht in ständigem Funkkontakt mit seinen Kollegen in Katanga und erhält Anweisungen von Major Loos, seinem Führungsoffizier im belgischen Außenministerium. Sein Operationsauftrag: Armeechef Mobutu ins Lager der Lumumba-Gegner zu ziehen und den Ministerpräsidenten selbst »außer Gefecht zu setzen«, wie es in einem Telegramm des Außenministeriums heißt.

Die erste Aufgabe meistert der Agent hervorragend. Der erst 29jährige Mobutu, ein ehemaliger Journalist, später Bürochef Lumumbas, bevor dieser ihn zum Chef des Generalstabs macht, wandelt sich innerhalb weniger Wochen zum gefährlichsten Gegner des ehemaligen Freundes. Nicht nur von Marlière, auch vom CIA-Stationschef Devlin und von den UNO-Vertretern in der kongolesischen Hauptstadt wird der smarte Armeechef umworben und zur Übernahme der Macht gedrängt. Mitte September, nur zweieinhalb Monate nach der Unabhängigkeit, ist es soweit.

Die politischen Verhältnisse in der kongolesischen Hauptstadt sind verworren. Staatspräsident Kasavubu hat in einer völlig überraschenden Rundfunkansprache Lumumba als Ministerpräsidenten abgesetzt. Lumumba, der das Parlament auf seiner Seite hat, weigert sich zurückzutreten, wird jedoch von den Blauhelmen daran gehindert, ebenfalls über den staatlichen Rundfunksender zur Bevölkerung zu sprechen. Die UNO sperrt die Flughäfen und isoliert dadurch Lumumba von seinen Anhängern in den Ostprovinzen des Landes. Das politische Patt zwischen den beiden Führern wird von dem intelligenten Taktiker Mobutu für einen »sanften« Militärputsch genutzt: Hinter den Kulissen verbündet er sich mit Staatspräsident Kasavubu und entscheidet damit den Machtkampf. Um die Operation abzusichern, erhält Mobutu aus der UNO-Zentrale in New York eine Million Dollar als Sold für seine Soldaten. Mobutu löst das Parlament auf, das mit beiden Kammern zuvor den rechtmäßigen Regierungschef Lumumba bestätigt hatte, und schickt die Abgeordneten nach Hause. Die Botschaften des Ostblocks werden umgehend geschlossen. Der Westen triumphiert.

Doch Lumumba gibt sich nicht geschlagen. Seine Popularität, auch in Teilen der Armee, gefährdet den Erfolg des Militärputschs. Also gehen die Mordpläne weiter – auf Seiten der Belgier unter dem Codenamen »Operation Barrakuda«. Man erwägt eine Entführung des Politikers in feindliches Stammesgebiet, wo ihn der Tod »nach traditionellen Regeln« erwarten soll. Erst vierzig Jahre später hat man aus Korrespondenzen und Aktennotizen das kriminelle Treiben in staatlichem Auftrag mühsam rekonstruieren können. Einige der Barrakuda-Telegramme tragen die Unterschrift Colonel Marlières. Dennoch will sich der belgische Ex-Agent in unserem Interview zunächst nicht daran erinnern, schließlich aber räumt er ein: *»Ja, sie wollten mir einen sogenannten Krokodiltöter schicken, um Lumumba zu erledigen. Das stimmt genau. Das haben Sie mir vorgeschlagen. Der Botschafter Dupret gab mir zwar offiziell die Anweisung, nichts in der Richtung zu unternehmen, aber gleichzeitig kam aus Belgien der Druck, ihn zur liquidieren. Schließlich haben wir es mehr oder minder die Kongolesen machen lassen. Die haben ihre Verantwortung wahrgenommen …«*

Diese unbedachte Aussage des alten Geheimagenten löst im Frühjahr 2000 heftige Reaktionen in Belgien aus und trägt zur Einsetzung des Untersuchungsausschusses über die belgische Beteiligung am Lumumba-Mord bei.

*»Ich gebe zu, der einzige, der diesem Land eine einheitliche vernünftige Regierung geben konnte, das war Herr Lumumba«*, bestätigt Indar Rikhye, der damalige militärische Berater Dag Hammarskjölds im Kongo. *»Ich sah niemanden nach ihm und ich sehe auch heute keinen. Die Person muss erst noch gefunden werden, die dieses Land zusammenhalten kann. Dieser Mann hatte große Fähigkeiten, er war ein begabter Redner, hielt sich jenseits der politischen Linien, stand über dem Tribalismus. Aber er war sehr unbeherrscht, hatte kein Verständnis dafür, wie der Rest der Welt funktioniert, kein Verständnis für Politik – und er konnte nicht zuhören. Das war sein Problem. Er war höchst emotional und wir fanden es extrem schwierig, mit ihm umzugehen. Die UNO war nur dort, um ihm zu helfen …«*

War die UNO wirklich dort, um zu helfen? Von ihrem ersten Treffen an gab es – wie sich Rikhye erinnert – *»keinen guten Draht«* zwischen UNO-Generalsekretär Hammarskjöld und Lumumba. Obwohl ein großer Teil der Blauhelme, insbesondere die Soldaten aus Ghana, Guinea, Tunesien, Marokko, mit dem Panafrikaner Lumumba sympathisieren und ihn gelegentlich sogar vor seinen eigenen Soldaten unter dem Kommando Mobutus schützen, unternimmt die UNO-Zentrale in New York alles, den »politisch unberechenbaren« Lumumba aus dem Verkehr zu ziehen. Im November 1960, die Unabhängigkeit ist knapp fünf Monate alt, hat sich in der lumumbistischen Hochburg Stanleyville eine Gegenregierung unter Lumumbas Stellvertreter Gizenga gebildet. Lumumba selbst steht in Léopoldville – bewacht von Soldaten Mobutus und Blauhelmen der UNO – unter Hausarrest. In New York wird in der UNO-Vollversammlung über die Anerkennung der legalen Vertretung des Kongo debattiert. Die USA verweigern Lumumba, der an der Debatte teilnehmen möchte, ein Visum und setzen alles daran, ein Ergebnis in ihrem Sinne zu erzielen: *»Es war allgemein bekannt in den Korridoren und Lounges, dass die äußersten Druckmittel auf die Länder der Dritten Welt ausgeübt wurden, um sie dazu zu zwingen, ihre Stimme – wenn nicht ihre Überzeugung – zu ändern: von Zustimmung zu Enthaltung und von Enthaltung zu Ablehnung«*, beschreibt der damalige Leiter der Kongo-Mission, der Inder Dayal, diese Abstimmung. Das Ergebnis ist – wie von den USA und Belgien gewünscht – die Anerkennung der Mobutu-Kasavubu-Putschisten. Lumumba verliert damit auch international seinen Status als legitimer Regierungschef des Kongo, seine Verhaftung und seine endgültige Ausschaltung sind nur noch eine Frage der Zeit.

## Die Fähre über den Sankuru

*»Napoleon hat mal geschrieben: Wenn Jesus nicht am Kreuz gestorben wäre, hätte niemand von ihm gesprochen. Lumumba war ein großer Leser von Leuten wie Napoleon, all der großen Männer und Abenteurer.«* Anicet Kashamura, den wir in Kinshasa treffen, war Informationsminister in der Regierung Lumumba. Es scheint ein Wunder, dass der zerbrechlich wirkende alte Mann, damals ein militanter Linker mit Verbindungen zum kommunistischen Lager, die Wirren der Nach-Lumumba-Zeit und die 30 Jahre Mobutu-Diktatur überlebt hat. Heute blickt er mit Bewunderung aber auch mit etwas ironischer Distanz auf den alten Freund zurück, mit dem er politisch keineswegs immer einig war. *»Bei Lumumba gab es ein Element, das wir nicht hatten: Er wollte sterben wie ein Held. Damit sein Name in die Geschichte eingeht. Das hat er*

*ein- oder zweimal gesagt. Wenn Sie unsere politische Bilanz ansehen, haben wir nicht viel vorzuweisen. Aber wenn es unter uns einen Mann gibt, dessen Name in die Geschichte eingegangen ist, dann ist es Lumumba.«*

Nach der Niederlage in der UNO flieht Lumumba in einer gewittrigen Novembernacht aus der Umzingelung seiner Residenz und versucht, sich mit einigen Ministern und politischen Freunden in mehreren Autos und auf getrennten Wegen nach Stanleyville durchzuschlagen. Informationsminister Kashamura und Innenminister Gbenye gelingt die Flucht zu den Lumumbisten in der Ostprovinz. Lumumba dagegen legt mit seiner Frau Pauline und seinem dreijährigen Sohn Roland in den ersten drei Tagen nicht einmal 1000 km zurück, gerade die Hälfte der Strecke. In den Dörfern unterwegs wird er immer wieder von begeisterten Anhängern erkannt, muss Reden auf spontanen Massenversammlungen halten, verliert seinen lebenswichtigen Vorsprung. In Léopoldville hat man inzwischen sein Verschwinden bemerkt. Gilbert Pongo, ein Bluthund Mobutus, wird auf seine Fährte gesetzt. Die Suche wird von einem belgischen Hubschrauber unterstützt. »*Wir haben Pongo schon etwas dabei geholfen, Lumumba einzufangen*«, schmunzelt Marlière. »*Ich habe nicht viel aus dieser Zeit aufgehoben, aber meine täglichen Telegramme von Pongo habe ich noch.*« Auch CIA-Agent Devlin rühmt sich, einen entscheidenden Beitrag zu der Jagd geleistet zu haben: »*Ich gab den Ratschlag, die Flussübergänge zu blockieren. Da gab es ja nur bestimmte Stellen, wo er übersetzen konnte. Und wenn sie ihn dort erwarteten, dann hatten sie ihn. Und so ist es auch passiert.*«

Die Gefangennahme Lumumbas an der Fähre über den Fluss Sankuru bei dem Dorf Lodi ist im Kongo zu einer Legende geworden. Viele Versionen kursieren über die dramatischen

Augenblicke, in denen sich nicht nur das Schicksal Lumumbas, sondern auch die weitere politische Entwicklung des Kongo entschied. Es ist bereits nach Mitternacht, als die Wagen am Ufer des 600 Meter breiten Flusses ankommen. Die Fähre hat am anderen Ufer festgemacht und reagiert nicht auf die Blinkzeichen der Autoscheinwerfer. Also überquert Lumumba mit drei Begleitern in einer Piroge den Fluss und befindet sich bereits in Sicherheit am anderen Ufer, als er den Kapitän der Fähre überredet, die Autos und die restlichen Reisenden – darunter Pauline und Sohn Roland – überzusetzen. Der Erzählung nach hat es sich Lumumba nicht nehmen lassen, selbst auf der Fähre zurückzufahren, um seine Familie in Sicherheit zu bringen und ist dabei den – inzwischen angekommenen – Soldaten Pongos in die Arme gelaufen.

Von einem Augenzeugen hören wir in Kinshasa eine andere, plausiblere Version: »*Als die Fähre unterwegs war, um die Autos und seine Familie abzuholen, saßen wir mit Lumumba um ein Feuer, redeten miteinander, während wir auf das Boot warteten. Doch es dauerte viel zu lange, Lumumba wurde unruhig und wir gingen an die Anlegestelle, um nach dem Boot zu sehen. Als die Fähre noch zwei Meter entfernt war, sahen wir, dass die Autos gar nicht an Bord waren. Im gleichen Augenblick sprangen die Soldaten ans Ufer. Wir versteckten uns im Schilf, wurden aber eingekreist und festgenommen.*«

Tatsächlich schafft es Lumumba noch, die Soldaten mit seiner Überredungsgabe umzustimmen. Doch gerade als sie ihn freilassen wollen, trifft Verstärkung ein. Ein höherer Offizier ruft seine Leute zur Ordnung. Der Konvoi setzt sich in Richtung Mweka in Bewegung. Wenigstens hat Lumumba durchsetzen können, in seinem eigenen Auto zu fahren und das verschafft ihm eine weitere Chance: In der Kleinstadt Mweka bricht sein Chauffeur aus der Kolonne aus und erreicht das

Camp der dort stationierten UNO-Soldaten aus Ghana. Doch die Blauhelme weigern sich, die Schranke zu öffnen und Lumumba unter ihren Schutz zu nehmen. Vor ihren Augen wird der Premierminister von seinen prügelnden Verfolgern wieder festgenommen und abtransportiert.

Jahrelang galt dieser Vorfall als »tragisches Mißverständnis«, so wird er auch im späteren UNO-Untersuchungsbericht aufgeführt. Erst kürzlich hat der belgische Historiker Ludo De Witte in den Archiven der Weltorganisation ein Telegramm des UNO-Hauptquartiers in Léopoldville gefunden, das die Zurückweisung Lumumbas in einem ganz anderen Licht erschein lässt. Darin erteilt General Horn den mit Lumumba sympathisierenden UNO-Stützpunkten in der Region die strikte Anweisung, die auch mit Hammarskjöld in New York abgestimmt ist: »*Keine – ich wiederhole: Keine Aktion zugunsten Lumumbas darf von uns unternommen werden!*« Und sein damaliger Stellvertreter Rikhye bestätigt uns die damalige Entscheidung der Organisation: »*Das ist korrekt. Der Schutz wurde ihm nur in seinem Haus gegeben. Als man uns vorwarf, warum die UNO damals nicht gehandelt hat, war unsere Antwort, dass die UNO die Verantwortung für ihn nur in seinem Haus hatte. Er hätte uns sagen müssen, wohin er ging. Dann hätten wir über seinen Schutz entschieden.*«

Wenige Stunden nachdem die Blauhelme ihn seinen Verfolgern ausgeliefert haben, kommt Lumumba in der Hauptstadt an. Mobutu hat die gesamte internationale Presse zum Flughafen bestellt, um den gefangenen Gegner wie ein besonders wertvolles Beutestück vorzuführen. Der abgesetzte Premierminister, den die Journalisten niemals anders gesehen haben als in korrektem Anzug mit Fliege und Schmucktuch in der Brusttasche, steigt mit blutbefleckter Hose und zerfetztem weißem Hemd aus dem Flugzeug, die Brille zerschlagen, die Hände hinter dem Rücken gefesselt. Mobutu steht triumphierend dabei, mit über der Brust gekreuzten Armen, als seine Soldaten den ehemaligen Freund verhöhnen und ins Gesicht schlagen. Lumumba erträgt die Situation mit beeindruckender Würde. In diesen Minuten wird der Mann, den Journalisten gelegentlich als »afrikanischen Elvis Presley« verspottet haben, zum Idol der afrikanischen Massen, zum Märtyrer, für manche zum Heiligen. Höhnisch liest ein Offizier dem Gefangenen eine seiner Erklärungen vor, in der Lumumba sich als legitimen Regierungschef des Landes bezeichnet. Dann knüllt der Soldat das Papier zusammen und stopft es dem Wehrlosen in den Mund. Wie Christus am Kreuz, dem von einem der Henker ein essiggetränkter Schwamm an die Lippen gedrückt wird. Nur dass bei diesem Christus des 20. Jahrhunderts die Blitzlichter der Fotografen aufleuchten und britische und amerikanische Journalisten ihre Wochenschaukameras mitlaufen lassen. Eigens für die ausländischen Pressevertreter reißt ein Soldat den Kopf des Gefangenen an den Haaren hoch um ihn den Objektiven entgegenzuhalten. Wenige Meter entfernt steht Lumumbas Frau Pauline mit dem dreijährigen Roland auf dem Arm, der mit fassungslosem Blick die letzten Bilder seines Vaters in sich aufnimmt.

## Meuterei in Thysville

»*Er hat getan, was er tun musste*«, sagt uns Roland, mit dem wir uns im Haus seines Vaters verabredet haben. In jenem Haus am Boulevard, das Lumumba mit seiner Familie bezogen hatte, kurz vor seiner Wahl zum Ministerpräsidenten. Roland sieht seinem Vater Patrice von allen Geschwistern am ähnlichsten und ohne Einschränkung identifiziert er sich mit dem übergroßen Vater, den er nur »Lumumba« nennt. »*Es gibt solche Menschen, die einmal im Jahrhundert auftauchen, die eine Botschaft zu verkünden haben. Er selbst hat sich als ›Idee‹ definiert, nicht nur als Mann mit Kindern, Frau, Familie, obwohl er ein Vater war, ein guter Familienvater, der sich um seine Kinder kümmerte. Aber seine Kinder, seine Familie waren nicht seine ganze Welt. Seine Welt war sehr viel größer. Das Dorf, die Stadt, der Kongo, Afrika. Das war seine Welt. Ich bin stolz, ›biologisch‹ zu diesem Mann zu gehören.«* Roland wurde mit seinen Geschwistern kurz nach der Gefangennahme seines Vaters von ägyptischen UNO-Soldaten aus dem Land geschmuggelt und nach Kairo gebracht, wo sie im familiären Umfeld des Präsidenten Nasser aufwuchsen. Erst vor wenigen Jahren, nach dem Ende der Ära Mobutu, konnten sie zurückkehren. An das, was sich am 2. Dezember 1960 vor seinen erschrockenen Augen abgespielt hat, kann er sich nicht mehr erinnern: *»Ich habe gelernt, mit den Bildern eines Vaters aufzuwachsen, den ich nicht gekannt habe. Ich habe ihn nur durch andere kennen gelernt. Jetzt müssen wir wissen, wer exakt für seinen Tod verantwortlich ist. Warum es geschehen ist, auf welche Weise. Dazu haben wir ein Recht und wir haben die Pflicht, es an die nächsten Generationen weiterzugeben, unsere Kinder und Kindeskinder.«*

Nach seiner Gefangennahme wird Lumumba im Militärcamp Thysville interniert. Hier war es, wo fünf Monate zuvor die Meuterei der Armee ausgebrochen war – mit fatalen Folgen für die erste Regierung des unabhängigen Kongo. Zwar wird das Lager von einem Verwandten Mobutus kommandiert, doch unter den Soldaten gibt es durchaus auch Lumumba-Anhänger, die mit der Inhaftierung des Ministerpräsidenten keineswegs einverstanden sind. Lumumba hat den Kampf noch nicht aufgegeben. Es gelingt ihm, einen Brief an Dag Hammarskjöld schleusen zu lassen, in dem er ihn auf zahlreiche Verstöße gegen die Menschenrechte und die Charta der

Vereinten Nationen hinweist. Weder respektieren die kongolesischen Machthaber seine parlamentarische Immunität, noch haben sie ihn mit einer Anklage konfrontiert, geschweige denn die Möglichkeit zur Verteidigung gegeben. Doch der UNO-Generalsekretär, der Mobutu bei dessen Putsch massiv unterstützt hatte, verschanzt sich jetzt hinter dem Prinzip der Nichteinmischung in die inneren Angelegenheiten des Kongo – und das, obwohl die brutalen Bilder von der Gefangennahme weltweite Empörung ausgelöst haben.

Im Januar kommt es zu Unruhen im Camp Thysville. Ein Teil der Soldaten droht, Lumumba zu befreien, der Tribun scheint geradezu magische Kräfte zu besitzen. »*Der war in der Lage, in die Hauptstadt Léopoldville zurückzukommen mit den Schützenpanzern von Thysville*«, davon ist auch Mobutus Militärberater, Colonel Marlière überzeugt. »*Wir trauten ihm zu, die Truppen dort hinter sich zu bringen. Also haben wir die Leute in Léopoldville gewarnt und ihnen gesagt, der ist schon einmal ausgebrochen. Doch dann hat Nendaka die Dinge in die Hand genommen.*« Nendaka, auch er ein ehemaliger Freund Lumumbas und vor kurzem noch dessen Stellvertreter an der Spitze der Partei, ist inzwischen Chef der Sureté, der berüchtigten Sicherheitspolizei, zuständig für die Unterdrückung der lumumbistischen Opposition. Von Staatspräsident Kasavubu und Mobutu wird er beauftragt, das Problem Lumumba zu lösen. »*Ich wasche meine Hände in Unschuld, ich habe nur Befehle ausgeführt*«, erklärt uns der heute 75-Jährige mit einer dramatischen Geste.

Beim Sturz Mobutus 1997 musste Nendaka Hals über Kopf – mit zwei riesigen Elefantenstoßzähnen im Gepäck – den Kongo verlassen und lebt heute im belgischen Exil. In seiner dezent afrikanisch eingerichteten Wohnung in der Brüsseler Innenstadt legt er uns einen Stapel Papiere vor, die beweisen sollen, dass er an der Ermordung des einstigen Weggefährten unschuldig ist. Tatsächlich trägt das Papier, in dem die Reise Lumumbas in den Tod generalstabsmäßig geplant wird, die Handschrift von André Lahaye, einem belgischen Geheimagenten. Die Kommunikation und Logistik des Unternehmens hat sein Kollege Marlière übernommen. Nendaka allerdings fällt der delikateste Teil der Operation zu: Er muss Lumumba und zwei seiner Minister, Mpolo und Okito, ohne Aufsehen aus dem Militärcamp schaffen, wo es nicht nur sympathisierende Soldaten gibt, sondern auch eine marokkanische UNO-Einheit. Der listige Nendaka täuscht die Gefangenen mit der Behauptung, aufgrund der angespannten Lage wolle man eine »Regierung der nationalen Einheit« bilden – ein Vorschlag, den Lumumba stets vertreten hat, selbst noch aus seinem Gefängnis in Thysville. *»Erst im Flugzeug haben sie die Wahrheit erkannt. Noch auf dem Weg nach Moanda hat er mir gesagt: Um das Land zu retten, muss es eine Zusammenkunft zwischen ihm und Kasavubu, Mobutu sowie Tschombé geben. Wir müssen alles tun, damit es ein Treffen zu viert gibt.«*

Aber Nendaka lässt sich auf keine Diskussion ein. In dem kleinen Flieger der Air Brousse erreichen die drei Todeskandidaten die Hafenstadt Moanda, wo sie bereits eine größere DC4 für den Flug nach Katanga erwartet. Auf dem Weiterflug werden die drei von ihrer Wachmannschaft derartig misshandelt, dass der australische Flugkapitän um die Stabilität der Maschine fürchtet und sich entnervt mit seinen belgischen und französischen Technikern im Cockpit einschließt. Halb bewusstlos geschlagen erreichen sie Katanga – den Teil des Landes, der nach wenigen Tagen der Unabhängigkeit faktisch wieder in den Status einer belgischen Kolonie zurückgekehrt ist. Denn hinter der Marionettenregierung Tschombé steht nicht nur – als finanzielles Fundament der Sezession – die Minengesellschaft Union Minière, sondern auch ein massives

Aufgebot von belgischen Verwaltungs- und Militärberatern, ohne die der völkerrechtlich inexistente Staat keine drei Tage hätte überleben können.

## »Jude übernimmt Satan«

Der Ankunft Lumumbas in Elisabethville sind tagelang diplomatische Bemühungen vorausgegangen. Da Tschombé keinerlei Wert auf den unbequemen Gefangenen legt, hat er entsprechende Bitten der kongolesischen Regierung zur Übernahme Lumumbas seit Wochen konsequent abgelehnt. Doch Mitte Januar, die Meuterei in Thysville macht eine schnelle Entscheidung notwendig, wird er auch von belgischer Seite massiv unter Druck gesetzt. Colonel Marlière kabelt ein verschlüsseltes Telegramm nach Katanga, dessen Text er noch heute im Kopf hat: BITTE DEN JUDEN, SATAN IN EMPFANG ZU NEHMEN! *»In unserer Codesprache damals war Lumumba Satan«* erläutert uns Marlière offenherzig den merkwürdigen Text. *»Übrigens hatte er etwas von einem Teufel: Seine Augen hatten etwas Satanisches. Und Tschombé ist der Jude …«* Warum Jude? – Bedeutungsvoll reibt Marlière Daumen und Zeigefinger aneinander und erwähnt den Spitznamen des geschäftstüchtigen Politikers: *»Monsieur Ladenkasse«*. Tschombé alias Monsieur Ladenkasse erhält noch eine weitere – absolut zwingende – Aufforderung, dem Transfer Lumumbas (oder, wie es in der Korrespondenz heißt: des »Paketes«) zuzustimmen. Am 16. Januar liegt ein Telegramm des belgischen Afrika-Ministers Lord D'Aspremont Lynden auf seinem Schreibtisch, in dem dieser *»persönlich bei Präsident Tschombé insistiert, dass Lumumba in kürzester Frist nach Katanga gebracht werden«* kann. D'Aspremont Lynden ist die graue Eminenz der belgischen Afrikapolitik, der eigentliche Architekt der Katanga-Sezession. Er war es, der schon Monate zuvor bei Marlière die *»definitive Eliminierung Lumumbas«* angemahnt hatte. Tschombé beugt sich schließlich dem Druck aus Brüssel – zumal er zwei erbitterte Feinde Lumumbas in seiner Regierung hat, die nichts sehnlicher wünschen, als endlich mit dem verhassten Konkurrenten abzurechen: Innenminister Munongo und Finanzminister Kibwe.

Jahrzehntelang galt die Ermordung Lumumbas – zumindest in Belgien – als finstere Abrechnung zwischen rivalisierenden kongolesischen Politikern, als unkontrollierter Auswuchs der alten Stammeskriege, die in dem Land sofort nach dem Abzug der Kolonialmacht wieder ausgebrochen sind. Oberflächlich gesehen ist diese Sicht der Dinge nicht einmal falsch: Lumumba ist tatsächlich am Zusammenbruch der zentralistischen Staatsmacht gescheitert, an Stammeskonflikten, die von der Kolonialmacht unterdrückt, aber niemals beseitigt wurden, am Ehrgeiz tribalistischer Führer, denen die Idee einer kongolesischen Nation weit weniger bedeutete als die eigenen Eitelkeiten und die Vorteile ihrer ethnischen Klientel. Doch immer schon konnte man hinter dieser archaischen Kulisse ganz andere Regisseure vermuten, und einen umfangreichen technischen Stab, der in dem Drama die Fäden zog. Erst der junge flämische Historiker Ludo de Witte hat sich, fast 40 Jahre nach den Ereignissen, die Mühe gemacht, in belgischen Archiven nach den Dokumenten – Telegrammen, Notizen, Protokollen – zu forschen, die das politische Intrigenspiel der ehemaligen Kolonialmacht entschleiern und die Mitverantwortung der belgischen Politiker aufdecken könnten. Dabei stellte sich heraus, dass in diesem Punkt nicht nur die kongolesische, sondern auch die belgische Geschichte neu geschrieben werden muss.

Für das kleine Land, das auch heute noch voller Stolz auf seine Kolonialgeschichte zurückblickt, waren die Enthüllungen de Wittes ein Skandal. Ein parlamentarischer Untersuchungsausschuss bemüht sich um Aufklärung, doch die meisten Zeugen sind tot und auch die übriggebliebenen hüten ihre verklärten Erinnerungen wie die aussterbenden Mitglieder einer verschworenen Bruderschaft. Zu ihnen gehört auch Jacques Brassinne, der lange Zeit eine Art Monopol auf die Wahrheit im Falle Lumumba beanspruchte. Dreißig Jahre lang sammelte er Aussagen und Indizien über die letzten Stunden im Leben des kongolesischen Führers und über die Identität seiner Mörder. Sein Vorteil war zugleich sein Handicap: Brassinne gehörte in gewisser Weise dazu. Im Sold der belgischen Regierung arbeitete er damals im »bureau de conseil«, der von belgischen Beratern geführten Schattenregierung Katangas. Tschombé und seine Minister, die Lumumba bei ein paar Flaschen Whisky zum Tode verurteilen, sind seine Vorgesetzten, die belgischen Militärs und Polizisten, die das Urteil vollstrecken und die Leiche verschwinden lassen, sind seine Kollegen. Das verschafft ihm Zugang zu Informationen, die kein Historiker bekommen hätte, allerdings historische Objektivität kann man von einem »katangais« wie ihm wohl kaum erwarten. In erster Linie persönlicher Ehrgeiz, keineswegs aber Sympathie mit Lumumba, ist der Motor seiner Enthüllungen: *»Zunächst einmal hat jeder geschwiegen,«* erinnert er sich. *»Es herrschte eine ›Koalition des Schweigens‹. Diese Koalition des Schweigens wurde auch dadurch befördert, dass niemand alle Tatsachen kannte. Ich habe dreißig Jahre gebraucht, um die Wahrheit herauszufinden, um alle Etappen des dramatischen Endes von Lumumba zu rekonstruieren. Viele haben erst 25, 30 Jahre später akzeptiert zu sprechen. Sie haben akzeptiert – warum? Ich bin einer der Ihren, um es klar zu sagen …«*

Der heute 70-Jährige wurde wegen seiner Verdienste um das Vaterland von der belgischen Krone zum Ritter geschlagen.

›Chevalier de la Buissière‹ steht auf seiner adligen Visitenkarte, die er uns an seinem Arbeitsplatz im Brüsseler Innenministerium überreicht. Zum Interview verabreden wir uns in seiner Residenz, einem penibel rekonstruierten historischen Herrenhaus im kleinen Ort Bossière zwischen Lüttich und Brüssel. Es ist ein Schloss en miniature und sein Bewohner eine bemerkenswerte Mischung aus Grandseigneur und Buchhalter. »*Es war um 16.15, als Lumumba am Flughafen ankam. Der Kommandant des Flugzeugs hatte ›drei wichtige Pakete‹ angekündigt und wir wussten alle, dass es sich um die Gefangenen handelte. Also, Lumumba steigt aus dem Flugzeug und wird von mindestens zwanzig Zeugen gesehen, die ich ausfindig machen konnte und die mir alle erklärt haben, was los war. Es ist wahr, dass er keinen guten Eindruck machte, aber er konnte noch auf seinen eigenen Füßen über die Treppe aussteigen. Er war im Flugzeug vier Stunden lang geschlagen worden, bis seine Folterer müde wurden.*« Anwesend sind – abgesehen von den Katanga-Ministern Munongo und Kibwe – vor allem belgische Militärs und Berater. Zum Beispiel Colonel Vanderwalle, der Chef der Katanga-Gendarmen und vermutlich mächtigster Mann am Ort, der von seinem Assistenten Commandant René Smal begleitet wird. Auch die schwarzen Polizisten und Soldaten, die die drei Gefangenen jetzt auf die Pritsche eines Jeeps werfen, werden von belgischen Offizieren befehligt. Vom Kontrollturm aus beobachtet eine Abteilung schwedischer UNO-Soldaten das Geschehen, doch ihre alarmierende Meldung an das Hauptquartier bleibt ohne sofortige Reaktion.

Während die Gefangenen ein paar Kilometer weiter in den Rohbau eines belgischen Siedlers, die »Villa Brouwez«, gebracht werden, treffen sich die Belgier zu einer Lagebesprechung, an der auch Brassinne teilnimmt. »*Wir Belgier wussten alle genau, was passieren würde …*« Aber diejenigen, die in dem Marionettenstaat tatsächlich über Einfluss verfügen, die

die Regierungsgeschäfte führen und das Militär kommandieren, verstecken sich jetzt hinter ihrer Ohnmacht gegenüber dem, was sie archaische Gesetze des Schwarzen Kontinents nennen: »*Wir sagten: Hoffentlich, hoffentlich töten sie ihn nicht*«, erinnert sich der belgische Agent René Smal an die Diskussion. »*Aber da war er in den Händen der Schwarzen. Die Gefangenen waren in der Hand der schwarzen Regierung. Der Katangesen Kibwe und Munongo und all der anderen.*«

Nur einer von ihnen, der aufrechte Bürokrat Jacques Bartelous, Kabinettschef Tschombés, unternimmt einen zaghaften Versuch – nicht aus Mitleid mit den Gefangenen, sondern aus berechtigter Sorge um die Zukunft Katangas. Er schlägt vor, die Gefangenen nach Bakwanga weiterzuschicken, der zweiten abtrünnigen Provinz, wo Stammesführer Kalonji schon auf seinen Todfeind Lumumba wartet: »*Ich habe zu Tschombé gesagt, Lumumbas Schicksal ist besiegelt, es ist besiegelt, als wäre er schon tot. Davon bin ich überzeugt. Aber dann sollen sie ihn lieber in Bakwanga hinrichten als in Elisabethville. Wenn sie ihn in Elisabethville hinrichten, dann können sie die Unabhängigkeit von Katanga abhaken.*« Doch Tschombé verweist auf das Telegramm D'Aspremont Lyndens: »*Sie wissen ja nicht, was Sie wollen. Ihr Minister sagt mir, ich soll Herrn Lumumba übernehmen und Sie sagen mir das Gegenteil. Also, wer hat recht? Ihr Minister oder Sie?*« Bewacht von schwarzen Militärpolizisten und deren belgischen Chefs erhält Lumumba ›Besuch‹ von den Ministern der Sezessions-Regierung. Tschombé, der Präsident, Munongo, der Innen- und Kimba, der Außenminister lassen es sich nicht nehmen, den verhassten Ex-Regierungschef des Kongo zu besichtigen – gedemütigt, halbtot geschlagen, an einen Heizkörper in dem noch unfertigen Badezimmer gekettet. »*Herr Munongo hat Lumumba von oben bis unten und von unten nach oben angeblickt und dann auf den Boden gespuckt. Als ich das gesehen habe, habe ich mir gesagt, Lumumba ist so gut wie tot. Wer Munongo kannte, wusste jetzt Bescheid«*, erzählt uns Roger Leva, einer der Bewacher. Auch Jean Baptiste Kibwe, der Finanzminister, stattet seinem alten Feind Lumumba einen Besuch ab.

## An der Straße nach Jadotville

Kibwe ist der einzige direkte Augenzeuge des Mordes, den wir zu einem Interview überreden können. Der enge Mitarbeiter Tschombés hat auch nach dem Ende der Katanga-Sezession noch eine große Karriere unter Mobutu gemacht. Zeitweise war er Präsident der staatlichen Fluggesellschaft Air Kongo, übernahm dann die Leitung der Minengesellschaft Gécamines, aus der die Milliarden stammten, die Mobutu zu einem der reichsten Männer der Welt machten. Nicht alles ist glaubwürdig, was Kibwe uns über die letzten Stunden Lumumbas erzählt, doch seine Schilderung der Begegnung in der Villa Brouwez stimmt mit den Berichten anderer Augenzeugen überein: *»Natürlich verstanden die anderen nicht, worüber wir sprachen, er und ich. Ich habe ihn an etwas erinnert: Vor der Unabhängigkeit hatten wir einmal eine Diskussion, er sagte: Hör zu, Jean, wenn ich eines Tages nach Katanga komme, werde ich eure politische Partei vernichten. Ich hatte ihm geantwortet: Nein – dich werden wir vernichten! Daran habe ich ihn jetzt wieder erinnert: Er sagte: Du hast recht, ich bin gekommen und ihr habt mich wirklich vernichtet.«*

Die Beratung der Minister in Tschombés Residenz dauert nicht allzu lange. Sei es, dass sich Tschombé bereits gegenüber Mobutu und den belgischen Beratern festgelegt hatte, »den Job zu übernehmen« (wie Kibwe behauptet), sei es, dass sich die Hardliner Kibwe und Munongo gegen den eher unentschlossenen Tschombé durchsetzen (wie Tschombé später behauptet hat) – das Ergebnis steht schon fest: Lumumba, Mpolo und Okito werden von der aufgeputschten Runde zum Tode verurteilt. Der belgische Kommissar Verscheure und seine Kollegen Gat, Son und Michels werden beauftragt, umgehend an einem diskreten Ort das Notwendige vorzubereiten.

Kibwe wird zunehmend nervös, als wir im Interview an diesen Punkt kommen. Mit flatternden Knien beschreibt er die folgenden Szenen in der dritten Person, als wäre er selbst nicht dabei gewesen: »*Das musste sehr diskret passieren, damit niemand aufmerksam wurde. Die Leute wurden abgeholt und dann zum Präsidentenpalast gebracht. Es war abends, gegen 20.00 oder 20.30 Uhr. Vom Präsidentenpalast sind sie zu dem Ort der Hinrichtung gefahren. Auf der Strecke nach Jadotville, heute Likasi, 50 Kilometer weit, haben sie eine Abzweigung genommen, die zur Elektrizitätszentrale geht. Und dort haben sie die Leute mit Maschinenpistolen hingerichtet. Verscheure mit den drei belgischen Polizisten führte das Kommando. Man hatte ein Loch gegraben und hat sie vor das Loch gestellt. Man hat geschossen und sie sind in das Loch gefallen. Soviel kann ich Ihnen sagen.*«

Wer von den Ministern war dabei? Kibwe schließt die Augen, um die Szene in die Erinnerung zurückzuholen: »*Bei den Dreien bin ich sicher, Paul, Gabriel (Kitenge), Eva (Kimba), Godefroy (Munongo) und natürlich Moise (Tschombé).*«

Patrice Lumumba wird als letzter erschossen. Die Aufforderung Verscheures, ein Gebet zu sprechen, weist er zurück. 201 Tage sind vergangen, seit Lumumba in einer leidenschaftlichen Rede im Palais des Nations mit dem belgischen Kolonialismus abgerechnet und das Land in die Unabhängigkeit geführt hat. Er ist keine 36 Jahre alt geworden.

Der Rest ist Schweigen – und Lüge. »*Um den Schein zu*

*wahren machte ich den Vorschlag, die Nachricht zehn Tage lang zu unterdrücken.«* Wieder ist es Kabinettschef Bartelous, heute ein pensionierter Richter in Dinant, dem die fatalen Konsequenzen dieses Mordes am klarsten sind. Der belgische Anwalt Belina entwirft ein detailliertes Drehbuch der Verschleierung, demzufolge die Gefangenen noch drei Wochen in einem katangesischen Gefängnis verbringen, bevor sie ihr »selbstverschuldetes Schicksal« ereilt: »*Das war eine komplette Komödie über den Tod von Lumumba. Man behauptete, er wäre entkommen, hätte ein Auto gestohlen, wäre von Dorfbewohnern umgebracht worden, die ihn wiedererkannt hätten … kein Mensch hat jemals auch nur eine Minute an diese Inszenierung geglaubt.«* Selbstredend auch nicht die Regierungen in Brüssel und Washington, die umgehend von ihren Vertretern vor Ort über die wahren Ereignisse informiert worden sind. Doch sie spielen die zynische Komödie mit. D'Aspremont Lynden schickt jetzt hochoffizielle Telegramme an die Regierung Tschombé, in denen er die Mörder ganz formell um eine »korrekte Behandlung« der Gefangenen bittet. Doch die »Behandlung« hatte längst ein anderer übernommen.

## »Kennen Sie Mörike?«

fragt uns der pensionierte Polizist Gérard Soete, während wir in seinem Haus bei Brügge noch dabei sind, Lampen und Kamera aufzubauen. Dann zitiert er in flämisch gefärbtem Deutsch eines seiner Lieblingsgedichte:

*Das verlassene Mädchen.*

*Früh, wenn die Hähne krähen / Ehe die Sternlein verschwinden*
*Muss ich am Herde stehen / Muss Feuer zünden*

*Schön ist der Flammenschein / Es springen die Funken*
*Ich schaue so drein / In Leid versunken.*
*Plötzlich, da kommt es mir, treuloser Knabe*
*Dass ich die Nacht von dir geträumet habe*
*Träne auf Träne dann stürzet hernieder*
*So kommt der Tag heran, oh ging' er wieder!*

»*Ist das nicht wunderschön? Da ist einfach alles drin.*« Verstohlen wischt sich der sensible Polizist die Augen. Minuten später sind wir beim eigentlichen Thema: »*Für mich hat die Geschichte mit Lumumba begonnen am Morgen nach der Hinrichtung.*« An diesem 18. Januar 1960 wird der belgische Polizeikommissar zu seinem Chef, dem Innenminister Munongo gerufen. Seit einem halben Jahr ist er – wie seine Kollegen – an die (auch von Belgien nicht anerkannte) Regierung von Katanga »ausgeliehen«, obwohl er sein Gehalt nach wie vor aus Brüssel bezieht. Von Munongo erhält der erschrockene Soete den Auftrag, die Opfer des nächtlichen Massakers spurlos verschwinden zu lassen. Also werden die Toten wieder ausgegraben und mit dem Auto an einen anderen Ort gefahren. Man hat Werkzeuge mitgebracht, Äxte, Messer, Sägen. Und einen großen Bottich mit Schwefelsäure aus dem Fundus der Union Minière. »*Das ist eine wahnsinnige Arbeit. Wir waren betrunken, wir hatten eine Menge Whisky mitgenommen, um es machen zu können, andernfalls hätten wir es nicht ertragen. Das war keine menschliche Arbeit, man wird zum Tier.*«

200 Kilometer von der Hauptstadt, mitten im Busch, schlagen sie ihr Zelt auf und machen sich ans Werk. »*Wir haben die Körper in Stücke geschnitten. Der größte Teil wurde aufgelöst und den Rest haben wir verbrannt. Wir mussten das tun, ohne dass die Schwarzen das sahen. Mitten im Wald. Das ist auch ein Problem, wir waren nur zu zweit und mussten*

*alles alleine machen: Die Leichen ausgraben, sie in Stücke schneiden, sie vernichten – und niemand durfte etwas wissen. Und tatsächlich hat niemand etwas erfahren.*« Und dann packt der freundliche alte Mann ein kleines Bündel aus, sorgsam in Plastikfolie gewickelt, mit Tesafilm verklebt. »*Arraché!*« sagt er, »*Herausgerissen! Lumumba hatte ansonsten ein sehr gutes Gebiss.*« Die von hinten vergoldeten Schneidezähne hat er sich als Beweisstück aufgehoben. »*Ein Zahnarzt könnte Lumumbas Zähne einwandfrei identifizieren. Vielleicht habe ich irgendwo sogar noch den einen oder anderen Finger.*« Anschließend gehen wir mit dem netten Herrn Soete noch Muscheln essen – im Restaurant des Supermarktes nebenan, wo sie besonders frisch und preiswert sind. »*In der Armee und bei der Polizei führen Sie Befehle aus*«, kommt er noch einmal auf seinen Dienst in Katanga zurück. »*Fertig. Das haben wir getan.*« Also werden Menschen zerhackt und aufgelöst, Zähne herausgebrochen und Finger beiseite gelegt.

»*Das erinnert mich an den Holocaust*«, sagt Juliana, die Tochter Lumumbas. »*Man hat die Leichen verbrannt, man hat ihr Fett zu Seife verarbeitet, man hat mit ihren Goldzähnen die Kriegskasse gefüllt.*« Ganz normale, anständige und pflichtbewusste Menschen haben diese Verbrechen verübt, weil sie den Befehl dazu bekamen. »*Wenn der Minister einen Befehl gab und ich war dafür verantwortlich, dann wurde es gemacht.*« Hauptsache, alles hat seine schriftliche Ordnung. Ein belgischer Arzt namens Peters (ein reizender Mensch, wie uns Monsieur Bartelous versichert hat) füllt akribisch die Totenscheine aus. Für drei Leichen, die er schwerlich untersucht haben kann, weil sie sich Wochen zuvor im Säurebad des Monsieur Soete aufgelöst haben. »Patrice Lumumba, 36 Jahre alt, Tod im Busch«, lesen wir über das Ende des ersten kongolesischen Premierministers. »Tod im Busch«, sonst nichts – als sei das eine gängige Todesursache, eine typisch afrikanische Epidemie.

»*Vielleicht müssen Sie als westliche Journalisten ihre Klischees, dass die Schwarzen Wilde sind, die Araber brutale Würger und die Weißen zivilisierte Leute – vielleicht müssen Sie diese Klischees etwas revidieren*«, meint Lumumbas Sohn Roland. »*Es gibt von allem etwas in allen Zivilisationen, in allen Kulturen. Es gibt hier nicht nur sympathische und nette Leute, aber wir sind auch nicht blutrünstiger als die anderen.*«

Erst drei Wochen später, am 13. Februar 1961, geht die Nachricht vom Tod Lumumbas um die Welt. Im sozialistischen Lager und bei den Blockfreien kennt die Empörung keine Grenzen. Aber auch in London und Paris, in Rom und New York gehen Hunderttausende auf die Straße. In einer turbulenten Sitzung beschließt die UNO, was sie dem lebenden Lumumba kategorisch verweigert hat: die militärische Beendigung der Sezession von Katanga. UNO-Generalsekretär Dag Hammarskjöld kommt im Rahmen dieser Mission bei einem Flugzeugabsturz ums Leben. Für die Ermordung Lumumbas, Okitos und Mpolos wurde nie jemand angeklagt, geschweige denn bestraft. Nicht Tschombé, der später sogar für kurze Zeit Präsident des Kongo wurde und bei einem Staatsbesuch in Deutschland – wie auch überall sonst auf der Welt – mit allen Ehren empfangen wurde. Und auch nicht Mobutu, der mit Unterstützung des Westens eine 30-jährige Diktatur errichtete, das Land ausplünderte und großzügig an befreundete Staatsmänner Diamanten verschenkte.

Und die belgischen Helfer und Hintermänner? »*Man muss sagen*«, meint Brassinne, »*dass alle diese Offiziere, die diese traurigen Ereignisse erlebt haben, davon überzeugt sind, dass alles, was passierte, die Schuld von Lumumba ist.*« Und Soete ergänzt: »*Ich denke, wir haben das sehr gut gemacht dort. Ich habe darüber nachgedacht, es gab keine bessere Möglichkeit. Es war das einzige Mittel, das Schweigen zu bekommen. Allgemeines Schweigen. Und das haben wir bekommen.*«

# Nachtflug in den Tod

## Das gewaltsame Ende von Dag Hammarskjöld

Von Hans-Rüdiger Minow

*»**Belgisch-Kongo**, aus dem Kongo-Staat hervorgegangene belg. Kolonie in Äquatorialafrika. 11,6 Mio. E. Feuchtheißes, ungesundes Klima. Bodenschätze: NO Goldfelder, SW Diamantenlager, S Kupfer, Zinn u. Uranium. Einwohner größtenteils Bantuneger, im N Sudannegerstämme, in verschiedenen Urwaldgebieten Zwerg- und Zwergmischstämme. Hauptstadt: Leopoldville. Unterrichtserteilung meistens durch Missionare. Kleines Kolonialheer. Schöpfung Leopold II. von der Berliner Konferenz 1884/85 anerkannt. Seit 1908 Belgisch-Kongo.«*
Lexikon der Deutschen Hausbücherei, 1955

In den Vororten Stockholms tobte ein Schneesturm. Der Taxifahrer hielt an. »*Die Straße ist dicht. Wollen Sie warten?*« Wir nickten. Er hatte die Scheibenwischer ausgestellt und binnen Sekunden glich die Wagenkabine einem weißgrauen Käfig. Die peitschenden Flocken hingen eng an den Fenstern; nur die Scheibe am Heck ließ Durchblicke frei. Das Abblendlicht haltender Wagen, die sich hinter uns stauten, schien im Schneefall zu flimmern. In die Ränder der Straße ragten Felsformationen, auf denen die Kiefern erst in Gruppen standen und dann in Wald übergingen. Östlich der Parkbucht überwölbte das Grün, das vom wirbelnden Schnee wie mit Deckweiß gefärbt war, ein steiniges Ufer. Man ahnte ein Holzhaus in rostigem Rot, dahinter die Schären, dann das Bottnische Meer.

»*Wie weit ist es nach Väsby?*«

»*Wollen Sie laufen?*« Der Taxifahrer sah uns durch den Rückspiegel an und lächelte skeptisch. »*Wenn es ums Geld geht – ich bring' Sie auch so hin.*« Er schaltete den Zähler aus. »*Wir sind kurz vor der Abfahrt, noch ein paar hundert Meter. Gedulden Sie sich, bis der Schneeräumer kommt.*«

Wir hatten versichert, dass wir pünktlich sein wollten, um die 60 Minuten, die uns eingeräumt wurden, in voller Länge zu nutzen. Die Zeit lief davon. Das Handy versagte. Wir klappten das Fell unserer Mützen nach unten und stiegen aus.

## Im »Volksheim«

Hinter den Schleiern, durch die Windhosen rasten, schien Väsby zu liegen. Stockholms teurere Gegend, vermeintlich ein Vorort mit größeren Villen, bestand aus Hochhauskomplexen, die das schmale Terrain zwischen Felsen und Kiefern klobig besetzten. Wir arbeiteten uns an die Wohnränder vor und atmeten durch, als der Schutz einer Mauer das Schneetreiben brach. Die Sturmböen nahmen ab. Durch den Eingangsbereich eines Flachdachgebäudes trudelten Flocken. Ein einsamer Wagen stand mit laufendem Motor auf dem Parkplatzgelände. Die automatische Glastür zwischen zwei Säulen öffnete sich, jemand trat auf den Gehweg, um seine Supermarktkarre zum Auto zu schieben. Links von den Säulen war Platz für den Bäcker, rechts für ein Handarbeitsgeschäft. Der einzige Turm gehörte zur Kirche. Schräg gegenüber, im Außenbereich des Flachdachgebäudes aus Eisenbeton, befand sich die Post. Der Anschluss ans Bahnnetz konnte nicht weit sein. Wer von Väsby nach Stockholm mit dem Zug fahren wollte, ging vom Vorplatz zum Fußweg, der nach wenigen Metern die Gleise berührte. Wir waren im Zentrum der Plattenbausiedlung und hatten gemeint, an den Rändern zu stehen.

Draußen, vor Väsby, trieb Schnee durch die Landschaft, drinnen, am Vorplatz, vergaß man den Wind. Eine seltsame Ruhe beherrschte den Ort. Hier lauter zu reden als notwendig war, würde aufreizend sein. Nichts schien besonders, aber alles vertraut. Niemand fiel auf. Eine Glocke ertönte. Wir betraten das »Volksheim«[1], jene schwedische Schöpfung aus Wohlfahrt und Gleichheit, die sich Stockwerk für Stockwerk im Abriss befand. Wohlfahrt und Gleichheit schluckte der Markt.

Botschafter Olsson bewohnte drei Zimmer auf mittlerer Höhe. Der Schriftzug stand klein, fast unscheinbar, unter einer der Klingeln, die in Farbe und Größe einförmig waren und das Suchen nach Namen schwer werden ließen.

Er öffnete selbst, ein älterer Mann, agil, fast kokett und in schnellen Bewegungen auf ein Couchrechteck zeigend, in dem wir Platz nehmen sollten. Er saß schon im Sessel, als er die Frage nach einem Tee oder Kaffee der Form halber stellte und der Tonfall uns drängte, mit Dank zu verneinen. Olsson räusperte sich, wartete kurz auf den Austausch der Karten, um unsere suchenden Sätze, die der Vorstellung dienten, nickend, dann durch Putzen der Brille und nach Ablauf des Zeitraums, den er passend empfand, mit einer schneidenden Geste zum Abschluss zu bringen.

Jetzt redete er, der Botschafter Olsson, damals erster Konsul in Léopoldville, später Vertreter des schwedischen Staates in asiatischen Ländern, er redete nicht, er diktierte die Sätze, deren zwingendes Tempo nach Mitschrift verlangte.

Wir protokollierten. Olsson wirkte zufrieden.

Er wollte betonen, dass es ihm fern lag, die Ernsthaftigkeit unseres Medieninteresses in Zweifel zu ziehen, doch bestehe wohl Anlass zu der klärenden Frage, in welcher Absicht die Medien Dag Hammarskjölds Tod nach all diesen Jahren erneut untersuchten. Die Antwort, die er, Frank Olsson, erteilte, wäre nicht höflich, aber leider sehr treffend: Kolportagebedürfnis, Gier nach Enthüllung, Sensationsmacherei. Nicht Tatsachen zählten, nicht der tragische Umstand, dass Dag Hammarskjölds Flugzeug die Rollbahn verfehlte und beim Landeanflug am Boden zerschellte, weil ein technischer Fehler, vielleicht auch ein Irrtum, die Propellermaschine zu tief fliegen ließ; nein, all dies war egal, und man suchte stattdessen nach politischen Gründen, nach einem Komplott, erfand sich Motive, die zum gewünschten Ergebnis der Erfindungen führten: Verschwörung und Mord, mal im östlichen Auftrag, mal westlich drapiert.

»*Nun gut.*« Olsson lächelte mokant und sah uns an. »*Auf diesem Niveau bewegt sich die Presse, ich kann es nicht ändern. Ich kann nur erklären, dass jeder Versuch, für den tragischen Absturz einen Mörder zu finden, seit fast 40 Jahren ergebnislos ist. Es begann bereits damals, keinen Tag nach der Nachricht, und seit dem 17.9. im Jahr 61 hört es nicht auf.*

*Demnach soll die UN, unter Hammarskjölds Führung, plötzlich umgeschwenkt sein und statt der Interessen, die den Westen bestimmten, eine eigene Haltung, zu sehr neutral, zu afrikanisch, an den Tag gelegt haben. Also musste Dag Hammarskjöld, der Generalsekretär der Vereinten Nationen, umgebracht werden. Sehr interessant!*«

Olsson wollte witzig sein.

»*Ein teuflischer Plan, aber leider auch dümmlich! Denn die Folgen des Mordes, der gar keiner war, entlasteten nicht. Statt dem Westen zu nutzen, schadeten sie: Dag Hammarskjöld war tot, der Freund der afrikanischen und asiatischen Völker, der große Neutrale. Aber war er das wirklich? Auf wen fiel der Verdacht? Er fiel auf den Westen. Seine Wirtschaftsinteressen, seine kolonialen Geschäfte standen am Pranger einer Massenempörung, die vom Kongo ausging, dann Kairo erreichte und Neu-Delhi mit Peking und Moskau verband. Überall Aufruhr, Demonstrationen: Der Westen ist schuld; setzt die westlichen Mächte auf die Anklagebank ... Welch erfolgreicher Mordplan! Welch grandioses Ergebnis!«*

Olsson lächelte kurz, aber nicht mehr mokant.

*»Für den Fall, dass Ihr Auftrag diesen Unsinn betrifft, verlieren wir Zeit.«* Olssons Stimme vibrierte und klang aggressiv. *»Soviel mir bekannt ist, gab es zwei Untersuchungen, eine in Ndola, sofort nach dem Absturz, und eine zweite der UNO, im folgenden Jahr. Die eine war schlampig und nennt den Tod einen Unfall; die andere, die im Auftrag der UNO entstand, entscheidet sich nicht. Sie hält alles für möglich ... Man kann beide bezweifeln.«*

*»Was mich anbelangt«*, sagte Olsson leicht drohend, *»ist die Sache geklärt. Meine Nachuntersuchung für den schwedischen Staat findet keine Beweise, die den Absturz von Ndola geheimnisvoll machten. Vielleicht ein technischer Fehler, vielleicht ein menschlicher Irrtum, ich sagte es schon.«*

Wir notierten noch immer.

*»Die Nachuntersuchung begann 92, und im März 93 schloss ich sie ab.«* Olssons Stimme wurde spitz. *»Es interessiert mich, zu hören, was Sie annehmen lässt, dass neuere Fakten Beachtung verdienen. Ich tappe im Dunkeln. Vielleicht helfen Sie mir.«*

Wir waren gekommen, um mit Olsson zu sprechen, seinen Rat einzuholen, Details zu erfragen. Neuere Fakten kannten wir nicht; wir hatten gehofft, er würde uns helfen. Doch für Botschafter Olsson schien schon die Absicht aktueller Recherchen zu Hammarskjölds Tod empörend zu sein. Seine Nachuntersuchung aus dem Jahr 93 sollte Schlusspunkte setzen. Wer den Absturz von Ndola trotzdem berührte, ohne Olssons Erkenntnis als final anzusehen, stellte Olsson in Frage, konkurrierte mit ihm, ja störte womöglich nationale Belange, deren tieferen Einfluss wir erst später verstanden.

Hinter Olssons Balkon war die Sonne zu sehen. Der Schneesturm hatte aufgehört. Wir sagten uns artig Belanglosigkeiten und nahmen den Zug, um nach Stockholm zu kommen.

## Schwarz und Weiß

Jan Lindenbaum zeigte den Plastikausweis. Die Schranke ging auf. Er schleuste uns durch die Sendegebäude und betrat das Archiv. Ein Schwall wohliger Wärme ließ das Wetter vergessen. Am Ausgabeschalter brannten zwei Kerzen.

Von dem Großraumbüro mit Datenanlagen führten mehrere Türen in den Ansichtsbereich. Jan hatte die Filme schon auf Spulen gerollt und das MAZ-Material nach Komplexen geordnet. Sveriges Television war bestens sortiert.

*»Womit fangen wir an?«*

*»Hammarskjöld, Kongo und UNO.«*

Jan dimmte das Licht. Der Film war zerkratzt und mehrfach geschnitten. Die beschädigte Tonspur versagte. Man hörte ein Rauschen, als hätte die Zeit alle Töne verwischt, um von der Botschaft der Bilder das Falsche zu nehmen, den sprachlichen Zusatz, das Reportergeplapper, auf dass unser Blick die Geheimnisse finde oder die Spuren, die der Augenblick prägte.

Es schien sich um Schnipsel aus Katanga zu handeln, einer Kongo-Provinz, noch vor der Erfindung von Farbnegativen. Die Bewegungen ruckten. Man sah halbnackte Wilde, die Loren beluden und schweres Gestein zu Sortierbändern schoben. Mehrere Schienen führten in Stollen. An den Bildrand der Szene trat ein weißer Polier, um den Platz abzuschreiten, auf dem die Minenarbeiter, darunter auch Kinder, das Erdgut bewegten. Der Mann mit den Kleidern trug lederne Stiefel, die schwarze Belegschaft lief barfuss herum. Das ständige Flackern, das die Augen anstrengte und mechanische Mängel beim Drehen verriet, wurde jetzt stärker.

Die Szene brach ab.

Übergangslos tauchten Baumkronen auf, in deren riesigen Schatten Menschen anstanden. Das Ende der Reihen verschwand in der Tiefe, im Bildvordergrund wurde Essen verteilt. Drei weiße Personen schöpften aus Eimern, es schien irgendein Brei, vielleicht Hirse zu sein. Den wartenden Schwarzen fehlten Gefäße, sie nahmen die Hände, manchmal auch Blätter, traten danach in den Schatten zurück und verschlangen die Viehkost im Gehen.

Die Szene brach ab, die Rolle lief aus.

*»Woher habt Ihr die Filme?«*

Jan drückte ein MAZ-Band in die Player-Station. *»Werksfilm einer belgischen Minengesellschaft mit französischem Namen: Union Minière. Zwanziger Jahre, wahrscheinlich noch früher ... Der nächste ist aus den Sechzigern.«*

Wir nickten.

Die Bilder waren sorgsam gedreht und für damals auf technischem Höchststand, Farbaufnahmen mit mobilem Gerät im 16-mm-Sendeformat. Wieder fehlte der Ton oder ließ sich als Jaulen einer Jazzband vernehmen, die den Fernsehbericht aus Léopoldville atmosphärisch verschönte. Die Kamera fuhr ein Wohnviertel ab, auf dessen plattem Terrain weiße Bungalows ruhten. Veranden aus Holz waren blumenumrankt, die Vorgärten wurden von Hecken begrenzt. Man ahnte das Stechen der Sonne.

Auf den breiten Boulevards stand ein Wagen bereit, der nach Freizeit aussah, den Motor anließ und die Siedlung erklärend durchkurvte. Um den Schauplatz zu wechseln, folgten mehrere Blenden. Das Sportcabrio erreichte sein Ziel und parkte am Rand einer Rennbahn. Weiße Besucher hielten Gläser mit Säften. Auf dem Turf pflegten Jockeys ihre zahlreichen Pferde. Die Kamera schwenkte zum Clubhaus zurück, streifte lachende Frauen, die Pettycoats trugen, und zoomte am Schluss auf eine wehende Fahne. Sie trug belgische Farben.

Die Sequenz schien als Vorlauf für den Staatsakt gedacht, bei dem der belgische König die Herrschaft im Kongo für beendet erklärte und seinen früheren Untertanen die Macht übergab, am 30. Juni 1960. Das Schwarz-Weiß-Material kannten wir schon. Es kam aus Wochenschauquellen und war leider nur kurz. Der Eklat ist geschnitten. Der Auftritt Lumumbas, des ersten Premiers nach Abzug der Belgier, fehlte fast völlig, seine Rede war stumm. Weder Lippenbewegung noch begleitende Gestik ließen erkennen, dass er den Belgiern ihre Schande nachrief: »*Meißelt dieses Datum in Eure Herzen … Eurem Spott, Euren Beleidigungen und Schlägen waren wir morgens, mittags und abends ausgesetzt … Jetzt sind wir nicht länger Eure Affen.*«

An die Bilder der Schwarzen, die dem Staatsakt beiwohnten, waren Szenen mit Leichen montiert, Opfer der Kämpfe, die nur zwei Wochen später den Kongo zerrissen und den belgischen Truppen die Möglichkeit gaben, zum vermeintlichen Schutz ihrer fliehenden Bürger im Land zu verbleiben. Nach geplünderten Kirchen und verkohlten Karossen kam ein Schwarzer ins Bild, den zwei Belgier flankierten. Er erklärte die Gründung eines eigenen Staates mit Namen Katanga, jener Kongo-Provinz, in der die Rohstoffe lagen und europäische Eigner ihr Geld sichern wollten.

Die Dokfilmmontage erweckte den Eindruck, als wäre das

Blutbad eine logische Folge der schwarzen Befreiung und unter belgischer Obhut zu verhindern gewesen. Die Spaltung des Landes durch Moise Tschombé erschien als mutige Tat, die Ruhe und Ordnung wiederherstellen würde. Von der Minengesellschaft mit dem französischen Namen war im Film nichts zu sehen.

Jan nahm die Kassette aus dem Player. Er lachte. »*Eine herrliche Arbeit für Dokfilmstudenten. Schnittanalytisch wirklich ganz große Klasse – und in den sechziger Jahren im Abendprogramm … Könnt Ihr was brauchen?*«

Wir notierten die Teile, die wir abklammern wollten. Im Fotoarchiv wartete Britta auf uns. Sie wollte mit Bildern über Hammarskjöld helfen, Jugendaufnahmen.

»*Wann machen wir weiter?*«

»*Wann fahrt Ihr zurück?*« Jan legte die Filme beiseite.

»*Spätestens Freitag. Wir müssen nach Irland.*«

»*Kommt einfach vorbei.*« Er knipste die Lampe des Schneidetischs aus. Das MAZ-Material blieb im Dunkel zurück.

## Ein Herz für die Presse

Olssons Nachuntersuchung war seltsam konfus.

Auf zwei Dutzend Seiten überflog sie die Zweifel an der Unfallversion. Zeugenaussagen, die mehr wissen wollten, als Olsson genehm schien, wurden niedrig gehängt. Einer Mordtheorie folgte die nächste, und da Olsson vermied, den Gehalt zu gewichten, erschlugen sie sich. Die Vielzahl der Fragen war ihm Beweis, dass Schnüffler und Spinner sich Rätsel ausdachten, statt Hammarskjölds Tod als gegeben zu nehmen, ohne Schuld, ohne Lehren, die den Tod transzendierten. Flugzeugabstürze gehörten zum Alltag. Warum gerade diesen, auf einer nächtlichen Piste, die der Crew nicht vertraut war, mit

Geheimnissen spicken? Olsson umging den Kern aller Fragen: Gab es wirklich Motive, den Generalsekretär der Vereinten Nationen aus dem Amt zu entfernen, da der Kurs der UN für bestimmte Interessen mehr als hinderlich wurde? Hatte Hammarskjöld Feinde? Diese simple Erwägung kam bei Olsson nicht vor. Selbst den Anfangsverdacht, den ein früherer Kollege von Hammarskjöld hegte, ein UN-Diplomat mit französischem Namen, fegte Olsson vom Tisch, obwohl der Franzose in den sechziger Jahren mitgeteilt hatte, dass ihm Quellen vorlägen, wonach die Unglücksmaschine nicht aufgrund eines Irrtums, sondern wegen des Angriffs aus einem belgischen Jet erst ins Schlingern geraten und dann abgestürzt wäre.

Wir notierten den Namen und schlossen die Akte, die das Pressebüro des Außenministers ohne jegliches Zögern vervielfältigt hatte. Diesen offenen Umgang mit Medienvertretern kannten wir nicht. Es war leider nicht häufig, dass Aktenbestände offizieller Natur für Recherchen vorlagen.

Der Zug wurde langsamer.

Jenseits der Gleise lag Uppsalas Altstadt und oben die Burg, die nicht anders aussah als in Hammarskjölds Jugend, wo ihn die Mutter, eine gläubige Frau, in den zwanziger Jahren zur Gerechtigkeit anhielt und die Strenge des Vaters, eines hohen Beamten, sein Gewissen erzog. Uppsalas Altstadt blieb die engere Heimat, der innere Ort. – Hier lag alles beisammen, was Hammarskjöld prägte. Der Weg von der Burg zum Hochschulgelände, zu mehreren Kirchen und dem bestimmende Dom war ein kurzer Spaziergang.

Vor dem Bahnhofsgebäude standen Überlandbusse. Aus dem Schornstein eines Kiosk stieg Rauch in den Himmel, die Kälte war schneidend, die Sonne sehr matt. Es roch nach Pølser und Senf.

## Befremdliche Freunde

Der Interviewort entsprach der Bedeutung, die wir Hammarskjölds Rolle in der UNO beimaßen, ein länglicher Saal mit Blick auf den Dom, dunklem Parkett und Dutzenden Stühlen, deren kunstvolles Schnitzwerk die Holzlehnen zierte. Gelehrte Gesichter in prunkvollen Rahmen behingen die Wände des Uni-Gemäuers. Hinter dem Platz, der dem Rektor zukam, führten mehrere Stufen auf ein kleines Podest, das ein Baldachin krönte. Noch in Hammarskjölds Jugend war es üblich gewesen, dass Vertreter des Staates hier erhöht präsidierten: als Aufsichtsbehörden, die der Freiheit des Forschens Tribut zollen wollten, wenn an den unteren Tischen der Lehrkörper tagte. Die staatliche Sorge um Fakten und Wissen schien im schwedischen Alltag Traditionen zu haben.

Björn Bergengreen setzte sich.

Unsere zahlreichen Fragen nach Hammarskjölds Gegnern, nach Konfliktmaterial, das in den fünfziger Jahren die UNO entzweite, waren sorgsam geordnet und in Bergengreens Handschrift auf Zetteln notiert. Er nahm sich die Brille, studierte den Text, griff dann nach den Büchern, die er mitgebracht hatte, und stützte die Arme auf den riesigen Tisch.

Er lehrte Geschichte. Seine Gastprofessur an einer kalifornischen Uni lag nur Wochen zurück und mochte der Grund für das Zwanglose sein, mit dem er die Spannung bei den Kameraproben fast sofort überwand. Die offiziöse Umgebung im historische Altbau des Uni-Gebäudes gab Bergengreens Auftritt ein besonderes Gewicht.

Hatte Hammarskjöld Gegner? Je länger Bergengreen sprach, desto deutlicher wurde, dass auf Hammarskjölds Wahl zum Chef der UN Enttäuschungen folgten. Sie betrafen Hammarskjölds Ethos, sein Gerechtigkeitsstreben, doch noch mehr seine Freunde.

Sie hatten gehofft, dass Dag Hammarskjölds Aufstieg in den Stockholmer Ämtern, seine stete Karriere bis zum Rang des Ministers, für das richtige Maß an Biegsamkeit bürgte. Soweit die Freunde erfuhren, förderte Hammarskjölds Stil den geräuschlosen Lauf von Verwaltungsprozessen – ein geschätztes Talent, das Effizienz wie Lavieren im politischen Raum erst aussichtsreich machte. Und Lavieren stand an. An der Spitze der UNO, wie die Freunde sie sahen, war nicht Rückgrat gefordert, sondern schnelle Vermittlung mit dem Block der Neutralen, um das feindliche Lager dominieren zu können. Statt für hehre Prinzipien, die von Hammarskjölds Stellung einen gleichgroßen Abstand zu den Lagern verlangten, sollte Hammarskjölds Arbeit für Mehrheiten sorgen, für die Gruppeninteressen seiner mächtigen Gönner.

Ihre Hoffnungen trogen.

Bereits kurz nach der Wahl, im April 53, stellte Hammarskjöld fest, dass die UNO-Verwaltung mit Agenten durchsetzt war. Sie überprüften die Daten von UNO-Beamten, Gewohnheiten, Leben, um das kleinste Detail, das auf Abweichlertum, auf dissidente Gedanken zugunsten des Gegners und damit zugunsten des Ostens hinwies, in Vermerke zu fassen, die für ein baldiges Ende der UN-Laufbahn sorgten.

Das FBI-Personal hatte Trygve Lie hinterlassen, der Neutrale aus Oslo und Vorgänger Dags an der Spitze der UNO. Aufgrund von Empfehlungen der Agentenberichte ordnete Lie die Entlassungen an. Seit Beginn seiner Amtszeit war das UNO-Gelände, das nach UNO-Verfassung keinem Staat unterstand, ein bevorzugter Ort der US-Spionage[2], des täglichen Spitzelns nach verdächtigen commies, nach dem Gutmenschentum der West-Sozialisten, die den Völkern der Welt Illusionen einbliesen und das spürbare Brodeln unter Schwarzen und Gelben nur weiter verstärkten.

Nicht dass Hammarskjöld meinte, dieses Treiben sei harmlos. Nach Erziehung und Bildung war er konservativ. Er pflegte die Haltung des Besitzbürgertums, dessen schwedischer Zweig – noch mehr als die anderen – nach Eintracht verlangte, nach Ausgleich im »Volksheim« statt nach Agitation. Es lag im Wesen des Ausgleichs, ihn möglichst behutsam und als Pakt zwischen Gleichen in Szene zu setzen. Untergrundkämpfe oder Spitzelbehörden störten nicht nur, sie bedrohten auch das Wirken einer hohen Instanz, die in Hammarskjölds Leben fest eingepflanzt war und als schützendes Dach den Besitz überwölbte: Gerechtigkeitssinn, Gewissensentscheid.

Hatten Hammarskjölds Freunde sein protestantisches Ethos für Kulisse gehalten, so erfuhren sie nun, dass er Ernst machen wollte. Er verfügte den Abzug des FBI-Personals, zwar diskret, aber dennoch zum Schaden der Lagerinteressen.

»*Ein schwieriger Start.*« Bergengreen räusperte sich. »*Kein leichter Beginn.*« Das war untertrieben. »*Im folgenden Jahr dann der zweite Konflikt: Guatemala. Die gewählte Regierung verstaatlichte Land, das bedeutenden Firmen im Norden gehörte, US-Unternehmen. Daraufhin rückten Truppen aus dem Nachbarstaat ein, aus Honduras – ein Militärüberfall, für den Washington aufkam, und zwar Dollar für Dollar. Die CIA gab die Mittel. Als Hammarskjöld warnte, dann den Sicherheitsrat der UN aktivierte, blockte Washington ab. Man behinderte Dag, verschleppte Beschlüsse und erreichte das Ziel: die gewählte Regierung von Guatemala zu stürzen. Die UN blieben machtlos. Aber wenn es auch aussah, als wäre Washington Sieger, so hatte die UNO doch Stellung bezogen und Hammarskjölds Freunde wunderten sich.*«

Das nächste Kapitel der befremdlichen Freundschaft schien in China zu spielen, für das westliche Lager ein Hort alles Bösen, nach Dag Hammarskjölds Meinung ein Staatensubjekt, mit dem nicht nur Schweden Beziehungen pflegte. Die Volksrepublik hielt Gefangene zurück, die einst Bomberpiloten im

Koreakrieg waren und bei Verfolgung des Gegners nach China gerieten, US-Militärs. Ihr vermeintliches Los in den Folterverliesen der roten Termiten bewegte die Presse. Washington klagte, aber rührte sich nicht, da die Pekinger Führung als aussätzig galt.

Dies war Hammarskjölds Stunde. Er reiste nach China, traf Tschou En-lai und empfahl bei der Rückkehr geduldiges Warten. Es vergingen nur Tage, bis Peking zum Besuch der Gefangenen einlud, worauf Washington drohte, dass Visa für China nicht erteilt werden würden. Amerika stutzte.

Dann gab Peking die Heimkehr der US-Bürger bekannt – als Geburtstagsgeschenk für den freundlichen Schweden, den Diplomaten aus Stockholm, der um Ausgleich bemüht war statt mit Säbeln zu rasseln. Amerika dankte, Washingtons Freude schien eher gequält.

*»Hammarskjölds Taktik war erfolgreich gewesen. Sein Ansehen stieg. Er stand über den Lagern, jedenfalls wollte er das, ein korrekter Beamter im Auftrag der UNO und für keine Regierung als Handlanger tätig.«*

Bergengreen legte die Stirn in Falten. Vielleicht war er besorgt, dass sein historisches Wissen zu einseitig klang.

Wir unterbrachen den Take und setzten neu an.

Sprang der Konflikt auch auf Afrika über?

*»Einerseits ja, andererseits nein. Nein, weil die Kämpfe, die in Afrika tobten, zuerst Brüssel betrafen, London und Paris, den Club europäischer Kolonialveteranen. Es konnte passieren, dass Washington zusah wie die fremden Besatzer in Fallen gerieten und dass Washington nachtrat, sobald ihre Kriege zur »Befriedung der Schwarzen« auch die UNO empörten. Die US-Politik isolierte den Club und in solchen Momenten war sie Hammarskjöld nah. Man kooperierte. Die Konflikte entstanden, wenn das Machtvakuum, das der Club hinterließ, neu gefüllt werden sollte.«*

Was Bergengreen meinte, waren Herrschaftsinteressen der US-Politik. Sie wollte die Ketten der Kolonialveteranen durch andere ersetzen, die Rohstoffausbeute, die Belgier, Franzosen und Briten gehörte, unter eigener Kontrolle und zum eigenen Nutzen dem Weltmarkt zuführen: Kupfer, Diamanten, vor allem Uran für die atomare Bewaffnung.

*»Auch die koloniale Befreiung, die Hammarskjöld vorsah, war westlich geprägt; sozialistische Ziele, die der Osten verfolgte, entsprachen ihm nicht. Wer den Eindruck hervorrief, kompromisslos zu sein und für Afrikas Freiheit mit Moskau zu flirten, den ließ Hammarskjöld fallen. Das gilt für Lumumba, solange Lumumba als gefährlich erschien. Nachdem seine Feinde ihn kaltgestellt hatten und er schließlich verschwand, schwenkte Hammarskjöld um. Der Mord an Lumumba ging für Hammarskjölds Ethos entschieden zu weit. Er korrigierte den Kurs der Blauhelmsoldaten, deren Einsatz im Kongo entschlossener wurde.«*

Sie verfolgten Tschombé, den Frontmann der Belgier, und bekämpften das Heer europäischer Söldner, die mal Brüssel bezahlte, mal London aushielt. Die gedungenen Mörder waren bestens bewaffnet, aber gegen die UNO ohne klares Konzept. Zeitweise schien es, als ob das reiche Katanga, die Rohstoffprovinz der Kolonialveteranen, ihrer Aufsicht entglitt.

Hammarskjölds Freunde mutierten zu Feinden. Er wurde gewarnt. Harold Macmillan, Tory-Premier in Downing Street 10, ließ Hammarskjöld wissen, dass die UNO-Maßnahmen zur Befreiung des Kongo die britische Seite sehr nachdenklich stimmten. Er drohte. Hammarskjölds Bitte um militärischen Beistand wies London zurück. Es sperrte den Luftraum, so dass mehrere Jets für die Blauhelmsoldaten für den Kampf gegen Jäger der belgischen Söldner nie den Kongo erreichten[3]. Söldner-Flugzeuge beherrschten den Himmel.

Dem Vorgehen Londons stimmte Washington zu. Der US-

Präsident erhöhte den Druck. Ein entschlossener Einsatz der UNO-Soldaten war unmöglich geworden oder wäre nur um den Preis eines Bruchs mit dem Westen zu haben gewesen. In sarkastischem Ton und UN-Telegrammen, die er sorgsam codierte, stellte Hammarskjöld fest, dass der westliche Umgang mit den UNO-Idealen zerstörerisch wirkte[4]. Dieses beißende Urteil, das auch Kennedy galt[5], verletzte vor allem seine eigenen Gefühle. Sein protestantischer Glaube an den Sieg der Moral über Machtpolitik schien in Brüche zu gehen. Das war am 16.9., ein Tag vor seinem Tod.

Nach außen gefasst und noch immer gefährlich, beugte er sich. Obwohl man ihm abriet, mit Mister Tschombé, dem Frontmann der Belgier und »Präsidenten Katangas«, nach Kompromissen zu suchen, entsprach er dem Druck seiner früheren Freunde. Sie wollten vermeiden, dass der UNO-Vormarsch ihre schwarzen Vasallen im Kongo bedrohte.

*»Ein Waffenstillstand musste her. Hammarskjöld sollte unterschreiben.«*

Dazu schien er bereit. Er war auf dem Weg, um mit Tschombé zu sprechen, als der Nachtflug begann. Aber ob er am Ziel seinen Vorsätzen folgte oder dem Zwang jener Machtpolitik, die um Afrika tobte, ließ sich vorher nicht sagen. Nur ein einziges Mittel konnte verhindern, dass Hammarskjölds Zweifel, seine Ambivalenz, ihn im letzten Moment zurückzucken ließen und der UNO-Vormarsch von neuem begann. Dieses Mittel war hässlich, aber mehrfach erprobt, bei Lumumba erfolgreich und auch für den Abgang Dag Hammarskjölds denkbar. Er musste verschwinden.

Der Take ging zu Ende. Bergengreen schwitzte.

Er hatte das Märchen von der Freundschaft zerpflückt, das Hammarskjölds Stellung zum Westen umgab. Man erkannte Konturen eines klassischen Dramas zwischen Macht und Moral. Auf politischer Ebene beschrieb es Versuche, über sämtlichen Lagern des Systemkampfs zu thronen, sozialistische Flausen und die Härten des Marktes im Maßstab der UNO zum Ausgleich zu bringen. Es war ein »Volksheim«-Konzept, das an Grenzen geriet und sich Feinde zuzog.

Vom Anfangsverdacht, den Olsson nicht sah oder den er verwischte, führten deutliche Spuren zum Tötungsmotiv.

## Zeugen unerwünscht

Die ruckenden Bilder auf der Monitorwand ermüdeten uns.

Wir fuhren auf Ende, begannen von vorn, ließen den Film in slow motion ablaufen, hielten dann an, untersuchten Sequenzen, starteten wieder; aber trotz allem Bemühen, in den wenigen Szenen einen Hinweis zu finden, der den Absturz erklärte, schwiegen die Bilder.

Sie zeigten den Tower von Léopoldville, brachen schnell ab und bewegten sich suchend im Rollfeldbereich. Dann sah man ein Auto mit UNO-Standarte, das zu einer der Gangways am Bildrand vorfuhr. Es war Hammarskjölds Wagen. Die Laienaufnahmen in 8 mm wackelten stark.

Der Generalsekretär ging eilig zur Gangway, blieb aber stehen, um mit Blauhelmsoldaten oder Fugpersonal ein paar Worte zu wechseln. Den Bildhintergrund kreuzten weitere Autos, offenbar Wagen seiner Reisebegleiter. Es folgte ein Schnitt.

Jetzt stand Hammarskjöld lesend zwischen Autos und Gangway, umgeben von Männern, die Akten verstauten und Gepäckstücke trugen. Sein Anzug war weiß. Er trug eine Brille. Hammarskjölds Finger verfolgten die Kerbung einer Telex-Nachricht und zogen den Streifen, der die Rollbahn berührte, tastend nach oben. Das schmale Papier durchglitt seine Hände, er bewegte die Lippen wie um Worte zu formen, die dem doppelten Code einen Sinn geben konnten. Die Telex-Mitteilung gehörte zur Post, von der Bergengreen sprach; die Bilder des Films entstanden beim Abflug am 17.9., es war 16 Uhr 40 und nur noch wenige Stunden bis zu Hammarskjölds Tod.

Das Warten am Rollfeld schien zu Ende zu gehen.

Nach einem weiteren Schritt kam der Generalsekretär von hinten zur Gangway, nahm dann mehrere Stufen und betrat die Maschine ohne innezuhalten. In einer großen Totale folgte Hammarskjölds Stab. Man sah die Berater und Sicherheitskräfte auf den Treppen zum Flugzeug, sie stiegen langsam nach oben, die meisten der zehn ohne sichtbare Mühe, einige stockend, die einzige Frau trug ein schweres Gerät, den Telex-Codierer für UN-Telegramme, niemand blickte sich um, und alle verschwanden in der Todesmaschine.

Die letzte Sequenz zeigte Hammarskjölds Start.

Aus dem winzigen Cockpit des Propellerflugzeugs wurden Zeichen gegeben, woraufhin Motor für Motor in Bewegung geriet. Bei jeder der Zündungen gingen Rauchschwaden ab, aber lösten sich auf, sobald die ersten Umdrehungen einen Windstrom erzeugten. Nun rollte das Flugzeug aus eigener Kraft, der Pilot in der Kanzel schien zur Gangway zu winken und schloss dann sein Fenster. Eine Schnittunterbrechung verkürzte den Start. Dann raste Hammarskjölds Flugzeug sehr weit entfernt, wie ein tanzender Schatten, zum Ende der Piste, verließ dort die Rollbahn, stieg vorsichtig auf, um binnen weniger Bilder in dem körnigen Grau der Filmemulsion unentdeckbar zu werden.

*»Wieder zum Anfang?«*

Wir hatten genug. Jan Lindenbaum nickte. Er nahm die nächste Kassette und bediente den Player.

Das Interview auf Farb-Negativfilm hatten Schweden gedreht, die afrikanische Zeugen des Absturzes suchten. Es lag seit Jahren im Keller. Das Original war verschwunden. Ein heftiges Schnarren der Kameragreifer überdeckte die Stimmen. Die Präsenz des Reporters blieb auf Fragen beschränkt. Er ließ alles ins Bild, was zum Umfeld gehörte: ein afrikanisches Dorf, spielende Kinder, stechendes Licht, das die Filmschicht verletzte, so dass weiße Bezirke ohne farbliche Zeichnung und Tiefe entstanden.

An den Rändern des Bildes sah man schwarze Gesichter, die neugierig lachten, den übrigen Raum nahm der Zeuge in Anspruch. Sein Name war Bulen. Er sprach im Profil, mit erheblicher Mühe sein Englisch einsetzend, in schwierigen Phasen mit erklärenden Gesten. Er war Plantagenarbeiter und in der fraglichen Nacht in Ndola gewesen, hatte Meiler bewacht, die Holzkohle brannten, und die UNO-Maschine, in der Hammarskjöld saß, bei der Landung gesehen. Er schien sich sicher zu sein, dass nicht nur Hammarskjölds Flugzeug das Gebiet überflog:

*»Nun, als das große Flugzeug angeflogen kam …«*

Frage: *War das wie immer?*

*»Nein, solange es entfernter war, war alles in Ordnung. Erst als das kleine Flugzeug auftauchte und dem großen folgte … da sahen wir, dass von dem kleinen Flugzeug etwas auf das große fiel … Es sah wie Feuer aus …«*

Frage: *»Von oben auf das große Flugzeug?«*

*»Ja … Dann sahen wir, dass die große Maschine Feuer fing, dass sie Schubkraft verlor und herunterfiel …«*[6]

Das Filmdokument hörte schlagartig auf. Jan Lindenbaum rollte im Schnellgang zum nächsten. Auf der Monitorwand erschien ein weiterer Zeuge, Timothy Kaukasa, laut Titelvermerk ein Verwaltungsbeamter, der sich sicher und fließend in Englisch ausdrückte. Er stützte die These von der kleinen Maschine, die Hammarskjölds Flugzeug beim Landeanflug verfolgt haben soll:

*»Ich zweifle nicht im geringsten, dass wir das Flugzeug gesehen haben, wie es über dem Landeplatz kreiste, denn der Ort, an dem wir leben, liegt in der Einflugschneise. Alle Flugzeuge fliegen entweder direkt die Landebahn an oder drehen eine Runde, bevor sie zur Landung ansetzen. In diesem Fall flog die Maschine eine Kurve und dann sah ich gemeinsam mit einigen Freunden ein zweites Flugzeug. Ich bin völlig sicher, dass diese Maschine das große Flugzeug bedrängte. Wenige Minuten später gab es eine Explosion, deren Ursache wir nicht ausmachen konnten ...«*[7]

Wir waren perplex.

Die zwei Dutzend Seiten jener Nachuntersuchung aus dem Pressebüro des Außenministers nannten keinen der Zeugen. Es schien schwer glaubhaft zu sein, dass Olsson versuchte, seine Leser zu täuschen. Doch es sah ganz danach aus.

## Ein Mann weiß mehr

Die Begegnung war kurz. Wir erkannten die Stimme, deren singender Tonfall sich weicher anhörte als in den Handy-Gesprächen um hohe Beträge in Kronen und Dollar. Sein zähes Gefeilsche hatte Woche um Woche unsere Nerven beansprucht, weil er ständig versuchte, den Preis hochzutreiben und den Spielraum verengte, der für Abstriche blieb. Jetzt stand er wartend auf den eisigen Treppen, geduldig, bescheiden, ein älterer Mann mit freundlichen Zügen, der sich sorgsam den Schnee von den Schuhen abklopfte, die Garderobe ablegte, seine Fliege bezupfte und uns schweigend den Weg in den Lesesaal wies. Er entsprach nicht dem Bild, das wir vorgeformt hatten.

Die Staatsbibliothek lag im Stockholmer Zentrum, aber war vom Verkehr durch Wiesen getrennt. Hinter den Fenstern rückten Autoscheinwerfer auf den Stureplan zu, einen Schnittpunkt der Hauptstadt, diesseits der Scheiben dämpfte halbdunkles Licht den Blick auf die Bücher. Die Hektik am Parkrand widersprach dem Getuschel, das die Gänge verschluckten und das gänzlich erstarb, sobald wir die Glastür des Lesesaals schlossen.

Er schien hier öfter zu sitzen, denn der Saalarchivar begrüßte ihn nickend und zeigte in Richtung eines halbrunden Tisches. Der Mann mit der Fliege ging uns zügig voran und noch bevor wir ihn baten, zur Sache zu kommen, griff er ins Innere seines grauen Jacketts. Er legte die Fotos in den Kegel des Lichts, das die Tischfläche füllte.

Ohne zu zögern nahmen wir Platz. Die Zitterpartie um Geld gegen Bilder schien zu Ende zu gehen. Der Packen umfasste rund 20 Motive. Schon das obere Foto ließ die Trümmer erkennen.

Das Seitenleitwerk war abgesprengt worden, Ruder und Flosse existierten nicht mehr. Der gewaltige Aufprall hatte Bleche geknickt und Streben verzogen. Nur das UNO-Signet schien fast völlig intakt. Ein Kran zog die Reste der Bespannung vom Boden.

Die Wucht beim Zerbersten des Hammarskjöld-Flugzeugs hatte alle Motoren von den Flügeln getrennt. Einer der Blöcke des Typs Pratt & Whitney war neben dem Leitwerk niedergegangen. Ventilkammerdeckel und Gelenkwellenanschluß lagen offen herum. Die mannshohe Schraube steckte quer in der Erde.

Mehrere Fotos zeigten Details.

Selbst Glas war zerschmolzen. Die Hitzeentwicklung bei der Tankexplosion hatte alles erfasst, was im engeren Umkreis verbrannt werden konnte, elektrische Kabel, Kolben und Nieten. Erst jetzt fiel uns auf, dass fast sämtliche Bäume im Absturzbereich keine Blätter mehr trugen. Aus verkohlten

Gebüschen ragten Baumstümpfe auf, in der Nähe des Aufpralls fast zu Boden gedrückt, aber dort, wo das Flugzeug noch nicht aufgesetzt hatte, in einer stürzenden Linie von den Kronen getrennt. Am Anfang der Schneise fehlten nur Äste, am Ende des Kahlschlags waren Stämme zerborsten.

Auf mehreren Fotos erkannte man Weiße, die das Trümmergebiet mit Seilen absperrten. Sie steckten in Stiefeln, bedienten den Kran oder schraubten am Wrack, obwohl es so aussah als wäre jeder Versuch, in dem blechernen Chaos Beweise zu sichern, zum Scheitern verurteilt. Da sie Kameras trugen und fotografierten, schien es mehr als wahrscheinlich, dass die Absturzmotive, die wir aufkaufen wollten, ihren Serien entstammten, vermutlich die Bilder einer Luftfahrtbehörde. Der Mann mit der Fliege hatte entweder Freunde im Staatsapparat oder heimlichen Zugang zu anderen Quellen.

Er bat stumm um den Packen, sortierte ihn neu und präsentierte zwei Fotos, die ein halbrundes Bugstück aus der Kanzel vorführten. Den textilen Belag, der Brandspuren zeigte, umspannte ein Stahlring. Es war die Fenstereinrahmung des Cockpitgehäuses. In der Mitte des Fundstücks, das keine Bruchschäden aufwies, klaffte ein Loch. Der metallene Werkstoff trat in Schichten hervor, wobei sich die Öffnung nach außen verjüngte. Mit großer Gewalt war ein hartes Objekt in die Kanzel geschlagen, hatte die Hülle des Cockpits zerstört und den kleinen Kanal am Bug hinterlassen. Selbst Laien erkannten, dass die Form dieses Einschlags nur zwei Schlüsse zuließ: Für das deutliche Loch kam ein Stahlstück in Frage, ein Relikt der Maschine, das Bestandteil der Trümmer am Fundort sein musste. Oder der Durchschlag hatte andere Gründe, nämlich Einwirkung Dritter, und war längst vor dem Aufprall am Boden entstanden. Dann wäre der Absturz nicht ein tragisches Unglück, sondern die Folge eines Angriffs gewesen.

Der ältere Herr sah uns nachdenklich an. Man hörte das

Blättern in schweren Folianten. Ein Archivar ging vorbei. Hier Gespräche zu führen verbot sich von selbst. Der Mann mit der Fliege wollte es so. Es schien an der Zeit, das Geschäft zu beenden. Wir brauchten die Fotos, auch wenn der Preis ziemlich weh tat.

Er nahm den Umschlag entgegen, der nicht zugeklebt war, und zählte das Geld. Es verging endlose Zeit. Er zählte bedächtig. Wir blickten uns um. Im Kegel der Lampen saßen Abendbesucher, die lasen und schrieben. Niemand sah hoch. Das Knistern der Scheine, die er immer noch durchging, jetzt vielleicht rückwärts, bedrückte beim Warten. Der Mann war penibel.

Er schob den Umschlag zurück.

Es fehlte kein Schein.

Für kurze Sekunden sah es so aus als würde das Feilschen von neuem beginnen. Er griff an sein Handy, drückte die Kurzwahl und legte schnell auf, als das Rufzeichen kam. Vielleicht wollte er pokern.

Der Mann mit der Fliege schien Gedanken zu lesen. Er zeigte ein Lächeln und beugte sich vor. Sein geflüstertes Deutsch floss in schwedischem Singsang. *»Es ist alles korrekt. Ich bedanke mich bei Ihnen. Sie meinen es ernst. Weitere Nachricht liegt schon im Hotel.«*

Er verbeugte sich knapp, schob den Stuhl an den Tisch und verschwand durch die Glastür. Sein plötzlicher Abschied ließ uns ratlos zurück. Ihn durch die Stadt zu verfolgen wäre schäbig gewesen. Wir verstauten die Fotos und das Kuvert mit dem Geld. Sein geheimnisvolles Verhalten schien Gründe zu haben, die wir respektierten.

## Cui bono?

Es war kein Taxi zu kriegen. Am Halteplatz in der Humlegårdsgatan stand eine Schlange, die Zufahrt zum Stureplan verstopften drei Busse. Wir versuchten es joggend, doch der Weg von dem Treffen zum Hafengebiet, am Theater vorbei, den Berzelii-Park schneidend, erwies sich als lang, jedenfalls länger als wir durchhalten konnten. Wir gingen den Rest. Nach 15 Minuten kamen Schiffe in Sicht, dann der windige Kai. Auf dem Wasser trieb Eis. Im Entrée des Hotels herrschte wohlige Wärme.

Der Concierge griff ins Fach und übergab uns ein Päckchen. Es war mit Boten gekommen, vor knapp einer Stunde.

Das braune Papier umgab eine Kordel, mehrfach verknotet und an den äußeren Enden mit Siegeln gesichert. Der Absender fehlte. Statt Adresse und Namen vermerkte die Aufschrift nur die Nummer des Zimmers. Wir zogen das Päckchen aus der verschlungenen Kordel, so dass die Siegel nicht brachen, und folgten den Falten des braunen Papiers, um es nicht zu zerreißen.

Der Inhalt bestand aus einem einzigen Hefter.

Sein Deckblatt war mehrfach gestempelt. Paraphen verrieten den Ämterdurchlauf, den eine bauchige Handschrift, am Ende des Blattes, als Befund resümierte: »Unter Verschluss. Nicht zur Veröffentlichung. Strengstens Vertraulich.«

Den folgenden Seiten fehlte das Aussehen behördlicher Akten. Sie stammten von früher, zwar maschinengeschrieben, doch vermutlich aus Zeiten der Kugelkopftechnik. Das Schriftbild war eng. Durchdruck und Typen verwiesen auf Standards der siebziger Jahre. Weil der englische Text auf den Fotokopien bis zum Seitenrand reichte, ließ das Schriftbild kaum Platz für die Blattnummerierung. Entsprechende Zahlen hatte der Autor mit der Hand eingefügt. Wir meinten, die Schrift schon gesehen zu haben.

Ein Blick auf den Abspann erklärte die Ahnung. Unter dem Datum war sein Name zu lesen: Botschafter Olsson.

Er hatte den Text 93 verfasst, genau einen Monat vor dem Absturzbericht, mit dem das Pressebüro des Außenministers so freizügig umging. Dieses Spielmaterial schien die frühere Fassung, die der Mann mit der Fliege uns anvertraut hatte, nicht nur sprachlich geglättet, sondern neu arrangiert und verniedlicht zu haben. Die berechtigten Zweifel an der Unfallversion waren mehrfach getilgt. Allein aus dem Titel des gesperrten Berichts ging deutlich hervor, dass die Wertung der Fakten Schlüsse zuließ, die anders ausfielen, als man uns suggerierte: »Ndola. Eine Tragödie in anderem Licht«.[8]

Diese Ursprungsversion aus dem kleinen Paket beschrieb jedes Detail, das den Nachtflug nach Ndola mit Rätseln umgab, und fügte es sorgsam in ein Zeittableau ein. Die politischen Lager, ihre Untergrundarbeit, ihr Hass auf die UNO, waren ebenso Thema wie die zahlreichen Zeugen. Zwar fehlten die Namen von Kankasa und Bulen, doch zumindest summarisch kam ihr Urteil zum Tragen: Hammarskjölds Tod durch gezielten Beschuss aus einer zweiten Maschine wurde ernsthaft erwogen, der UN-Diplomat mit französischem Namen für die Angriffsvermutung als Quelle erwähnt. Das Papier war genau und leidenschaftslos, vor allem entlang einer Frage geschrieben, die bei jeder Ermittlung Voraussetzung ist: Wem nutzte der Tod, wem schadete er – cui bono?

»1961 hatte sich der Wind gedreht; er kam von Nordafrika, breitete sich über den französischen Teil Westafrikas aus, erreichte Ghana und dann den Kongo ... Die Europäer sahen alles in Gefahr, was sie aufgebaut hatten: ihre Häuser, ihre Arbeit, ihre Farmen, ihre eigene Zukunft und die ihrer Kinder – und die Afrikaner betrachteten die Entwicklung genau gegenteilig. Sie dachten, dass im Kongo Frieden einkehren würde, sie bewunderten Lumumba, sie unterstützten die heimischen Nationalisten von ganzem Herzen, und nun mussten sie zusehen wie die Belgier ihren Teil des Kupfergürtels wieder an sich rissen ... Für Hammarskjöld und die UN empfanden die Schwarzen Bewunderung, die Weißen Verbitterung und Verachtung.«[9]

Wenn es so war, wie Olsson beschrieb, warum musste der Text in den Akten verschwinden? Weil er erwähnte, dass noch andere Berichte nie veröffentlicht wurden?[10] Weil er Freunde entlarvte? Warum hieß es im Abspann, dass Dag Hammarskjölds Tod wahrscheinlich für ewig ein Geheimnis darstellte? Warum wurden die Spuren nicht zu Ende verfolgt?

Wir versuchten Olsson zu kriegen, leider vergeblich. Der Kontakt mit Paris und dem UN-Diplomaten klappte ebenfalls nicht. Wir baten um Rückruf, packten die Koffer und erwischten den Zug, der an die Westküste ging. Per Bahn und per Schiff nach Irland zu kommen war zwar ziemlich beschwerlich, aber reizte doch mehr als das Flugzeug zu nehmen.

## *Ein Jet – made in Munich*

Nördlich lag Portrane: Man sah auf die Inseln in der Nähe von Howth und blickte etwas weiter auf den Schiffsverkehr zwischen England und Dublin. Der Ort war berauschend, die Lage ernüchternd.

Wir hatten zwei Tage und zwei Nächte gebraucht, um O'Casey zu finden, doch er schien unseren Aufwand nicht vergelten zu wollen. Schon bei der Begrüßung bat er um Eile, nicht wegen anderer Treffen, sondern wegen seines Alters, das ihm Zeitdisziplin abverlangte, da der nächste Moment schon sein letzter sein könnte. Das klang übertrieben, denn der äußere Eindruck verriet keine Schwächen, die ein Mann über 80 nicht ohnehin hätte. Er war etwa 40 gewesen, ein hoher UNO-Beamter, als er Hammarskjölds Linie im Kongo vertrat und nach Hammarskjölds Tod die Dienste quittierte. Er kehrte zurück und lebte vom Schreiben.

Ein Blick in das Haus erklärte das Tempo, mit dem er uns anhielt, das Licht aufzubauen, die Mikros zu richten und bei laufender Kamera unsere Fragen zu stellen. Auf Tischen und Stühlen lagen Bücher gestapelt, Manuskripte verteilt; Zeitungsausschnitte bedeckten den Boden. Er sammelte Wissen. Er nutzte die Zeit für den letzten Ertrag.

Wir bemühten uns redlich, das Chaos zu achten, störten aber die Art seines Ordnungssinns. Er saß schweigend im Sessel, exzerpierte ein Buch, blickte manchmal nach oben, sah dann auf die Uhr, und fragte uns witzelnd, wie wir gedachten ihn filmen zu wollen: tot oder lebend.

Sein trockener Humor erweckte den Eindruck, als hätte er x-fach jeden Ansatz geprüft, der den Absturz von Ndola mit Versagen erklärte, durch Pilotenirrtum oder technische Mängel. Er befand sich längst jenseits jedes ernsthaften Zweifels an der Mordtheorie und war amüsiert, dass wir immer noch glaubten, etwas klären zu müssen.

Hatte Hammarskjöld Feinde?

*»Hammarskjöld Feinde?!«* kam sein Echo zurück. *»Er war von Freunden umgeben, ausschließlich Freunden, besonders von Freunden im US-Kabinett. Dort war ein ganz großer Freund Regierungsmitglied und hatte im Kongo auch private Interessen – im Diamantengeschäft …«*

Zu Kennedys Zeiten?

*»In der Zeit unserer Helden, die sich geradlinig gaben. In der Kennedy-Ära.«*

Erschien es als denkbar, dass dem Absturz des Flugzeugs ein Angriff vorausging?

*»Denkbar? Das Hammarskjöld-Flugzeug war schon am*

*Vortag, am 16.9., unter Feuer geraten, beim Landeanflug auf Léopoldville. Der Anschlag misslang. Am 17.9., beim Landeanflug auf die Rollbahn in Ndola, zerschellte das Flugzeug. Ich frage zurück: Erscheint es als denkbar, dass das erste Ereignis auf das zweite hinweist?«*

Wer besorgte die Waffen, woher kam die Logistik, um die Unglücksmaschine zum Absturz zu bringen?

»*Waffen? Logistik? Bevor die UNO sie hatte, besaßen die Söldner längst die nötigen Mittel: ihre NATO-Gewehre waren belgischer Herkunft und von der neuesten Bauart – die Gewehre der UNO kamen aus Indien, aus dem Jahr 1918. Die gepanzerten Wagen der Killer um Tschombé hatten deutsches Format, Marke Mercedes – wir fuhren mit Typen, die Rostlauben glichen, am Anfang des Weltkriegs in England gebaut. ›Made in Carlow‹ stand drauf.*

*Die UNO war hilflos, auch in der Luft – keine Aufklärungsarbeit, kein einziger Jäger. Dafür kurvten die Söldner mit Jets durch die Wolken, ein Modell namens ›Fouga‹, in München gefertigt. Sie griffen uns an, beharkten die UNO in Tiefflugattacken oder schmissen mit Bomben. Wir zählten die Leichen, sie zählten Geld – der Lohn kam aus Brüssel, aus Paris und aus London, von dort, wo die Börse das Kupfer notierte und militärische Kreise Uran-Nachschub brauchten … Als Hammarskjölds Flugzeug nach Ndola aufbrach, besaßen die Söldner jedes denkbare Mittel, um ihn und den Stab seiner UNO-Kollegen zu Tode zu bringen. Die Killer-Kommandos waren stärker als wir. Ihre dreckige Arbeit bediente Interessen, die im Rahmen der UNO höchst staatsmännisch taten: In New York gab man Toasts aus, um die UNO zu loben, vor den Minen im Kongo bekämpfte man sie. So ging das Spiel. Die Charta der UNO verkam zu Konfetti.«*

Sah das Hammarskjöld ähnlich?

O'Caseys Bestand an gewagten Vergleichen schien zur Neige zu gehen. Sobald er das Lächeln seiner Grübchen verlor, wirkte er traurig.

»*Es war Hammarskjölds Tragik, dass er das wusste, aber trotzdem so tat als genügte sein Vorbild, um die Dinge zu wenden. Er hielt die Charta umklammert und beschwor ihren Inhalt, ihren Friedensauftrag, obwohl er verstand, dass sie jeder der Blöcke nur als Waffe ansah, die zum Schaden des Gegners benutzt werden musste.*

*Wenn die Freunde ihm drohten, ergab er sich nicht, aber mied klare Fronten. Er suchte den Ausgleich. Er war opferbereit. Er hat andere geopfert, Lumumba zum Beispiel, und am Ende sich selbst.*«

O'Casey hielt inne. Er blickte nach draußen, wo ein Fährschiff aus England in die Dublin-Bay fuhr. Seine Stimme klang matt.

»*Wenn Sie so wollen, geht mit Hammarskjölds Ende auch die UNO zu Bruch. Ihr Friedensauftrag, den Hammarskjöld hochhielt, wurde langsam zur Beute, zur Beute des Stärksten. Wenn die Großmächte pfiffen, dann kuschte die UNO. Sie war schon damals zerrüttet. Oder besser gesagt: sie zerrüttete sich.*«

## Kampf über Ndola

Nach der ständigen Kälte im Freien zu sitzen, einen Weißwein zu trinken und die Sonnenreflexe im Glas anzusehen, entschädigte uns für die Fährüberfahrt. Zwischen Irland und Frankreich war es stürmisch gewesen. Wir hatten die Reise an der Reling verbracht. Auch in Le Havre regnete es. Aber jetzt, vor der Pariser Oper im neunten Quartier, schien auf einmal die Sonne. An den wenigen Tischen auf der Rue Augustin saßen Leute wie wir, vom Winter gezeichnet, die Hemdkragen offen, an Weingläsern nippend, Baguettes in der Hand und trotz widriger Winde den Frühling erwartend: deutsche Touristen. Man sah es uns an.

Wir bezahlten im Laden, da der Ober vermied, sich wegen uns zu erkälten, und überquerten die Straße.

Das Verwaltungsgebäude war ein altes Palais aus den Zeiten von Haussmann, innen entkernt, aber stilvoll erneuert. Der gläserne Fahrstuhl durchfuhr zwei Etagen und entließ uns am Ende eines steinernen Gangs. Er glich einer Halle. Auf dem glatten Trottoir lag ein farbiger Teppich, der Treppe und Fahrstuhl mit zwei Türen verband. Um die Tiefe des Raums ohne Hast zu durchschreiten, brauchte man Zeit. Ein gelbliches Licht, das Kandelaber verteilten, beschien Gobelins.

Wir hatten zwei Drittel des Flures bewältigt, als ein leises Geräusch die Türen bewegte. Ohne sichtbaren Anstoß glitt das Filz ihrer Flügel in ein offenes Zimmer. Es war mehrfach verspiegelt, so dass man von innen bis zum Gang sehen konnte, noch ehe Besucher auf den Gastgeber stießen.

Er kam uns entgegen.

Seine erste Erwähnung in Personenarchiven bezieht sich auf Ämter im französischen Staatsdienst und datiert aus der Zeit der vierziger Jahre: Pressedirektor in der Nachkriegsregierung, dann Leiter des Stabs bei Minister Reynaud. In den fünfziger Jahren geht er ins Ausland. Er wurde Hammarskjölds Mann für die Flüchtlingsbetreuung in den Krisengebieten, ständiges Mitglied im UN-Kabinett, und erlebte das Drama um den Einsatz im Kongo. Auch in den sechziger Jahren, nach Hammarskjölds Absturz, blieb sein Platz in der UNO. Er ist zeitgleich Berater der Familie Grimaldi. Die biographischen Skizzen aus den siebziger Jahren nennen leitende Posten in der Stahlindustrie. In den achtziger Jahren war er Botschafter Frankreichs, erst in Den Haag, dann bei der UNO, und Pariser Vertreter im Sicherheitsrat. Neuere Texte vermerken den Wechsel zu französischen Banken und eine Brust voller Orden: Offizier der französischen Ehrenlegion, Commandeur des Arts et des Lettres. Der Mann musste alt sein.

Er setzte sich zwanglos. Sein Arm schnellte vor und beschrieb einen Halbkreis, so als ob er das Zimmer dem Besuch übergab.

»*Bitte nehmen Sie Platz!*«

Die Augen leuchteten, das Gesicht war gestrafft.

»*Möchten Sie Mokka?*«

Er entschuldigte sich für sein fließendes Englisch, das er lückenhaft nannte, weil die Zeit in New York schon recht lange zurücklag. Das Volumen der Stimme schien den Raum zu vergrößern. Die Körperpräsenz entsprach einem Alter, das er weit übertraf. Er war nicht müde geworden.

»*Wenn Sie erlauben …*«

Claude de Kémoularia öffnete eine Schatulle, die man übersehen konnte. Der Inhalt war unscheinbar: Briefe, Notizen, ein gelochtes Transkript. In der untersten Ecke lagen Tonbandkassetten. Er schob die offene Schatulle in die Mitte des Glastischs.

»*Ich bin gerne bereit, bei der Suche zu helfen. Ich warte seit Jahren, dass Dag Hammarskjölds Ende jene Klärung erfährt, die der Tote verdient. Und ich bedaure es sehr, dass die, die es angeht, Untersuchungen scheuen … Oder müsste ich sagen: die es angehen sollte?*«

Er betrachtete seine Fingernägel.

»*Wie dem auch sei. Mein Beitrag zur Klärung ist eher gering. Ich kann nicht behaupten, die Wahrheit zu wissen, aber auch nicht verhehlen, dass selbst das kleinste Detail Beachtung verlangt, wenn der Tod eines Menschen mehr Fragen aufgibt als Antworten sind … Wann immer die Veteranen der UNO sich treffen, seit damals im Kongo, machen Fra-*

*gen die Runde: Glauben Sie an die offizielle Version über Hammarskjölds Tod? Mehr nicht. Mehr wird nicht gesagt ... Dag Hammarskjölds Ende ist von Zweifeln umgeben. Vieles ist unklar. Und in diesen Komplex gehört ein Detail – vielleicht ist es mehr als nur ein Detail, vielleicht ist es weniger, vielleicht auch verzichtbar.«*

Er entnahm der Schatulle das gelochte Transkript.

*»Ich habe alles notiert und chronologisch geordnet.«*

Nach einem Blick auf die Seiten griff er schnell auf den Glastisch, trank kurz seinen Mokka und extemporierte.

*»Am 12. Januar 1967 traf ich einen Journalisten der Nachrichtenagentur UPI, einen Franzosen, wir waren beide zufällig in der Oper und er berichtete mir, dass jemand in die Redaktion gekommen wäre, ein Unbekannter.*

*Der Mann behauptete, er wisse wie Dag Hammarskjöld wirklich umgekommen wäre, damals in Katanga. Und natürlich wollte der Mann diese Informationen verkaufen.*

*Der stellvertretende Redaktionsleiter von UPI sagte: was immer wir erfahren werden, wir werden es nicht überprüfen können. Wir sind eine Presseagentur und müssen vorsichtig sein. Aber er dachte an mich, seinen Freund aus dem ehemaligen UN-Kabinett von Dag Hammarskjöld. Und er fragte mich, ob ich bereit wäre, diesen Informanten zu empfangen ...«*

Claude de Kémoularia machte eine Pause. Die Geräusche der Straße waren lauter geworden.

*»Nach mehreren Verschiebungen fand das Treffen am 13. Februar 1967 statt. Statt einer Person kamen drei in mein Haus. Sie erzählten, dass sie ›ausländische Freiwillige‹ in Katanga, im Kongo gewesen wären. Söldner wollten sie sich nicht nennen.*

*Diese Söldner waren die tatsächlichen Herren der Katanga-Armee und über sämtliche politischen Verhandlungen informiert ... Sie sagten, dass es eine enge Verbindung zwischen den ausländischen Freiwilligen und einigen europäischen Persönlichkeiten gab ...*

*Der militärische Oberbefehlshaber war ein Colonel Lamouline, ein früherer Major der belgischen Armee, und der Regierung von Katanga beigeordnet. Es war die Absicht der Söldner, mit zwei Jägern vom Typ ›Fouga Magister‹ die Maschine von Dag Hammarskjöld abzufangen und ihn nach Katanga zu bringen.«*

*»Ihn zu entführen?«*

Kémoularia nickte. *»Das behaupteten sie.«*

*»War die ›Fouga‹ ein Kampfjet, den die NATO benutzte? In München gefertigt?«*

Claude de Kémoularia zuckte mit den Schultern.

*»Davon sagten sie nichts. Nach meinen Notizen ist die ›Fouga‹ ein Jäger, mit zwei Maschinengewehren und vier Raketen bestückt. Die Reichweite betrug 1400 km ...*

*Die Verantwortlichen waren in ständigem Kontakt mit Léopoldville, und sobald sie erfuhren, dass Dag Hammarskjölds Flugzeug dort gestartet war, um in Ndola Tschombé und seine Freunde zu treffen, wurde den ›Fouga‹ befohlen, zu einem Nachtflug zu starten.*

*Die Nacht dieses 17. September war klar, die meteorologischen Verhältnisse ideal. Die zwei ›Fouga‹ hoben ab und stießen nach Ndola vor.*

*Von den beiden ›Fouga‹ gelang es nur einer, Hammarskjölds Maschine zu finden. Der Name des Piloten war Beukels – einer der Männer, die mich aufgesucht hatten ... An diesem Februartag saß er mir gegenüber, schmächtig, verwirrt. Was er erzählte, war eine Art von Geständnis.«*

Kémoularia unterbrach sich.

*»Ich war nicht der Richter. Ich hörte nur zu und Beukels fuhr fort.*

*Er befand sich oberhalb Dags Maschine, vertikal hinter ihr, als er seine Suchscheinwerfer einschaltete und den Piloten aufforderte, die Landung abzubrechen.*

*Der Pilot antwortete, dass er zuerst Rücksprache mit den Passagieren nehmen müsste. Zwar schien es für einen Augenblick, als würde die DC 6 von Dag Hammarskjöld zögern, aber dann setzte sie ihr Landemanöver fort. Daraufhin schaltete Beukels die Suchscheinwerfer aus und eröffnete das Feuer. Aus den Maschinengewehren.*

*Angeblich wollte er die Maschine nicht treffen, sondern nur zeigen, dass er es ernst meinte. Aber mehrere Schüsse trafen das Seitenruder. Die DC 6 schien vom Kurs abzukommen und der Pilot kämpfte gegen das Schlingern. Daraufhin stürzte er ab und zerschellte im Wald.*

*Beukels drehte sofort in Richtung Kolwezi, wo er nach der anderen Fouga gegen 1.05 Uhr nachts landete. Er erzählte, dass er von einem Militärgericht vernommen worden wäre, noch in den Morgenstunden, denn der Abschuss des Flugzeugs entsprach nicht seinem Auftrag. Sie wollten Hammarskjöld lebend, aber jetzt war er tot …«*

*»Hat Beukels erzählt, wer ihn damals vernahm?«*

Claude de Kémoularia faltete das Transkript zusammen.

*»Laut Beukels' Geständnis saßen neben den Söldnern Zivilisten aus Brüssel – Regierungsvertreter gemeinsam mit Herren einer Minengesellschaft. Ein französischer Name. Der Stammsitz ist Belgien. Union Minière.«*

Wir lehnten uns zurück.

Kémoularia schwieg und schloss die Schatulle. Der Abendverkehr schien leiser zu werden. In den spiegelnden Wänden sah man Neonreklamen.

*»Eine Erfrischung?«*

Wir nickten.

Er stand auf, ging zum Fenster und blickte nach draußen.

*»Soweit die Geschichte, die mir Beukels erzählte … Es war völlig unmöglich, sie auf Fehler zu prüfen, sie gegenzuchecken, um den Wahrheitsgehalt und die Fakten zu finden – unmöglich für mich, aber nicht für die Schweden. Ich informierte die Botschaft und man arrangierte ein Treffen, hier in Paris, mit Vertretern aus Stockholm. Es hat am 15. November 1974 stattgefunden.«*

Kémoularia stockte und drehte sich um. Er blickte auf seine Fingernägel.

*»Die schwedische Seite will davon nichts wissen.«*

*»Es hat ein Treffen gegeben und Stockholm erklärt, man erinnere sich nicht?«* Wir waren erstaunt.

Claude de Kémoularia setzte sich.

*»Ersparen Sie mir dazu jedes weitere Wort. Ich bin Diplomat und möchte korrekt sein.«*

Er nahm die Schatulle an sich.

*»An diesem 15. November war Olof Palme in Frankreich, damals Premier, er besuchte Paris. Ob er erfuhr, was ich mitgeteilt hatte, kann ich nicht sagen …«*

Kémoularia lächelte bedauernd.

*»Jedenfalls folgten dem Datum keine neuen Gespräche … Offenkundig begnügten sich die schwedischen Behörden mit den ihnen mitgeteilten Umständen, vermieden Untersuchungen vor Ort und kamen daraufhin zu dem Schluss, das Ganze sei unwahr, woraufhin sie es auch ablehnten, meiner Empfehlung zu folgen … Sie lautete: Wenn man die Wahrheit wissen will, muss man Nachforschungen anstellen. Entweder die UNO stellt diese Nachforschungen an – was ja schon geschehen ist, aber wiederholt werden kann – oder Stockholm tut es. Es wäre nicht falsch. Denn der Tote war Generalsekretär der Vereinten Nationen und darüber hinaus einer der berühmtesten Söhne Schwedens und des modernen Europa.«*

## Furcht vor den Fremden

Aus Frankreich zurück fanden wir einen Brief. Er enthielt Olssons Antwort auf die schriftliche Bitte, uns für Interview-Fragen zur Verfügung zu stehen. Wir hatten betont, dass jedes denkbare Statement gefilmt werden würde, sofern er erlaubte, auch die Nachuntersuchung zur Sprache zu bringen. Wir wollten ihn bitten, aus dem Text zu zitieren, den das Pressebüro des Außenministers so großzügig feilbot, während es Texte kontroverser Natur unter strengem Verschluss hielt.

Seine Antwort war heftig. Er bestritt jeden Zweifel an den Todesumständen, ja verstieg sich zum Ausruf, dass die Medienberichte über Mordtheorien nur von Fälschungen lebten. Der Brief wiederholte den staatlichen Tenor. Er war die Stimme des Herrn, klang aber auch bedrohlich. Olsson vergaß sich. Zum Schluss seiner Weigerung, im Film aufzutreten, verwünschte er uns.

Der Brief kam aus Väsby, dem Stockholmer Vorort, wo eine seltsame Ruhe den Alltag bestimmte. Man war von Freunden umgeben. Feindschaft verbot sich. Konflikte beschwieg man oder trug sie zum Herrn. Der Stockholmer Vorort war ein Abbild des »Volksheims«, jener schwedischen Schöpfung aus Wohlfahrt und Gleichheit, die die Welt heilen sollte, doch mit Hammarskjöld gestorben war.

Sein Versuch, zwischen Westen und Osten eine Brücke zu bauen, war im Kongo zerschellt. Jenseits der Lager gab es nichts Drittes, nur Täuschung oder Tod.

Es mochte ehrenvoll sein, Dag Hammarskjölds Scheitern und das Scheitern der UNO vernebeln zu wollen, Lügen zu spinnen, um mit seltsamen Freunden, die für Morde bezahlen, in Frieden zu leben.

Es mochte ehrenvoll sein, ließ aber auch erkennen, was

selbst 40 Jahre nach dem Absturz von Ndola die Trümmer verhüllt: Furcht – die Furcht vor den Freunden.

## Anmerkungen

1 »Folkhemmet«: Schwedische Bezeichnung für eine fürsorgende Gesellschaft, in der die wirtschaftlichen Unterschiede relativ ausgeglichen sind und die soziale Balance zu mehr Gerechtigkeit führt. Die Bewahrung der »Folkhemmet« sollte in einen dritten Weg zwischen Sozialismus und Kapitalismus münden.

2 Vgl. Shirley Hazzard: Defeat of an Ideal. A Study of the Self-Destruction of the United Nations. Boston 1973.

3 Vgl. Alan James: Britain and the Congo Crisis 1960–1963. London 1996.

4 Königliche Bibliothek Stockholm, Fundus Dag Hammarskjöld, Code-Telegramme vom 15. und 16.9.1961.

5 Königliche Bibliothek Stockholm, Fundus Dag Hammarskjöld, Code-Telegramme vom 15. und 16.9.1961.

6 Statement von Mr. Dikson Bulen.

7 ›I have no doubt in my mind that we saw the plane cycle, because the place where we were living, it is even today in the airport corridor. All the planes either come and run straight or they cycle. In this case a plane cycled and then we – I say we, because I had some friends – saw a second plane which I sincerely believe, interfered with the first plane. Some minutes later there was a thunderous sound which we couldn't make out what it was.‹ Statement von Mr. Timothy Kankasa.

8 ›Ndola. Another view of a tragedy‹.

9 ›In 1961 the wind of change had blown from North Africa down over French West Africa, Ghana and now to the Congo ... The Europeans saw evereything they had built, their homes, their jobs, their farms their and their children's future in jepoardy – and the Africans saw the same thing the other way round. They thought that freedom had come to the Congo, they admired Lumumba, they wholeheartedly supported the domestic nationalists, and now they saw how Belgians were snatching back

their share of the copperbelt … For Hammarskjöld and the UN the black felt admiration and the white felt bitterness and contempt.‹

10 Gesperrte Untersuchung des schwedischen Geheimdienstexperten Otto Danielsson.

# Der Tod des Pharao

## Anwar el Sadat und die Heiligen Krieger

Von Wilfried Huismann

*»Wir haben der Erde, dem Himmel und den Bergen Verantwortung angeboten, aber sie wollten sie nicht tragen. Doch der Mensch trägt sie.«*
*Sadats Lieblingsstelle aus dem Koran*

Die Reise auf den Spuren Anwar el Sadats beginnt in der Sinai-Wüste, am Fuße des Katharinenklosters, des ältesten Klosters der Welt. Hier, wo einst Moses und das jüdische Volk die Wüste auf dem Weg von Ägypten nach Israel durchquerten, hatte Sadat ein kleines Refugium. Erst nach langem Suchen finden wir es – versteckt in einer neuen Touristenanlage. Ein verfallenes einfaches Holzhaus mit herausgeschlagenen Scheiben – leer. Im Gras finde ich die Scherben von Tontöpfen, in denen er Blumen und Gemüse aufzog. Seit seinen Kindheitstagen im Dorf Mit Abul Kom liebte er das Landleben und die Natur. Auf der Holzveranda dieses Hauses mit Blick auf das Katharinenkloster kniete Anwar el Sadat gegen Ende seines Lebens häufig zum Beten und Meditieren nieder. Er war müde, niedergeschlagen und isoliert. Wochen im voraus fühlte er seinen nahen Tod.

Sadats Witwe, die Literaturwissenschaftlerin Jehan Sadat lebt immer noch in der mondänen Präsidentenvilla in Gizeh, wie im goldenen Käfig. Die Vasallen des neuen Präsidenten meiden sie, denn über die historische Leistung ihres Mannes darf am Hofe nicht gesprochen werden. Könnte doch sein Ruhm Schatten auf den seines Nachfolgers werfen. Selbst ein geplanter ägyptischer Kinofilm über das Leben und Sterben Anwar el Sadats wurde vom Präsidentenpalast untersagt. Jehan Sadat bewahrt im Kleiderschrank die blutgetränkte Uniform ihres Mannes auf, damit sie eines Tages in einem Museum ausgestellt werden kann, dann wenn »Ägypten bereit ist, meinen Mann zu ehren«. Jehan Sadat hat gelernt, ein eigenständiges Leben aufzubauen. Jedes Jahr lebt sie für ein paar Monate in Virginia, wo sie an der Universität Vorlesungen über ägyptische Literatur hält. Beim Interview über das Attentat gegen ihren Mann trägt sie ein schwarzes Kleid. Die Trauer füllt seit 1981 jeden Tag ihres Lebens. Sie erinnert sich an die letzten Wochen mit ihm und daran, wie er im Sommer 1981 davon sprach, dass seine Zeit nun gekommen sei. Er habe seinen Tod vorausgeahnt.

## Der letzte Tag

Am Morgen des 6.Oktober 1981 stand Anwar el Sadat wie jeden Tag um 7:00 auf und schaltete den Radiosender mit klassischer Musik ein. Er stopfte seine Pfeife und nahm ein leichtes Frühstück zu sich. Dann legte er sich, wie jeden Morgen, auf die Chaiselongue und überflog die Morgenzeitung. Jehan Sadat erinnert sich an die letzten gemeinsamen Stunden.

*»An diesem Morgen legte ich unsere Enkelin Jasmin zu ihm. Da Jasmin sehr blond ist, sagte er: Das Mädchen muss aus Europa importiert sein, sie ist keine Ägypterin. Er liebte seine Enkelkinder sehr. Es gibt viele kleine Dinge, die ich so sehr vermisse. Weil ich so viel zu tun hatte an diesem Mor-*

*gen, verabschiedete ich ihn nicht einmal, als er abfuhr. Es war das erste Mal, dass ich ihn nicht umarmt und geküsst habe, als er das Haus verließ.«*

Er verließ das Haus in seiner maßgeschneiderten blauen Uniform, in der er die Parade zum 8. Jahrestag der siegreichen Überschreitung des Suezkanals abnehmen wollte. Er liebte den militärischen Pomp. Es war sein Ehrentag. Er war der »Held der Überquerung«, der im Oktober 1973 mit einem arabischen »Blitzkrieg« den Suezkanal überquerte und die Israelis im besetzten Sinai überrumpelte.

Während der Präsident seine Morgenmusik genießt, befinden sich die Attentäter schon auf dem Paradegelände in Heliopolis und verstecken ihre Waffen. Sie sind eingeschleust worden von ihrem Anführer, dem 24 Jahre alten Oberstleutnant Khaled Islambuli, Sohn eines angesehenen Rechtsanwaltes aus Malawi. Er ist erst vor wenigen Monaten der islamischen Untergrundorganisation Gihad (Heiliger Krieg) beigetreten. Fünf Wochen zuvor, am 3. September, ist sein älterer Bruder Mohammed verhaftet worden. Er war Führer der islamischen Bewegung, der Gamaat Islamyia an der Universität von Assiut. Khaled sei über die Verhaftung außer sich vor Wut gewesen, sagt seine Mutter später aus. Er habe geweint und gerufen: »Die Zeit des Tyrannen wird zu Ende gehen.« Am 23. September wird Islambuli als Zugführer für die Militärparade am 6.Oktober eingeteilt. Das interpretiert er als göttlichen Fingerzeig.

Am Abend des 5.Oktober, so Islambuli bei seiner Vernehmung, habe er das Haus mit einem braunen Samsonite-Koffer verlassen. *»In dem Koffer hatte ich die Munition und die Handgranaten. Abdel Hamid erwartete mich in einem Fiat 124 am vereinbarten Treffpunkt. Ich setzte mich ans Steuer, und wir fuhren zum Ort der Parade in Heliopolis. Ich ließ die drei, also Abdel Hamid, Ata und Hussein etwa 50 Meter vor dem*

*Eingang zum Militärlager aussteigen. Wir hatten ausgemacht, dass sie vor mir das Gelände betreten und nach mir fragen sollten. Ich hatte meinen Soldaten gesagt, dass die angeforderten Ersatzleute eintreffen würden, um den Fehlbestand bei uns auszugleichen. Am Morgen mischten sie sich dann unter die anderen Soldaten. Ich teilte sie dazu ein, das Waffendepot zu bewachen. Dann kam der Befehl, aus allen Gewehren die Schlagbolzen zu entfernen. Ich gab also Abdel Hamid die Anweisung, das zu tun – mit Ausnahme von drei automatischen Gewehren. Ungefähr um halb drei morgens am 6. Oktober begann ich, die Magazine der Gewehre zu laden. Um drei Uhr morgens weckte ich meine Soldaten, weil bis sechs Uhr die Aufstellung für die Parade abgeschlossen sein musste. Ich stieg in eine Zugmaschine und legte den Helm, in dem sich vier Handgranaten befanden, unter den Sitz.«*

6. Oktober, 12:38. Eine Zugmaschine des Typs CIL 151, die eine 130-Millimeter-Kanone zieht, nähert sich der Tribüne mit den 1000 Ehrengästen, schert aus und bleibt stehen. Niemand, so Jehan Sadat habe darauf geachtet. Sie selbst habe gedacht: *Wie peinlich, schon wieder ist so ein sowjetisches Fahrzeug kaputt.* Alle sehen nach oben zu den Mirage-Düsenjägern, die im Tiefflug vorbeifliegen und farbige Kondensstreifen in den blauen Himmel ziehen.

*Aus Islambulis Vernehmung: »Ich zwang den Fahrer, anzuhalten, indem ich ihn mit dem Gewehr bedrohte. Er hielt aus Angst an. Ich sprang aus dem Wagen und warf die erste Handgranate. Dann rannte ich los und schoss in Richtung Tribüne. Ich weiß nicht mehr genau, was ich machte. Ich hatte jedes Gefühl verloren. Ich wollte aber niemanden außer dem Präsidenten treffen.«*

Die vier in Uniformen gekleideten Attentäter stürmen auf die Tribüne zu und schießen mit automatischen Gewehren und Pistolen auf den Präsidenten und seine Begleiter.

Jehan Sadat nimmt plötzlich wahr, was geschieht. Ihr Mann sieht die Attentäter auf sich zurennen. Er steht auf, als ob er sie begrüßen wollte. Sein Sitznachbar Mubarak und Sadats Frau Jehan werden von Leibwächtern auf den Boden gerissen. Er hingegen bleibt aufrecht stehen und wird von 37 Schüssen getroffen. Ein Querschläger ist tödlich. Eine Panik bricht aus. Außer Sadat sterben 7 weitere Menschen im Kugelhagel .

Als man Khaled Islambuli abführt, ruft er: »*Ich habe den Pharao getötet.*«

Wo waren die Elitesoldaten, die eigentlich zwischen Sadat und den Attentätern hätten stehen müssen? Wo waren die Scharfschützen auf den umliegenden Gebäuden? Sadat selbst hatte sie weggeschickt. Auch die schusssichere Weste, so Frau Sadat, habe er an diesem Tag nicht anlegen wollen. Er wollte nicht den Eindruck eines Herrschers erwecken, der vor seiner eigenen Armee Angst hat. Außerdem konnte er sich nicht vorstellen, dass ihm, dem »Helden der Überquerung«, an seinem Ehrentag etwas passieren könnte.

## Die Krieger Gottes

*»Niemand kann mich töten, nur die Fundamentalisten.*
*Weil sie an das glauben, was sie tun.«*
ANWAR EL SADAT

Wer waren die Täter? Was trieb sie an? Von den Attentätern wird meist nur im Plural gesprochen: »Fundamentalistische Terroristen.« oder »Fanatiker«, so als ob es sich nicht um Menschen gehandelt hätte, sondern um ferngesteuerte Killermaschinen. Man kennt die Bilder vom Prozess, als sie in ihrem großen Käfig in weißen Gewändern und mit frisch sprießenden Bärten triumphierend in die Kameras lachen – den eigenen Tod verachtend. »*Trauert nicht, denn ich werde Allah sehen*«, rief Islambuli seiner Ehefrau und seiner Mutter zu. »*Wir sind frei, die Gefangenen seid ihr.*« Sie schwenkten ein Tuch mit einem aufgemalten Galgen, daran ein blutiger Davidsstern, und riefen »*Oh Jerusalem, Kalifat des Todes, die Moslems kommen.*«

Jehan Sadat hat später mit einem Offizier des Kommandos gesprochen, das die Attentäter hinrichtete. Er erzählte ihr, dass Khalid Islambuli vor Angst gezittert habe. Wiederholt habe er den Geistlichen bestürmt und gefragt: Habe ich richtig und im Auftrage Gottes gehandelt? Die Tatsache, dass der Mörder ihres Mannes nicht einmal von seiner Tat überzeugt war, habe sie besonders geschmerzt. Die Tat werde dadurch noch sinnloser.

Während der Recherchen zu dem Film lassen wir die umfangreichen Vernehmungsprotokolle mit den Angeklagten übersetzen. Daraus ergibt sich ein anderes als das offizielle Bild, wonach es sich um eine isolierte kleine Gruppe von Terroristen gehandelt haben soll. Tatsächlich waren die Attentäter Teil einer starken sozialen Protestbewegung, die Sadat in den letzten Monaten seines Lebens in die Enge getrieben hatte. Die stärkste Oppositionsgruppe war dabei die Gamaat Islamyia, die Islamische Vereinigung, mit hunderttausenden von Anhängern. In den Wochen vor dem Attentat schloss sie sich mit der militärischen Untergrundbewegung der Fundamentalisten zusammen, dem Gihad (Heiliger Krieg).

Als treibende Kraft hinter dem Attentat wird der Elektriker Abdel Salam Farag verhaftet und ein paar Monate später gemeinsam mit den Attentätern hingerichtet. Er betrieb in seiner Wohnung im Armen-Stadtteil Bulaq al-Dakrur im Westen Kairos eine eigene Moschee, in der er Schüler um sich scharte. Zu seiner Gihad gehörten zum Zeitpunkt des Attentates etwa 300 Mitglieder. Aber es gab noch mehr Gihad-Organisationen in Ägypten, zu denen er Kontakt hatte, vor allem in Oberägypten. Farag entwickelte sich zum Chefideologen der Untergrundbewegung und brachte seine Vorstellungen in einer Broschüre heraus mit dem Titel: »Die verborgene Pflicht«, eine ideologische Rechtfertigung des Tyrannenmordes. Darin greift er auf die Argumentation des islamischen Schriftgelehrten Ibn Taimiyya (1263–1328) zurück, der eine Fatwa gegen die Tatarenprinzen erlassen hatte, die damals Ägypten beherrschten. Heute, so Farag, tyrannisiere der unislamische Pharao Sadat die Gemeinschaft der Gläubigen. Sadat sei ein Apostat, ein Knecht des Kolonialismus, der Kreuzzügler, des Kommunismus und des Zionismus. Von einem Apostaten beherrscht zu werden sei für einen Moslem schlimmer als von einem Ungläubigen. Außerdem sei das Sadat-Regime dafür verantwortlich, dass das Volk verarme, dass sich eine Klasse von neuen Reichen herausbilde und dass überall im Lande die weiblichen Reize zur Schau gestellt würden. Die Strategie der Moslembrüder, einer Art islamischer Loge, mit Hilfe von sozialen Wohlfahrtsorganisationen und Propaganda die Mehrheit des Volkes und dann die Macht zu gewinnen, sei ein Irrweg. Gott verlange, die Feinde des Glaubens mit Gewalt zu beseitigen.

Wichtig für Farag war, dass ein Geistlicher die Terrorakte seiner Untergrundorganisation und auch das Attentat absegnete: Sheik Omar Abd al Rahman, der »blinde Scheich.« Heute ist er in den USA inhaftiert wegen des Bombenattentates auf das World Trade Center in New York. Rahman wurde im Januar 1981 Mufti des Gihad und billigte die Überfälle auf koptische Juweliergeschäfte, mit denen das Geld für die Waffenkäufe der Organisation beschafft wurde. Die Morde an koptischen Goldhändlern hatten außerdem zum Ziel, Zusammenstöße zwischen den Religionsgemeinschaften zu schüren, um das Land zu destabilisieren.

Das militärische Gehirn des Gihad war Abud al Zumur, ein untergetauchter Oberst des Geheimdienstes. Er entwickelte einen ausgefeilten militärischen Plan für die Machtübernahme und leitete die militärische Ausbildung der Rekruten des Gihad. Abud al Zumur wohnte in einem Nildorf, direkt gegenüber dem Landschloss Barrage von Präsident Sadat.

Abud al Zumur wurde nach dem Attentat nicht hingerichtet. Er sitzt immer noch im Gefängnis und leitet von dort aus seit Jahren offensichtlich die Aktionen bewaffneter Organisationen. Über seinen Anwalt bekommen wir Kontakt zu ihm. Seine neueste Botschaft an die kämpfenden Glaubensgenossen im Untergrund: »Stoppt die Ermordung von Touristen. Sie führt zu einer Isolierung unserer Bewegung im ägyptischen Volk. Wir müssen wieder eine politische Bewegung werden.«

Der Appell Abud al Zumurs und anderer inhaftierter Veteranen des Heiligen Krieges scheint ein Echo gefunden zu haben. Der Terror gegen Touristen hat erst mal aufgehört.

Al Zumur wurde 1982 im Gegensatz zu den anderen unmittelbar Beteiligten nicht hingerichtet, weil er den Attentatsplan abgelehnt hatte. Er hatte vor übereiligen Aktionen gewarnt. In einer heftigen Diskussion mit Farag sagte er: »*Sollte Khaled (der Attentäter) verhaftet werden, so wird wahrscheinlich unsere ganze Organisation auffliegen. Wir werden alle Möglichkeiten zunichte machen, eine wahre Volksrevolution in Gang zu bringen. Wir sollten noch einige Zeit warten, bis unsere Organisation wirklich in der Lage ist, die Macht zu übernehmen.*« Doch Farag widersetzte sich dem Befehl Al Zumurs mit dem Argument: »*Falls man sie verhaftet, werden sie jede Beziehung zu unserer Organisation abstreiten. Außerdem ist es eine Märtyreraktion auf dem Pfad Gottes. Sie werden sie nicht überleben.*«

Das Attentat selbst wurde vom 24-jährigen Oberstleutnant

Khaled Islambuli geplant und ausgeführt. Er hatte die Idee und setzte sie in die Praxis um. Erst Mitte 1981 war er durch einen Zufall in Kontakt mit der Untergrundbewegung geraten. Khaled war auf der Suche nach einer leeren Wohnung, weil er heiraten wollte. Bei seinem Gang durch Bulaq wurde er müde und ging in eine kleine Moschee zum Beten. Abdel Salam Farag unterrichtete gerade eine Gruppe junger Männer. Khaled war von seiner Predigt angetan und freundete sich mit ihm an. Farag half ihm bei der Wohnungssuche und gab ihm einige religiöse Schriften mit auf den Weg.

Nach dem Attentat sagte Khaled Islambuli im Verhör aus: »*Ich hätte am liebsten gar nicht an der Militärparade teilgenommen, aber dann erklärte ich mich doch bereit, weil mir schlagartig klar wurde, dass es der Wille Gottes war, daran teilzunehmen, um seinen Auftrag zu erfüllen.*« Farag ist von Islambulis Eingebung angetan. Er besorgt ihm drei weitere Gihad-Aktivisten, die ihm helfen sollen. Islambuli schickt drei seiner Soldaten in Urlaub und schleust stattdessen in der Nacht vor der Parade die Mitattentäter in seine Einheit.

Als wir in Imbaba, einem ähnlich armen Stadtteil wie Bulaq, das Leben Islambulis nachinszenieren wollen, erfahren wir am eigenen Leibe, wie verwurzelt fundamentalistische Positionen in den Armenvierteln Kairos sind. Das Presseamt hatte uns vor Aufnahmen in diesem Stadtteil gewarnt, doch da wir einen Schauspieler kennen, der in Imbaba wohnt, fühlen wir uns sicher. Nach dem Freitagsgebet drehen wir auf den Straße einen Bücherstand mit Werken von Scheik Kishk, der 1980 jeden Freitag vor Zehntausenden Gläubigen gegen Sadats Politik wetterte. Innerhalb weniger Sekunden sind wir von etwa 50 aufgebrachten Gläubigen umringt, die uns mit Worten und Fäusten bedrohen, weil sie in uns Propagandisten des Teufels sehen, die sie im Ausland lächerlich machen wollen. Noch nie habe ich in meinem Leben so viel Hass in den Augen von Menschen gesehen. Auch die Erklärungen unseres ägyptischen Freundes, wir drehten einen Film zum Ruhme Allahs und der Gemeinschaft der Gläubigen, geht im Tumult unter. Wir rennen los und springen in einen bereitstehenden Wagen.

Muntassir al Zihat, der Anwalt der inhaftierten Terroristen, empfängt uns in seinem Büro im Zentrum Kairos. Er hat uns ein paar Stunden warten lassen. Er habe zu viel zu tun, erklärt er. Schon klingelt wieder sein Handy. Muntassir gilt als der inoffizielle Sprecher der Gamaat Islamyia und als Vermittler bei den Verhandlungen, die es zwischen den Behörden und dem bewaffneten Untergrund gibt. Er erklärt in einem Satz, wie er als Anwalt zu den Taten seiner Klienten steht:

*»Wir haben Sadat umgebracht, weil er ein Agent der Amerikaner und ein Verbündeter Israels war. Das Ausland stand hinter Anwar el Sadat. Khaled Islambuli hat viel für Ägypten und für seinen Glauben getan.«*

Als Anwar el Sadat 1977 zu seiner Versöhnungsreise nach Jerusalem flog, war Muntassir ein junger Student. Ich frage ihn nach seiner Erinnerung an diesen Tag. Die Antwort: *»Ich fühlte, dass er sterben muss. In aller Munde war nur ein Wort: Er ist ein Verräter.«*

## Der Biss der Schlange

Sadat selbst hat die Schlange genährt, die ihn schließlich tötete. Nach dem Tod Nassers im Jahre 1970 ging er mit den Moslembrüdern und mit der Gaamat Islamiya ein strategisches Bündnis ein, um die Nasseristen in der ägyptischen Gesellschaft zu entmachten, die ihn anfänglich als ihr eigenes, schwaches Werkzeug angesehen hatten. Kurz nach seinem Amtsantritt öffnete Sadat die Gefängnisse und ließ Tausende von Moslembrüdern frei, die sein Vorgänger Nasser eingesperrt hatte. Die Bastionen der Nasseristen unter den Studentenmassen an den Universitäten ließ Sadat mit Hilfe der schnell wachsenden islamischen Studentenbewegung schleifen. Die Islamische Vereinigung (Gamaat Islamyia) verwandelte die Universitäten in eine Terra Islamica. Die weißen Gewänder (Gallabiah), die ungestutzten Bärte und die Schleier für die Studentinnen waren ein Zeichen für die wachsende Macht der Islamisten. Der Staat verlor allmählich die Kontrolle über seine reiligiösen Hilfstruppen. Mit Eisenstangen bewaffnet gingen sie schließlich gegen Studenten vor, die sich ihnen nicht beugten, oder die an »unislamischen» Kulturveranstaltungen teilnahmen. Nachdem Sadat 1979 den Friedensvertrag mit Israel unterschrieben hatte, wandten sich seine ehemaligen Bündnispartner auch gegen ihn. Er galt nun als ungläubiger »Pharao«, als Abtrünniger vom Glauben, auf den die schlimmste Strafe anzuwenden sei.

Politisch gefährlich wurde die islamische Vereinigung für Sadat allerdings erst, als es ihr gelang, ihre Propagandisten von den Universitäten aus in die Vorstädte zu schicken und im Proletariat Fuß zu fassen. Die Religion besetzte jetzt das von den Linken verlassene Terrain der sozialen Utopie. Die wirtschaftliche Öffnung zum Westen und die Demontage der alles erstickenden Planwirtschaft zugunsten von mehr Marktwirtschaft hatte zuerst dazu geführt, dass die Armen noch ärmer wurden. Auf den Protestkundgebungen gegen die Abschaffung der Brotsubventionen im Januar 1977 skandierten deshalb die Menschen: »*Oh Held der Überquerung, du hast unser Frühstück vergessen.*«

Dabei war Sadat – wie seine Mörder – tief religiös, und auch der politische Mord gehörte zu seinen Mitteln der Politik, die ihn auf tragische Weise mit seinen Mördern verband. 1946 wurde er als junger Offizier zu einer Gefängnisstrafe verurteilt, weil eine von ihm gegründete Geheimorganisation den ehemaligen Finanzminister *Amin Osman* ermordet hatte. Osman galt als Inbegriff der ägyptischen Unterwerfung unter die Kolonialmacht Großbritannien.

In Zelle 54 des Kurah-Maidan Gefängnisses verbrachte der junge Offizier Sadat 18 grässliche Monate in Einzelhaft. Die Moslembrüderschaft – eine weitverzweigte islamische Geheimorganisation – unterstützte seine Familie in dieser Zeit mit 10 ägyptischen Pfund monatlich. Seine Kameraden von der Gruppe der Freien Offiziere unter Gamal Abdel Nasser dagegen vergaßen ihn. Im Gefängnis, so Sadat, habe sich sein Charakter geformt. *»Leid kristallisiert die innere Kraft der Seele. Darum betrachtete ich meine letzten acht Monate im Gefängnis als die glücklichste Periode meines Lebens. Damals wurde ich in die neue Welt der Selbstverleugnung eingeführt, die mich befähigte, meine Seele mit allen anderen Wesen zu verschmelzen, sie auszuweiten und eins zu werden mit dem Herrn alles Seins«.*

## Zahran und Hitler: Helden der Kindheit

Schon als Kind träumte Sadat in seinem Dorf im Nildelta davon, eines Tages ein Held zu werden, so wie der Bauer Zahran aus dem Nachbardorf, der einen Soldaten der Besatzungsarmee getötet hatte und dafür hingerichtet worden war. *»Ich hoffte«*, so Sadat über seine Kindheit, *»meine Geschichte würde ebenso zu einer Ballade werden, die in den Herzen der Nachwelt lebte.«*

Anwars Vater war ein landloser kleiner Beamter, seine Mutter eine dunkelhäutige Sudanesin. Er verlebte eine harte und glückliche Kindheit auf dem Lande: Er nahm an der Baumwollernte teil, brachte das Vieh zum Tränken an den Kanal oder trieb die Ochsen auf dem Dreschplatz an. Neben Zahran waren seine Vorbilder Hitler und Ghandi. Als Hitler in Berlin einmarschierte, versammelte er seine Freunde am Dorfbrunnen und befahl ihnen, mit ihm nach Kairo zu marschieren, um das Land von den Briten zu befreien.

Seine Charaktereigenschaften waren schon als Kind deutlich ausgeprägt: so zum Beispiel die Fähigkeit, sich zu verstellen. Mit dieser Gabe überlebte er das Gefängnis und die dunklen Jahre der Nasser-Diktatur. Die stets eifersüchtigen und misstrauischen Führer der Revolution, einschließlich Nasser, hielten ihn nicht für besonders klug und fürchteten ihn nicht als potentiellen Rivalen. Als Heranwachsender entwickelte er seine Liebe zum Drama und nahm Schauspielunterricht. Ein anderer herausragender Charakterzug war sein Wagemut. Um Schwimmen zu lernen, sprang er eines Tages in den Nil. Freunde retteten ihm das Leben.

Als junger Offizier gründete er 1939 die erste geheime Organisation von antikolonialen Offizieren, deren Mitglieder sich im Kairoer Café »Groppi« trafen. Später ging diese Gruppe in der Organisation der Freien Offiziere auf. Sadat schloss ein geheimes Bündnis mit Hassan al Banna, dem Führer der Moslembrüder, und nahm bei einem Treffen auf dem Hausboot Kit-Kat, das der Nachtklub-Tänzerin Hikmat Fahmi gehörte, Kontakt mit deutschen Geheimdienstagenten auf – Rommels Truppen standen vor El Alamein. Den Deutschen machte Sadat das Angebot, ihren Feldzug gegen die Briten zu unterstützen, unter der Bedingung, dass sie nach einer Einnahme Kairos die ägyptische Unabhängigkeit anerkennen würden. Doch Sadats Kurier, der Rommel den Vertragsentwurf überbringen sollte, wurde mit seinem Flugzeug abgeschossen. Bei seinen Offizierskameraden und Mitverschwörern galt Sadat als sehr mutig, außerordentlich patriotisch, aber auch als unberechenbar und von spontanem Aktionismus geleitet.

## Der Fuchs wartet

*»Die Revolution wurde zu einem finsteren, schrecklichen Abgrund, aus dem es kein Entrinnen gab. Meine Liebe zu Nasser hatte mich für die Wahrheit blind gemacht.«*
ANWAR EL SADAT

Während Sadats Haftzeit war der charismatische Gamal Abdel Nasser zum Führer der Gruppe der Freien Offiziere aufgestiegen. Sadat blieb nach seinem Wiedereintritt in die Armee im Hintergrund der Befreiungsbewegung. Als die revolutionären Offiziere unter Nasser am 22.7.1952 das Hauptquartier der Armee stürmten und damit eine Revolution auslösten, saß Sadat gerade in einer Kinovorstellung. Er hatte seinen Einsatz verpasst.

In der anschließenden Revolutionsregierung bekam er stets zweitrangige Aufgaben, als Minister und als Parlamentspräsident. Nasser misstraute ihm in den ersten Jahren allein schon deshalb, weil Sadat als Held des antikolonialen Widerstandes über Popularität in Ägypten verfügte. Zwar stand er in innerer Opposition zum Terror der Nasser-Zeit, schwieg aber dazu.

Sadat blieb Nassers treuer Freund bis zu dessen Tod im Jahre 1970. Nasser hatte die Niederlage der vereinigten arabischen Armeen gegen Israel im Sechstagekrieg von 1967 gesundheitlich nicht verkraftet. Kurz vor seinem Tod ernannte er Sadat zum Vizepräsidenten. Die Machtelite der Sozialistischen Einheitspartei Ägyptens war darüber zwar verwundert, fühlte sich aber nicht bedroht. Alle glaubten 1970, Sadat sei nur ein Mann des Überganges, eine blasse, manipulierbare Figur mit Hang zur Theatralik.

Auch im Ausland wurde Sadat unterschätzt. Der scharfzüngige Henry Kissinger etwa beschrieb ihn als *»bombasti-*

*schen Clown«*. Ein paar Jahre später jedoch sollte derselbe Kissinger ihn als einen der *»größten Staatsmänner des Jahrhunderts«* feiern. Nur ein Jahr nach der Übernahme der Präsidentschaft durch Sadat erlebte das nasseristische Establishment einen ersten Schock: In einer Art Palastrevolution wurde es von Sadat entmachtet. In der Regierung verloren Nassers Gefolgsleute alle Schlüsselpositionen. Sadat leitete eine Re-Demokratisierung des Landes ein und stellte die allgemeine Rechtssicherheit wieder her.

Im gleichen Jahr folgte die zweite Überraschung: Sadat wies 17 000 sowjetische Berater aus dem Land und leitete damit die Politik der »offenen Tür« gegenüber dem Westen ein. Er befreite das Land aus der Umklammerung durch den Ostblock und machte es außenpolitisch wieder handlungsfähig.

Einer der führenden nasseristischen Intellektuellen des Landes, Dr. Saad Eddin Ibrahim, Professor an der Amerikanischen Universität von Kairo, beschrieb das Phänomen Sadat so: *»Er war ein Meister der Verstellung, ein Fuchs, der schweigt und auf seine Stunde wartet. Er ließ alle im Glauben, er sei ein loyaler Verwalter der Prinzipien des großen Nasser. Wir haben ihn total unterschätzt. Für meine Generation war Nasser größer als ein Mensch. Jeder Nachfolger konnte nur sein Schatten sein. Darin haben wir uns gründlich getäuscht«*

## Eine Reise, die die Welt verändert

*»Vom ersten Moment an, als mein Mann seine Bereitschaft erklärte, nach Jerusalem zu gehen, war mir klar, dass man ihn dafür töten würde.«*
JEHAN SADAT

*»Unsere Generation hat unglaubliche Dinge gesehen: Menschen flogen zum Mond und Sadat kam nach Jerusalem. Sein Besuch war vielleicht das wichtigste Ereignis der modernen Geschichte.«*
Ezer Weizman

Als Anwar el Sadat am 20.November 1977 über den Sinai nach Tel Aviv flog, ließ der syrische Präsident Assad einen nationalen Trauertag ausrufen. Und König Faisal ging nach Mekka, um im Allerheiligsten dafür zu beten, das Flugzeug mit Sadat möge abstürzen, damit den Arabern die Schande dieses Canossaganges erspart bleibe. Jahrelang war die Ablehnungsfront – keine Anerkennung Israels, kein Frieden mit Israel – das Hauptbindeglied zwischen den arabischen Nationen gewesen, jetzt entzog der Führer des mächtigsten arabischen Landes dem kollektiven Selbstverständnis abrupt den Boden. Er überschritt die Grenze zwischen dem Denkbaren und dem Undenkbaren.

Drei Generationen von Arabern waren herangewachsen mit dem Glaubensgrundsatz, dass es mit den Juden im Nahen Osten niemals eine friedliche Koexistenz geben werde. Zehn Tage vor seiner Reise hatte Sadat während einer Rede vor dem Parlament in Kairo seinen einsamen Entschluss angekündigt: *»Für den Frieden bin ich bereit, bis ans Ende der Welt zu gehen. Die Israelis werden sich wundern. Ich bin bereit, in ihr Haus zu gehen, in ihre Knesset, um mit ihnen zu sprechen.«* Yassir Arafat, der bei der Parlamentssitzung als Gast anwesend war, klatschte Beifall. Wie alle anderen im Saal glaubte er, Sadat habe nur eine besonders gelungene rhetorische Pirouette gedreht.

Zehn Tage nach seiner Ankündigung mochte auch die auf dem Flughafen Lod versammelte israelische Politprominenz kaum glauben, was sie sah: Sadat stieg die Gangway herab und die ägyptische Nationalhymne erklang auf israelischem

Boden, schlecht gespielt übrigens, denn die Noten waren erst am Tag zuvor eingetroffen. Ein paar Minister waren der Überzeugung, dass aus dem Flugzeug ein Killerkommando stürmen werde, das die gesamte israelische Elite in ein paar Minuten auslöschen würde. Ministerpräsident Menachem Begin, misstrauisch bis in die Haarspitzen, vermutete in der Friedensmission einen neuen Trick der Araber – und war auf das Schlimmste gefasst. Doch Sadat betrat die Bühne der Knesset mit großer Selbstsicherheit und sprach gelassen unfassbare Worte: »*Sie wollen mit uns in diesem Teil der Welt leben. In aller Ernsthaftigkeit sage ich Ihnen, wir heißen Sie bei uns willkommen und garantieren Ihnen dabei Ihre volle Sicherheit. Allein das ist ein gewaltiger Wendepunkt und markiert einen historischen Umschwung. Wir haben Sie bislang abgelehnt, ja. Wir hatten Gründe und wir hatten Ängste.*«

Sadat war davon überzeugt, dass der größte Teil der Probleme zwischen Juden und Moslems psychologischer Natur und dass sie deshalb mit persönlicher Vertrauensbildung zu lösen seien. Man müsste dem Feind einfach die Hand reichen und er würde sie nicht ausschlagen. In der Sache blieb er dabei hart: Israel sollte den Sinai räumen und auch den Palästinensern ihr 1967 im Sechstagekrieg geraubtes Land zurückgeben. Ägypten suche keinen Separatfrieden, sondern eine Lösung für die gesamte Region. Begin reagierte in seiner Erwiderungsrede mit scharfer Ablehnung. Am Abend des ersten Tages schien es so, als ob die »heilige Mission« ein rein symbolischer Akt, ohne politische Folgen bleiben sollte. Begin dachte nicht daran, irgendein Zugeständnis zu machen und den für Israel kommoden Nicht-Frieden gegen einen unsicheren Frieden einzutauschen. War es Israel mit einem riesigen Sicherheitsgürtel von besetzten Gebieten nicht jahrelang gut gegangen? Begin hätte die historische Chance all zu gern vertan, aber er kannte Sadats Entschlossenheit nicht, bis zur

Selbstverleugnung für seinen – so Sadat – »göttlichen Auftrag« zu kämpfen. Und er kannte auch seinen Verteidigungsminister Ezer Weizman nicht gut genug, einen Haudegen aus mehreren Kriegen gegen die Araber. Ausgerechnet dieser Falke sollte mit Sadat eine persönliche Freundschaft eingehen, die die Mauer des Misstrauens einriss.

## Whisky für den Frieden

Ezer Weizman, zum Zeitpunkt unseres Interviews Staatspräsident Israels, erinnert sich mit Selbstironie an die denkwürdige Rede Sadats in der Knesset. Er habe Sadats Forderung nach dem totalen Rückzug aus allen besetzten Gebieten gehört und dabei den Pulverdampf des Krieges gerochen. *»Ich schrieb einen Zettel: ›Wir müssen uns auf den Krieg vorbereiten‹ und schob ihn zum Ministerpräsidenten hinüber. Der las den Zettel und nickte mit dem Kopf.«*

Ezer Weizman hat im Stellungskrieg am Suezkanal seinen einzigen Sohn Shaùl durch den Kopfschuss eines ägyptischen Scharfschützen verloren. Wie ich nach unserem Treffen von einer Mitarbeiterin erfuhr, hatte er das Foto seines verstorbenes Sohnes vor dem Interview abgehängt. Der Schmerz über den Verlust war noch zu groß. Der Krieg machte ihn zum Hardliner – hatte ihn aber auch geläutert. Vielleicht konnte er nur wegen seines persönlichen Schicksals beides gleichzeitig sein – Falke und Taube. Er traute Sadat nicht, aber der mutige Schritt des Ägypters beeindruckte ihn tief. Das Abendbankett, so Weizman, sei ein Desaster gewesen. *»Der Tisch war zu groß und alle sahen aus, als wären sie von einer Beerdigung zurückgekehrt. Jahrelang hatten wir gesagt, kein Araber will mit uns reden. Jetzt hatten wir welche zum reden – aber wir wussten nicht, worüber.«*

Nachdem das trostlose Bankett zu Ende war, startete Weizman eine Privatdiplomatie, die ihm in den kommenden Jahren noch viel Ärger mit seinem Ministerpräsidenten einbringen sollte. Mit ein paar Scotch-Whysky im Hotelzimmer von Mustafa Khalil, dem Generalsekretär der Sozialistischen Einheitspartei Ägyptens, brach er das Eis. Mit von der Partie war Butros Butros Ghali, damals amtierender ägyptischer Außenminister. Wir treffen Butros Butros Ghali in Paris. Er war dort inzwischen Generalsekretär der Francophonie, der Organisation frankophiler Staaten. Wie immer emsig, leise, geschmeidig und mit gebeugten Schultern, so als trage er die Last der Unterdrückten dieser Erde allein auf seinen Schultern.

Er bestätigt Weizmans Erinnerung. Der Whisky sei die »hot line« der Verhandlungen gewesen. *»Das war der eigentliche Beginn der Verhandlungen.«* Auch in der ägyptischen Delegation habe eine depressive Stimmung geherrscht. Sadat blieb als einziger optimistisch. Er sah, so Butros Butros Ghali, die Dinge intuitiver und klarer.

*»Er war vor allem ein Bauer. Und in Ägypten gibt es eine Tradition: Wenn es zwischen zwei Dörfern Streit gibt, bei dem Menschen getötet werden, dann gibt es einen Weg, den Krieg zu beenden. Der Führer des einen Dorfes muss dem Oberhaupt des anderen Dorfes einen Besuch abstatten und mit ihm Brot und Salz essen. In dieser Tradition und mit dieser Vorstellung reiste Präsident Sadat : Wenn ich aus meinem Dorf, Ägypten, aufbreche und in das andere Dorf, Israel, fahre und mit Begin esse, dann ist alles geregelt. Für uns Diplomaten war es die Hölle, denn gar nichts war geregelt worden.«*

Am Morgen nach der Whisky-Runde lud Sadat Weizman zu einem privaten Gespräch auf sein Zimmer im King David Hotel. Ezer Weizman erinnerte sich an das Kräftespiel der Augen. Beide fixierten sich bei dem Gespräch, keiner wich dem Blick des anderen aus. *»Dabei drehten sich die Räder wie wild* *in meinem Kopf. Wer war dieser Mann. Ich hatte den Eindruck, er war ein Schauspieler, dem es Spaß machte, in einem großen Drama die Hauptrolle zu spielen. Inszenierte er ein Täuschungsmanöver, wie es in der neueren Geschichte noch nicht gegeben hatte? Er erriet meine Gedanken und sagte: ›Ich bin ein Mann, der Wort hält. Sie können mir trauen. Ich wiederhole es: Es wird zwischen uns nie wieder Krieg geben.‹ Er betonte dabei jedes Wort. Ich wünschte, ich könnte ihm glauben – aber noch konnte ich es nicht. Ich führte Sadat an das Fenster seiner Suite und zeigte ihm die Altstadt von Jerusalem. Ich sagte ihm: Diese Stadt dürfen Sie nicht wieder teilen. So fing es an.«* Beim Abschied am Flughafen sagte Weizman dann auf Arabisch zu Sadat: »*Allah ma'ak – Gott sei mit dir.*« Sadat war davon sehr bewegt. Er umarmte Weizman, gab ihm einen Kuss und flüsterte ihm dabei ins Ohr: »Wir halten über Ceaucescu Kontakt.« Der rumänische Diktator hatte Sadat zur Reise nach Israel ermutigt. Er war der einzige Ostblockführer mit engen Kontakten zur israelischen Führung.

Oft, wenn die Verhandlungen in den beiden Jahren bis zum Friedensschluss von Camp David im Jahr 1979 in eine Krise gerieten, wurden sie durch die persönliche Freundschaft Weizman-Sadat gerettet. Weizman riskierte dabei den Hinauswurf aus der Regierung. Wenn Begin, der, so Weizman, in einem »geistigen Ghetto« lebte, während der Friedensverhandlungen neue jüdische Siedlungen in der Westbank bauen ließ, stellte ihn Weizman vor die Alternative: »Entweder die Bulldozer verschwinden bis morgen oder ich trete zurück.«

## Verräter und Pygmäen

*»Mit seiner Reise nach Jerusalem schuf sich Sadat eine weltumspannende Anhängerschaft, verspielte mit ihr aber zu-*

*gleich auch seine natürliche Machtbasis als Präsident Ägyptens – die arabische Welt.«*
Mohamed Heikal, Nasserist und ehemaliger Informationsminister Sadats

Der Ende 1978 unter Jimmy Carters Vormundschaft ausgehandelte Friedensvertrag von Camp David hatte viele Schwächen. Vor allem waren die Formulierungen zur Regelung der Palästinenserfrage so weich und deutungsfähig, dass Kritiker zu Recht von einem Separatfrieden sprechen konnten. Begin hatte sich zwar verpflichtet, das Selbstbestimmungsrecht der Palästinenser anzuerkennen, für die PLO jedoch waren das nur leere Worte: ein Feigenblatt, um Sadats Kapitulation zu vertuschen. Ägypten hatte seine Probleme mit Israel im Alleingang gelöst: Der Sinai kam zurück an Ägypten, die ökonomischen Ressourcen des Landes konnten in den wirtschaftlichen Aufbau statt in Kriegsvorbereitungen gesteckt werden. Die Mehrheit der arabischen Staatschefs sah darin nur einen Judaslohn für den »Verrat«. Sadat selbst war indes überzeugt, dass der bilaterale Frieden ein erster Schritt im umfassenden Friedensprozess sei, dem der zweite notwendigerweise folgen würde. Deswegen ließ ihn der Vorwurf, einen Separatfrieden auf Kosten der anderen arabischen Nationen geschlossen zu haben, kalt.

Als Präsident Carter gemeinsam mit Sadat am 3.März 1979 im Triumphzug von Alexandria nach Kairo rollte, säumten Millionen die Route und bejubelten den Sieg im Frieden. Doch die Intellektuellen Ägyptens waren überwiegend gegen Sadats Friedensstrategie und kritisierten ihn scharf. Auch Dr. Saad Eddin Ibrahim. Er nennt uns seine Gründe:

*»Wir fürchteten den Bruch der arabischen Einheit. Und wir hatten Angst vor einer Gesellschaft, in der der Einfluss Nassers an Bedeutung verlor. Obwohl ich selbst unter Nasser im*

*Gefängnis war, blieb ich Nasserist. Wir Intellektuellen waren überzeugt, dass das Volk genauso dachte wie wir. Ich konnte es nicht fassen, als ich 1979 eine von mir organisierte Meinungsumfrage auswertete: 64% der Ägypter unterstützten danach Sadats Friedenspolitik, 20 % waren unentschieden und nur 16% lehnten sie ab. Ich glaubte es nicht und ließ die Befragung wiederholen. Das Ergebnis war das Gleiche. Ich fing an zu begreifen, wie arrogant und fehlgeleitet Intellektuelle sein können.«*

Sadat konnte die Früchte des Friedensvertrages nicht lange genießen. Ägypten war in der arabischen, aber auch in der Dritten Welt isoliert. Butros Butros Ghali versuchte als Diplomat, das Schlimmste zu verhindern, vergebens: Ägypten wurde aus der Arabischen Liga ausgestoßen und im August 1979 auf der Konferenz in Havanna auch von der Bewegung der Blockfreien scharf verurteilt. Sadat hatte für seine arabischen Amtskollegen nur Hohn und Spott übrig: Sie seien »Pygmäen«, weltweit belächelte Wüstendiktatoren, die jedes Vorurteil über Araber bestätigten. Schreihälse, die alles forderten und deswegen nichts erreichten. In nur wenigen Jahren würden sie ihm alle auf seinem Weg zum Frieden folgen.

Sadat hielt es nicht einmal für nötig, 1979 nach Havanna zu fliegen, um seinen Frieden vor den Staatschefs der Bewegung der Blockfreien zu verteidigen. Stattdessen reizte er sie noch zusätzlich, indem er zur gleichen Zeit mit seiner Frau Jehan an Bord der ehemaligen königlichen Yacht in den Hafen von Haifa einfuhr, um Ministerpräsident Begin zu begrüßen. Butros Butros Ghali musste dafür in Havanna büßen. Fidel Castro selbst zelebrierte das Urteil: »*Mit der Methode des Verrates hat der Imperialismus versucht, einen falschen Frieden zu erzwingen.*« Dann kündigte er an, dass der Text der Rede von Butros Butros Ghali aus den Protokollen der Konferenz gestrichen würde.

Gedemütigt und verzweifelt kehrte Butros Butros Ghali nach Ägypten zurück und bat um eine Audienz bei seinem Präsidenten, überzeugt davon, dass Ägypten sich auf einem falschen und gefährlichen Isolationskurs befand. Er erinnert sich an den Moment, als er verzweifelt und zweifelnd aus Havanna zurückkehrte: »*Alle sagten, Ihr macht es falsch. Wir waren unsicher und fürchteten, in einem Desaster zu enden. Sadat war von uns der einzige, der sagte: wir machen weiter. Er ließ mich nach der Konferenz in Havanna zu seinem Haus in Ismailia am Suez-Kanal rufen. Wir saßen auf der Terrasse und er sagte: Ich verstehe deinen Kummer, aber sieh mal auf das andere Ufer: Jeder Quadratzentimeter Land, den wir zurückbekommen, ohne das Blut unserer Soldaten zu vergießen, ist ein Sieg. Dagegen sind Eure diplomatischen Probleme bedeutungslos.*«

Sadat sollte recht behalten. Selbst der engere Führungskreis der PLO wusste, dass es eine Lösung des Palästina-Problems nicht mit den radikalen arabischen Führern und der Sowjetunion geben konnte, sondern eher mit Sadat. Ägypten war stark und selbstsicher genug, einen palästinensischen Staat als Nachbarn zu akzeptieren. Die anderen arabischen Regierungen wollten ihn im Grunde genommen nicht. Aber die PLO war von ihrer Gunst und ihren Waffenlieferungen abhängig. Ohne innere Überzeugung lehnte Arafat die Teilnahme an den Autonomieverhandlungen, so wie sie im Camp-David-Abkommen vereinbart waren, ab. Eine verpasste Chance. 1991 musste er dann unter wesentlich ungünstigeren Konditionen alleine verhandeln.

In Ramallah treffe ich einen der ältesten Weggefährten Arafats, Yasser Abed Rabo, jetzt Kulturminister der Autonomiebehörde. Er erzählte, dass die damaligen Erklärungen der PLO-Führung, Sadat sei ein Verräter, dem der Tod gebühre, auf Druck der arabischen »Brüder« zustande gekommen sei.

»*Nach Camp David*«, so Yasser Abed Rabo, »*erreichte der Druck einiger arabischer Länder und der Sowjetunion auf uns einen Höhepunkt. Wir teilten mit unseren revolutionären Brüdern zwar die Parolen, aber wir wussten, dass sie in Wahrheit ganz andere Interessen hatten. Sie wollten keine unabhängige palästinensische Befreiungsbewegung und keinen unabhängigen palästinensischen Staat. Das war das Dilemma: Wir kritisierten Sadats Politik, aber wir hatten das Gefühl, er meint es besser mit uns als diejenigen, die ihn gemeinsam mit uns angriffen.*«

Die Politik des Alles oder Nichts war historisch gescheitert. Sadat hatte den ersten und entscheidenden Schritt gemacht, um sie durch eine rationale Friedenspolitik zu ersetzen. Nach Jahren der arabischen Selbstisolation ersetzte er die Politik der Phrasen durch eine arabische Realpolitik. Er ging dabei mit einem langfristigen strategischen Kalkül vor und traf Entscheidungen, die mit einem hohen persönlichen Risiko verbunden waren. Die Reise nach Jerusalem im November 1977 und das Friedensabkommen mit Israel von 1979 schufen vollendete Tatsachen: Israels Existenzrecht war gesichert.

## Der verminte Frieden

»*Statt mit mir zusammenzuarbeiten, treiben mich die Israelis in die Enge. Es ist, als hätten sie sich mit den Arabern verbündet, um gegen Ägypten und den Frieden zu kämpfen.*«
ANWAR EL SADAT, 1981

Sadats Lebenswerk hat den Lauf der Geschichte zweifellos geändert. Doch trotz seines Erfolges, seines persönlichen Charismas und seines sicheren politischen Instinktes sollte der Präsident Ägyptens in den Jahren 1980 und 1981 als politischer Führer im eigenen Land scheitern. Der erste Dolchstoß kam von Menachem Begin. Zum ersten Jahrestag von Camp David kündigte Begin an, dass Israelis in Zukunft das Recht hätten, Land in der Westbank und im Gazastreifen zu kaufen. Er wollte die Besetzung verewigen. Jetzt zeigte sich, dass Begin keine wirkliche Autonomieregelung für Palästina wollte. Er nutzte den Frieden mit Ägypten dazu aus, die Kontrolle über die besetzten Gebiete zu verstärken und auszubauen. Die Bulldozer siegten mal wieder. Ezer Weizman kündigte seinem Freund Sadat an, dass er als Minister zurücktreten werde – mit Begin sei eine Verwirklichung des Friedensvertrages nicht möglich.

Am 30. Juli 1980 beschloss die Knesset, Jerusalem zu annektieren. Jerusalem sollte für immer und ewig die unteilbare Hauptstadt Israels bleiben – eine Kriegserklärung an 800 Millionen Moslems in aller Welt. Jehan Sadat erinnert sich an die Verzweiflung ihres Mannes, als er Ministerpräsident Begin einen leidenschaftlichen Brief schrieb, in dem es hieß, er habe die Idee zum Frieden auf dem Berg Sinai bekommen, beim Lesen des Koran. Seine Friedensmission sei von Gott inspiriert. *»Gott der Allmächtige wird die Geschichte der Juden vollenden, die auf ägyptischem Boden begonnen hat.«*

Doch Begin hat für Sadats Bibelstunde keine Ohren. Schon Sadats Wunsch, den Friedensvertrag zwischen den beiden Ländern feierlich auf dem Mosesberg zu unterzeichnen, hatte er abgelehnt. Erstens sei gar nicht erwiesen, dass der Herr die 10 Gebote tatsächlich hier verkündet habe, und zweitens wolle er auf keinen Fall mit einem Esel auf den über 2000 Meter hohen Berg klettern. Bis zum Ende glaubte Sadat, dass er Begin durch das Beispiel seiner eigenen Aufrichtigkeit auf den richtigen Weg bringen könne. So verhalf er ihm noch im Juni 1981 zu einem Wahlsieg gegen die Arbeiterpartei, als er ihn demonstrativ zu einem Freundschaftstreffen in Sharm al Sheik begrüßte. Begin bedankte sich für die Wahlkampfhilfe auf seine Weise. Drei Tage später, am 7. Juni 1981, ließ er den Atomreaktor Iraks in Osirak mit einem Flugzeugangriff zerstören. Sadat stand in der arabischen Öffentlichkeit da wie ein Komplize, mindestens aber wie ein Trottel. »*Man konnte sich auf sein Wort verlassen, auch wenn es sich für ihn zum Desaster entwickelte*«, erinnerte sich seine Frau Jehan.

Und Helmut Schmidt, den mit Sadat eine enge persönliche Freundschaft und auch die Bibelfestigkeit verband, kommentiert das Dilemma lakonisch so: »*Sadats größtes Pech war, dass er es mit so einem wie Begin zu tun hatte, der war doch nicht normal.*« Vielleicht sei es Sadats Fehler, »zu idealistisch« gewesen zu sein für das harte Feilschen in der Politik. Schmidt im Klartext: »*Er war echt, fest und so'n Kerl.*« Bei unserem Gespräch in einem vornehmen Hotel an der Alster erinnert sich Helmut Schmidt auch daran, dass er mit Sadat gleichaltrig war. Für ihn sei Sadat der »größte Staatsmann« gewesen, den er in seiner ganzen politischen Laufbahn kennengelernt habe. Ja, er habe ihn sogar »geliebt«, wie ein Bruder sei er für ihn gewesen.

Fast mit Tränen in den Augen erinnert sich der Altbundeskanzler an eine nächtliche Schiffsreise auf dem Nil im Jahr 1980, auf der er sich 4 Stunden lang mit Präsident Sadat über die gemeinsamen Wurzeln von Christentum und Islam auseinandergesetzt habe. »*Eines der beeindruckendsten Gespräche meines Lebens.*« Und seine Kritik? Nein, es gäbe an Sadat nichts zu kritisieren, außer »vielleicht die Wirtschaftspolitik.« Na also, da war er wieder, der Weltökonom, der alles immer ein bisschen besser weiß. »*Die Ökonomie war nicht seine Stärke*«, sagt er und fügt gnädig hinzu: »*Aber ein Land wie Ägypten ist sowieso unregierbar.*«

## Das Ende des Pharaos

Weltweit wird der Friedensnobelpreisträger Anwar el Sadat gefeiert und verehrt. Doch die Anfangseuphorie der Ägypter über den Frieden ist verflogen. Wo blieben die Segnungen des Friedens? Hatte der »Held des Krieges und des Friedens« nicht »Wohlstand für alle« versprochen? Die Enttäuschung kriecht dem Land in die Glieder. Jedes Prozent mehr beim Bruttosozialprodukt frisst allein der ungebremste Bevölkerungszuwachs auf. Jedes Jahr wächst das Land um eine weitere Million Einwohner an. Die Wirtschaftspolitik der offenen Tür hat nicht zu den erwarteten Investitionen im produktiven Sektor geführt. Ausländische Investoren werden durch die herrschende Korruption und Ineffizienz der staatlichen Bürokratie abgeschreckt und die neue einheimische Bourgeoisie konzentriert sich auf den Bausektor und auf den Import von Luxusgütern. Schuldenkrise und Inflation lassen die Klassenunterschiede zwischen Arm und Reich noch größer werden.

Durch den Boykott der arabischen Ölstaaten verliert Ägypten zudem jedes Jahr über eine Milliarde Dollar an Wirtschaftshilfe. Sadat ist über die wachsende Korruption auch in seinem eigenen Umfeld entsetzt. Selbst Bruder Esmat Sadat hat seinen Status als Präsidentenbruder genutzt, um sich einen beachtlichen Besitz zusammenzustehlen. Er muss dafür nach Sadats Tod im Gefängnis büßen. Inzwischen wird die islamische Bewegung zu einer ernst zu nehmenden, gut organisierten nationalen Opposition, die den Präsidenten offen herausfordert. Radikale Sheiks sind das Sprachrohr der Opposition, ihr Superstar ist Sheik Kishk. Zum Freitagsgebet in und vor seiner Moschee versammeln sich allwöchentlich über 10 000 Menschen. Seine Predigten nimmt man auf Kassetten auf und kopiert sie hunderttausendfach. Kishk greift die Korruption der »neuen Reichen« unter Sadat an und verbindet religiöse Klischees mit den Parolen des Klassenkampfes. Geschickt spielt er mit Gerüchten und unterschwelligen Ängsten. So »entlarvt« er in seiner Predigt vom 10. April 1981 eine neue moslemische Sekte, die nicht mehr gen Mekka, sondern gen Jerusalem bete und damit dem Islam Schaden zufüge. »*Ich muss euch offen sagen – und meine Seele krümmt sich vor Schmerzen – dass, seitdem Israel eine Botschaft hier in Kairo hat, es ein konspiratives Netzwerk gibt, das von einer unsichtbaren Hand gesteuert wird …*«

## Der despotische Pharao

Sadat reagiert auf die anschwellenden Proteste mit Unterdrückung. Mit Hilfe eines Referendums lässt er sich außerordentliche Vollmachten verleihen, um den Einfluss des Parlamentes zu beschränken. Er übernimmt auch noch das Amt des Ministerpräsidenten und regiert das Land mit Dekreten und Volksabstimmungen. Die von der Gamaat Islamyia beherrschte Generalunion der ägyptischen Studenten wird verboten, die Zeitung der Moslembrüderschaft »Ruf« erhält zeitweise Erscheinungsverbot. Doch die Protestbewegung ist schon zu stark. Sie existiert weiter und geht in den Untergrund. Die staatliche Repression und die Unfähigkeit der Regierung, die wirtschaftlichen Probleme zu lösen, schweißt die Opposition zusammen: Islamisten, Moslembrüder, Kommunisten, Nasseristen und die Mehrheit der Intellektuellen, verbünden sich gegen Sadat. Die Zeitung Al Akhbar schlägt ironisch die Schaffung eines neuen Ministeriums vor: Es sollte »Ministerium der unerfüllten Versprechen« heißen.

Die sozialen und politischen Spannungen brechen sich dort Bahn, wo Sadat sie am wenigsten erwartet hat: im Konflikt zwischen den Religionsgemeinschaften. Eine Säule für die politische Stabilität und Einheit Ägyptens war immer die wechselseitige Toleranz zwischen den beiden großen Glaubensgemeinschaften, der Minderheit der christlichen Kopten und den Moslems. Doch 1981 droht dieser Konsens auseinander zu brechen.

In Oberägypten und in Kairo kommt es in den religiös gemischten Wohngebieten zu gewalttätigen Auseinandersetzungen. Nachbarn schlagen einander plötzlich die Schädel ein. Meist geht es um Eigentumsrechte an Grundstücken. Der »Gihad« eskaliert den Krieg mit Überfällen auf koptische Goldgeschäfte. Auch einige koptische Extremisten gießen Öl ins Feuer. Sie verschicken einen Brief an moslemische Würdenträger, in dem es heißt: *»Die lächerliche islamische Religion, die die Frauen und die Sexualität unterdrückt, bedeutet Mord und Zerstörung. Sie ist der Grund für die Rückständigkeit des Mittleren Ostens. Es ist die Religion der Diebe, der Korruption. Sie sollten wissen, dass Ihre Herren, die Kopten, Sie mit Verachtung ansehen. Jetzt, wo die Abkommen von Camp David unterschrieben sind, glauben wir, dass die Auslöschung des Islam nahe ist und dass Ägypten zum Christentum zurückkehren wird.«*

Dieser Brandbrief wird von der Gamaat Islamyia nachgedruckt und auf Flugblättern verbreitet. Mit Erfolg. Im Juni 1981 eskaliert der Religionskampf. Im Kairoer Stadtteil Zawiyya al-Hamra haben Anhänger der Gamaat ein Grundstück besetzt, auf dem Kopten eine Kirche bauen wollen. Es kommt zu einem Tag der langen Messer. Männer und Frauen werden abgeschlachtet, Säuglinge aus den Fenstern geworfen. Sadat reagiert mit einer ausbalancierten Repression: Er lässt zahlreiche Islamisten verhaften. Zum Ausgleich setzt er den koptischen Papst Shenouda ab und stellt ihn im Wüstenkloster Wadi Natrun unter Hausarrest.

Sadat fühlt sich unverstanden und um sein Lebenswerk betrogen. Statt froh zu sein über seine historischen Leistungen, meckert das Volk nur herum. Kritik kann er nicht mehr ertragen. Seine Stimmung verdüstert sich zunehmend. Am 3. September 1981 lässt er in einer verfassungswidrigen Nacht-und-Nebel-Aktion 1536 Oppositionelle verhaften: Islamisten, radikale Sheiks – unter ihnen Sheik Kishk – Nasseristen, Moslembrüder, unabhängige Parlamentarier, Kopten und auch Kritiker aus Intellektuellenkreisen, wie seinen ehemaligen Berater, den mächtigen Journalisten Mohamed Heikal. Heikal hatte Sadat mit dem Vorwurf gereizt, er verrate die Interessen Ägyptens, um im Westen als Friedensfürst und Medienstar gefeiert zu werden. Die Massenverhaftung verschärft die Endzeit–Stimmung im Lande noch mehr und kostet Sadat bei seinen neuen Freunden im Westen viel Ansehen.

Wollte er zu den Methoden der nasseristischen »Komitees gegen den Feudalismus« zurückkehren? Niemand weiß, wie Sadat weiter regiert hätte, denn sein Todesurteil war schon gesprochen. Er wirkte geradezu fatalistisch, wie er den Hass seiner Feinde noch weiter provozierte. Als die Israelis im Juli 1981 das PLO-Hauptquartier in Beirut bombardierten, reagierte Sadat mit Gleichgültigkeit. Er konzentrierte sich in diesem Sommer ganz auf seinen neuen Plan, im Sinai beim Katharinenkloster ein religiöses Zentrum der drei Weltreligionen zu errichten: Eine Kirche, eine Synagoge und eine Moschee sollten als Zeichen der Versöhnung nebeneinander stehen. Diese Idee war für die Fundamentalisten der vielleicht letzte Beweis, dass Sadat vom wahren Glauben abgefallen und Eile geboten sei.

Als ihn seine Tochter Camelia im August 1981 besuchte – bevor sie zu einem Studium in die USA flog – erschrak sie über ihren Vater. Er war sehr nervös und hatte erheblich an Gewicht verloren. Ihre Fragen nach seinem Gesundheitszustand beantwortete er nicht, aber er sagte: Es kann so nicht mehr weitergehen. Beim Abschied sagte er, dass sie sich lebend vielleicht nicht wiedersehen würden. Anwar el Sadat litt unter seiner zunehmenden Isolation, die auch seiner Frau Jehan große Sorgen machte. Sie unternahm einen letzten Vorstoß, um den abgerissenen Kontakt zu den Intellektuellen des Landes wiederherzustellen, indem sie den hochangesehenen Professor der Amerikanischen Universität Dr. Saad Eddin Ibrahim zu einem Gespräch mit dem Präsidenten einlud. Dr. Ibrahim erinnert sich an dieses denkwürdige Treffen:

*»Ich wurde in sein Ferienhaus am Mittelmeer bei Alexandria bestellt. Jehan Sadat bereitete mich vor und brachte mich dann an den Strand. Er saß dort und starrte auf den Horizont. Als Frau Sadat sagte: ›Herr Präsident, hier ist Dr. Ibrahim‹, sprang er auf und schrie mit donnernder Stimme: ›Ich weiß, dass ihr mich hasst, ich weiß es.‹ Das Gespräch verlief sehr dramatisch, dauerte aber immerhin 3 Stunden. Er war sehr verletzt über die Tatsache, dass wir ihn in unseren Artikeln angriffen, ohne je mit ihm gesprochen zu haben. Er schlug mir vor, eine Konferenz der führenden arabischen Intellektuellen einzuberufen, egal wo. Er würde sich der Debatte stellen. Er sagte: ›Entweder ich überzeuge euch oder ihr mich.‹ Diese Begegnung machte einen großen Eindruck auf mich. Aber erst nach seinem Tod kam ich nach langem Nachdenken zu der Erkenntnis, dass er tatsächlich Recht gehabt hat.«*

Wäre die Geschichte des Nahen Ostens anders verlaufen, wenn Sadat länger gelebt hätte? Vermutlich nicht. Denn er hatte die Weichen gestellt. Der Weg zum Frieden war unumkehrbar. Ezer Weizman sagt mir zum Abschluss unseres Gespräches über Sadat: *»Für mich war die Nachricht von seinem Tod ein großer Schock. Die Freundschaft mit ihm war eine phantastische Erfahrung. Er hatte wirklich Mut, er hat die Mauer zum Einsturz gebracht.«*

## Das Ende des »Gihad«

Nach dem Tod Anwar el Sadats spitzten sich die Auseinandersetzungen zwischen fundamentalistischen Gruppen und dem Staat zu. Vor allem in Oberägypten kam es zu zahlreichen bewaffneten Konfrontationen. Die Armee ging dabei nach dem Prinzip der verbrannten Erde vor: Hunderte von Kriegern Gottes wurden im Kampf oder im Anschluss daran erschossen. In die Enge getrieben, entschloss sich die Untergrundbewegung Anfang der 90er Jahre, ihre letzte Trumpfkarte zu ziehen, den Terror gegen Touristen. Damit traf der Gihad den Staat wirtschaftlich am härtesten, aber noch mehr die Bevölkerung, die sich immer stärker von den Islamisten distanzierte. Der Terror löste sich von der sozialen Protestbewegung. Er wurde zum Selbstzweck und Gihad sowie Gamaat Islamyia – die Organisationen hatten sich wieder getrennt – gerieten in eine tiefe Legitimationskrise. Vor diesem Hintergrund riefen im Juli 1997 sechs historische Führer der Gamaat Islamyia zu einem einseitigen Waffenstillstand auf.

Der inoffizielle Sprecher der Organisation, Rechtsanwalt Muntassir al Zihat, begründete den Rückzug mit einem ideologischen Spagat: *»Viele Söhne der islamischen Bewegung kamen zu dem Schluss, dass die Gewaltspirale eine Falle war, in die die islamische Bewegung hineingelockt wurde. Sie sollte dem Staat den Vorwand liefern zur Liquidierung der besten Söhne und Männer des Volkes. Deswegen wurde es notwendig, neue Methoden anzuwenden, die geeigneter sind, um unsere Ziele zu erreichen.«*

Von Reue keine Spur. Keine Anerkennung von eigener moralischer Schuld. Aber immerhin: Der Terror hat ein Ende und die radikalen islamistischen Gruppen sind auf dem Weg, sich zu politischen Parteien zu entwickeln. Teile der Gihad-Organisation, vor allem die Auslandsführer in Afghanistan (dazu gehört wahrscheinlich auch der Bruder Khaled Islambulis, Mohammed), lehnen im Gegensatz zur weit größeren Gamaat (man schätzt ihre Mitgliederzahl auf etwa 60 000) die »Spielerei« einer politischen Mitarbeit nach den Regeln des herrschenden Systems strikt ab.

Außerhalb der Gefängnismauern existiert die Organisation Gihad in Ägypten praktisch nicht mehr. Sie ist an den Verfolgungen und an ihren inneren Auseinandersetzungen zugrunde gegangen. Der Versuch, den Gottesstaat in Ägypten mit Mord und Gewalt durchzusetzen, ist gescheitert. Anwar el Sadat und viele nach ihm mussten ihr Leben für diese Wahnidee opfern.

Anwar el Sadat wäre vermutlich auch ohne das Attentat nicht mehr lange Präsident gewesen. Er hatte sich zum Rücktritt entschlossen. Seine Frau erzählte es mir und auch sein langjähriger Freund und politischer Weggefährte, der Publizist Dr. Murzi Saad Eddin. Er sagte: *»Ich beobachtete, wie er sich änderte. Er kapselte sich mehr ein und wandte sich dem Sufismus zu. Er wollte ein reines Leben führen, ohne die Politik, die ihn beschmutzte.«*

Der politische Kampf hatte aus Sadat einen Despoten gemacht, der er nie werden wollte. Er wollte sich 1982, wenn Israel den restlichen Teil des Sinai zurückgegeben hatte, aus der Politik zurückziehen. Er wusste, dass er seine Kraft bei der Verwirklichung seiner Mission verbraucht hatte. Auf einem seiner letzten Spaziergänge mit seiner Frau Jehan sagte er ihr: *»Allah hat mir mehr geschenkt, als ich mir je hätte träumen können. Wir waren siegreich im Krieg wie im Frieden. Ich habe den Grundstein für die Demokratie in Ägypten gelegt. Ich habe den Auftrag erfüllt, den Allah mir gegeben hat.«*

Dann, so erinnerte sich Jehan Sadat, begann er von seiner Grabstätte zu sprechen und von seinem Wunsch, am Fuß des Berges Sinai beigesetzt zu werden.

# Mord am Bankier Gottes

## Roberto Calvi und der Vatikan

Von Heribert Blondiau und Udo Gümpel*

*»Alle Geheimnisse in dieser Sache,*
*die kennt nur Erzbischof Marcinkus.«*
LICIO GELLI, *Großmeister der Geheimloge P2*

*»Wie bitte? Leichen reden nicht? Das meinen Sie vielleicht! Zu uns reden Tote immer, oft mehr, als manch' Lebendem lieb ist.«* Antonio Fornari, Professor der Pathologie in Pavia bei Mailand, kommentiert mit Sarkasmus das – nach fast zwei Jahrzehnten endlich gelüftete – Geheimnis um den Tod von Roberto Calvi, dem »Bankier Gottes«. Vor achtzehn Jahren erhängt, zweimal obduziert und in den Sarg gelegt, im Dezember 1998 wieder ausgegraben und ein drittes Mal obduziert, hat die Leiche endlich »gesprochen«. Der Tod des Bankiers Gottes war kein Selbstmord oder eine Abrechnung unter Mafiosi, er war ein politischer Mord. Die Pathologen fanden an der Leiche Calvis – extrem gut erhalten, beinah »luftgetrocknet wie eine Mumie« – noch die eindeutigen Spuren des Mordes. Ein Glücksfall in der Kriminalgeschichte, ein Glücksfall für die Staatsanwaltschaft – und auch für die jüngste Geschichtsschreibung. Denn die kann nun die Version eines Selbstmörders Calvi aus den Büchern tilgen und sich mit den Details des Mordes, vor

allem aber mit den Hintergründen und Auftraggebern beschäftigen.

18 Jahre lang hatte die offizielle Version Bestand: Sie hieß Selbstmord. Erst die fast zehnjährigen Recherchen der römischen Staatsanwälte Maria Monteleone und Giovanni Salvi stürzten sie um: Calvi wurde ermordet, von Killern einer römischen Mafiafamilie und im Auftrag. Ermordet, weil er zu viel wusste. Zu große Kenntnisse hatte über einen entscheidenden Augenblick im großen Krieg gegen den Kommunismus: Die geheime Finanzierung der polnischen Gewerkschaft Solidarnosc. Er wusste es deswegen so genau, weil er selber, Roberto Calvi, die Geldströme im Auftrage des Vatikans gelenkt hatte.

## Die historische Chance

Der Fall Calvi wäre heute nur noch eine Fußnote der Geschichte, ein Stichwort vielleicht über einen ehrgeizigen Mann, der eine große Bank ruinierte. Wenn da nicht jemand zum richtigen Zeitpunkt den Vorhang gelüftet hätte. Die Wende im Fall brachte – wie könnte es in Italien anders sein – ein reuiger Mafiaboss, der Sizilianer Don Tommaso Buscetta. Er sprach als erster von Mafiakillern. Don Tommaso Buscetta starb in diesem Jahr, dem Jahr 2000, in dem wohl auch die Mörder Calvis vor Gericht treten werden. »*Es war ein langer Weg zur Wahrheit, auf dem wir mit Bitterkeit feststellen mussten, dass man die Wahrheit vermutlich auch schon gleich im Mordjahr hätte erfahren können – wenn eben nur immer und überall ordentlich ermittelt worden wäre*«, erklärte der Untersuchungsrichter Mario Almerighi die lange Ermittlungszeit. Doch gut Ding will Weile haben, vor allem in Italien. Besonders wenn man bedenkt, dass der Tod Calvis eben kein simpler Mord im Bankenmilieu, sondern politisch motiviert war: Ein Mord, in den – direkt oder indirekt – die Großen dieser Welt verwickelt waren, von US-Präsident Ronald Reagan bis Papst Wojtyla. Und wäre die politische Dimension dieses Mordes vor der Zeit aufgedeckt worden, hätte sie ein Desaster heraufbeschwören können. Es bedarf keiner Verschwörungstheorien, um zu begreifen, dass die Aufdeckung eines Mordkomplotts, das Calvi als Finanzier des antikommunistischen Kreuzzuges von Vatikan und USA entlarvte, damals, Anfang der 80er Jahre, eine politische Bombe gewesen wäre.

Wer erinnert sich noch daran, welches Stück damals auf der Weltbühne gespielt wurde? Der Westen war gerade dabei, den Osten in seinem Inneren – die Katholische Kirche als Hebel nutzend – aus den Angeln zu heben. Das war der Kern der »holy alliance« von Ronald Reagan und Papst Johannes Paul II.: der Sturz des atheistischen Weltkommunismus. Eine Entdeckung der Mordintrige um Calvi wäre nicht nur äußerst peinlich gewesen, sie hätte den Zusammenbruch des Ostens hinauszögern und komplizierter machen können.

Der Mord an Roberto Calvi führt in die Wendezeit des vergangenen Jahrhunderts, als der Ost-West-Konflikt auf der Kippe stand: »*Wir überlegten ständig, wie weit wir immer gehen durften, ohne eine militärische Reaktion hervorzurufen. Unser Problem war: immer unterhalb der Schwelle zu bleiben*«, so General Alexander Haig, damals US-Außenminister, der im Kabinett von Ronald Reagan noch als »Taube« galt. Unterhalb der Schwelle eines Krieges wollte und musste man bleiben. Aber eben nur sehr knapp darunter.

In der Schlacht gegen den Kommunismus waren alle Mittel erlaubt, und mit dem Wissen von heute können wir es eindeutig formulieren: Ein entscheidender Augenblick im Ringen zwischen den Blöcken war der Fall Polens. Danach stand das Tor nach Osten weit auf. Die historische Chance, das Rad der Weltgeschichte schneller zu drehen, ergab sich durch eine einmalige Konstellation: Der militärisch mächtigste Mann der Welt, Ronald Reagan, und Karol Wojtyla, der erste slawische Papst – ein Mann mit großem Sendungsbewusstsein – machten gemeinsame Politik.

Ab Frühjahr 1981 entwickelte sich auf höchster Ebene ein enger Informationsaustausch zwischen Washington und dem Vatikan. CIA-Direktor William Casey, Katholik und Madonnen-Verehrer, sowie Vernon Walters, General und ehemaliger CIA-Vize, ebenfalls streng katholisch, nahmen einen engen Kontakt mit dem Papst auf. Der Papst war plötzlich, wie einst im Mittelalter, als er noch über eigene Truppen verfügte und Könige sich seinem Urteil unterwarfen, wieder ein weltpolitischer Akteur geworden. Der Heilige Vater sollte über die Weltlage informiert werden, lautete der Auftrag. »*Reagan war fest davon überzeugt, dass dieser Papst dazu beitragen werde, die Welt zu verändern*«, betonte Sicherheitsberater Richard Allen und erklärte weiter: »*Die Beziehungen zwischen Reagan und dem Vatikan waren eines der bedeutendsten Geheimbündnisse aller Zeiten.*« Recht sollte er haben.

Der General und ehemalige CIA-Vize Vernon Walters war der direkte Mittelsmann zwischen Reagan und Wojtyla. Was hatten die Vereinigten Staaten dem Papst anzubieten? Der US-Publizist Carl Bernstein, einer der Journalisten, die den Watergate-Skandal um Richard Nixon aufdeckten, hat in seinen Aufzeichnungen eine Einschätzung von Vernon Walters zitiert, die, wenn sie zutrifft, den kalten Zynismus des amerikanischen Botschafters belegt. »*Etwas, das er wahrscheinlich mehr wünschte als alles andere*«, räsonierte darin der Machtpolitiker. »*Ich glaube, der Papst ist ein sehr politischer Mann – was er damit gewinnen konnte ... war das Gefühl, sehr enge, persönliche Kontakte zum mächtigsten Land der Welt geknüpft zu haben. Der Papst war ein Hasardeur. Und das war der Gewinn.«* Für die USA, für den Westen und auch für den Vatikan, dessen Papst damals vielleicht von Re-Evangelisierung des Ostens und einem Kirchenstaat polnischer Nation träumte.

Am 7. Juni 1982 kam US-Präsident Ronald Reagan zu einem Gipfeltreffen in den Vatikan. Diese Begegnung bildete den vorläufigen Höhepunkt einer Politik des strategischen Einverständnisses oder – wie amerikanische Publizisten formulierten – der Holy Alliance, der Heiligen Allianz. Einen Tag später machte Reagan Station in London, wo er in der Royal Gallery von Westminster Palace den Mitgliedern des Parlaments die Grundzüge der westlichen Politik erläuterte. Polen, das er als Zentrum europäischer Zivilisation bezeichnete, stand im Zentrum seiner Rede. Er sprach von einer »großen revolutionären Krise« in Osteuropa, einem »Kreuzzug für die Freiheit«, sagte »explosionsartige Unruhen« voraus und kündigte das Ende des Sowjetimperiums an.

Ex-Agentenchef Vernon Walters, von uns in Washington aufgesucht, erinnerte sich: *»Ich habe den Papst in jener Zeit ziemlich häufig getroffen, fast regelmäßig«*, begann er. *»Und immer, wenn ich ihn besuchte, waren wir ganz unter uns – keine weiteren Zeugen. Manchmal hatte ich einen jungen Offizier von der Navy dabei, der die Koffer mit den Satellitenfotos trug. Aber sobald wir uns dann zum Gespräch hinsetzten, mussten alle anderen rausgehen, da blieb sonst keiner mehr im Raum. Und wenn dann jemand – nach einer ganzen Weile – den Kopf wieder reinsteckte und sagte, die Zeit sei aber um, schickte ihn der Papst mit einer knappen Handbewegung wieder raus.«*

Eine plastische Erinnerung hatte der pensionierte Haudegen an die Begegnungen mit dem Manne, den die anderen im Vatikan immer mit »Seine Heiligkeit« ansprachen:

*»Sie kommen also«*, meinte der Papst lächelnd, *»um mich aufzuklären?«*

*»Ich antwortete: ›Heiligkeit, nicht einmal Ihr schlimmster Feind würde Ihnen Unwissenheit vorwerfen können. Warum? Sie verfügen schließlich über den ältesten und besten Nachrichtendienst der Welt – seit 2000 Jahren.‹«*

General Walters gluckste vor Vergnügen in Erinnerung an den gelungenen Dialog. *»Aber im Ernst, er hörte mir aufmerksam zu. Und ich erklärte ihm, warum wir soviel Geld in die Rüstung steckten. Ich zeigte dem Papst Satellitenfotos von sowjetischen Raketensilos, absolut geheimes Material, das bekam sonst wirklich niemand zu sehen – also, der deutsche Kanzler Helmut Schmidt hatte es auch noch zu Gesicht bekommen. Ich zeigte ihm diese Abschussrampen in der Ukraine und sagte: Sie sehen 13 Silos, in jedem dieser Silo steht eine Interkontinentalrakete und jede Rakete trägt zehn Sprengköpfe – in ihnen schlummert der Tod für 130 amerikanische Städte. Der Papst nickte mir zu: ›Ich verstehe, was Sie mir sagen wollen.‹ Und dann wusste er, warum wir so viel Geld fürs Militär ausgaben.«*

*»Aber ich zeigte dem Papst auch andere Fotos«*, fuhr Vernon Walters fort. *»Ich legte ihm Fotos von sowjetischen Gulags vor. Er fragte: ›Wieso sind es Gulags? Könnten es nicht auch Militärcamps sein?‹ Darauf antwortete ich: Morgens Appell, mittags Appell, abends Appell, aber nirgends sieht man Waffen. Also, dann weiß man, was das für ein Lager ist. Und da sind zehn Millionen Leute drin.«*

*»Wie sah denn zwischen Vatikan und USA die Kooperation wegen Polen aus? Gab es eine Heilige Allianz?«*

*»Von einer ›Allianz‹ weiß ich nichts. Vielleicht weiß Haig da mehr, den solltet ihr fragen. Aber was es gab, war eine sehr große Konvergenz der Interessen und Ziele. Beide wollten, dass die Welt das sowjetkommunistische System los wurde. Und so hatten wir ganz allgemein den Wunsch, die Dinge, so,*

*wie sie waren, zu ändern. Wir hatten beide wirklich das gleiche Interesse, da ist Zusammenarbeit nicht schwierig: Wir brauchten gar keine ›Allianz‹.«*

Und mit leichtem Triumph in der Stimme fuhr er fort: »*Als dieser Papst gewählt wurde, da sagte ich nur: Das ist der Anfang vom Ende. Da hatten die Sowjets eine Schlacht verloren. Ein Mann des Ostens – aus dem größten katholischen Land – kennt das System besser als jeder von uns aus dem Westen. Und so sahen es ja wohl auch seine polnischen Bischöfe: Statt einer Gratulation zur Papstwahl schickten sie Wojtyla das Gedicht eines berühmten Polen aus dem Jahre 1839. ›In Zeiten großer Verwirrung in der Welt und Zerrissenheit in der Kirche wird Gott einen Mann schicken, der der Wahrheit Gottes zu ihrem Recht verhilft.‹«*

*»Und was bekam Solidarnosc?«*

*»Solidarnosc bekam beispielsweise Faxgeräte, Druckmaschinen und andere Sachen. Jedenfalls Dinge, die sie vorher nicht hatten. Die begriffen schon, dass das nicht vom Himmel fiel – jedenfalls nicht direkt vom Himmel.«*

Vernon Walters lachte über seinen eigenen Witz. Der Himmel und sein Stellvertreter. Endlich einmal waren die USA nicht mehr die Bösewichte wie noch im Vietnamkrieg, wo er gedient hatte. Endlich hatten sie den Segen des Stellvertreters Gottes auf Erden. Das war doch etwas.

*»Es war überwältigend, Solidarnosc an die Macht gebracht zu haben. Die Zusammenarbeit zwischen dem Vatikan und den USA, zwischen dem Papst und Reagan, war der entscheidende Faktor für die Befreiung Polens und den Zusammenbruch des sowjetischen Regimes.«* Noch einmal machte er eine Pause, bevor er abschloss: »*Ja. Ich bin sehr zufrieden mit diesem endgültigen Ergebnis.*« Vernon Walters, der alte Kämpe des Kalten Krieges, war sichtlich mit sich im Reinen, zu den Gewinnern der Geschichte zu gehören.

General Haig, der ehemalige Außenminister im Kabinett Reagans, galt trotz seines militärischen Ranges und eines zackigen Auftretens eher als »Taube«. Auch er gab uns freimütig Auskunft über die Rolle von Solidarnosc im Ost-West-Konflikt.

*»Wir mussten den Sowjets vor allem klarmachen, dass eine Invasion in Polen das Ende der Politik des Dialoges bedeuten würde. Eine große Gefahr war auch, dass Heißsporne bei uns oder in Westeuropa die Solidarnosc beflügelten und sie zu einem Aufstand animierten. Wir mussten aber alles tun, was im Reich der Realität lag.«* Haig sprach völlig unaufgeregt, sehr ruhig und mit einer angenehmen Nachdenklichkeit.

*»Einige Mitglieder des US-Kabinetts wollten aber doch mehr?«*

*»Kissinger würde sagen: die ›tough guys‹, die harten Jungs. Aber Reagan war da mehr für einen realistischen Weg. In einem Punkt gab es nie Dissens: dass die USA oder die NATO da militärisch reingehen sollten. Das wäre der ›casus belli‹ gewesen und hätte den Dritten Weltkrieg auslösen können.«*

*»Und was wussten Sie über den Umfang der vatikanischen Unterstützung für Solidarnosc?«*

*»Ich denke, halbwegs intelligente Leute gingen von dieser Unterstützung aus und wussten auch davon. Und auf den höheren Ebenen der US-Regierung hielt man sie sogar für selbstverständlich. Gleichzeitig spürten diese Leute aber auch, dass sie besser wohl nichts davon wissen sollten. Die Unabhängigkeit des Vatikans von politischem Einfluss aus Washington musste unbedingt gewahrt bleiben. Sie war ja gerade die wichtige Voraussetzung für die Einflussnahme in Polen – und weltweit.«*

*»Wenn Sie jetzt zurückblicken: Wie wichtig war denn nun die Rolle des Vatikans?«*

*»Wenn ich an diese Situation von damals zurückdenke,*

*dann kann ich nur eines feststellen: Dieser Papst, mit seiner Persönlichkeit, er brachte das meiste mit: Er hatte den größten Anteil am Sieg. Und wenn wir uns heute alle gegenseitig auf die Schultern klopfen, dann gebührt dem Vatikan, dem Papst, eindeutig der stärkste Klaps auf die Schultern.«*

## Mehr als ein paar Ave Marias

Der Hebel, um das ganze Sowjetreich aus den Angeln zu heben, war also Solidarnosc. Doch Solidarnosc hatte ein Manko: Sie war eine arme Bewegung und eine US-amerikanische Unterstützung konnte auf gar keinen Fall direkt erfolgen. Das hätte das Vorhaben diskreditiert. Wenn aber alles über die Kirche lief – dann waren den polnischen Kommunisten die Hände gebunden – ein Geldtransfer kaum zu verhindern. Schließlich knieten selbst sie vor der Schwarzen Madonna von Tschenstochau nieder und bekreuzigten sich, wenn die Priester den Segen austeilten. Nein, Gelder konnten nur über den Vatikan laufen.

Es muss eine Fügung gewesen sein, dass der Vatikan in jenen Jahren über einen Mann verfügte, der aus politischen wie persönlichen Motiven bereit war, dem Vatikan jegliche Hilfe angedeihen zu lassen. Einen ebenso ehrgeizigen wie gerissenen Banker, der nicht einen Augenblick zweifelte, dass er der richtige Mann für alle legalen und illegalen Operationen des Vatikans war. Roberto Calvi war kein oberflächlicher Lebemann wie sein Partner Monsignore Marcinkus, der Chef der Vatikanbank, sondern ein echter Profi im Dienste der katholischen Sache. 1980–82 wurde er zum heimlichen Financier der antikommunistischen Operation »Umsturz im Osten«: Nicht zuletzt wegen dieser Aufgabe als Bankier Gottes riss der Mailänder Bankenchef ein 1,2-Milliarden-Loch in die Banco Ambrosiano. Am Ende baumelte er unter einer Themsebrücke – ironischerweise war ihr Name: Blackfriars, Schwarze Brüder.

Seinerzeit war die Mailänder Banco Ambrosiano die größte katholische Bank der Welt, eine der größten Privatbanken Europas – und eine echte Drehscheibe für die Geldtransfers an antikommunistische und prokatholische Bewegungen in der Welt. »*Von ein paar Ave Marias läuft die Kirche nicht*«, erklärte einmal der Vatikanbankier, Monsignore Paul Casimir Marcinkus, sein Lebensmotto. Eine moderne Kirche brauchte Geld, allein schon, um im normalen Tagesgeschäft zu bestehen. Einen Umsturz zu finanzieren, kostete natürlich weit mehr und verlangte zusätzliche Geldquellen. Zwar verfügte der Vatikan in Italien über riesige Liegenschaften, die aber kaum schnelles Geld bringen konnten. Auch die 50 Millionen Mark Spenden aus dem Peterspfennig der Gläubigen hätten nicht ausgereicht, den Krieg gegen den Kommunismus zu gewinnen.

Marcinkus, der dem Papst das große Geld verschaffen sollte, wusste recht genau, dass er selber vom Bankgeschäft weit weniger als vom Golfspielen oder guten Zigarren verstand. Ihm fehlte zwar nicht die kriminelle Energie, aber das bankmäßige Handwerkszeug. Also bildeten er und Calvi ein ideales Gespann: Der eine lieferte die politische Rückendeckung einer 2000 Jahre alten Institution und eine off-shore-Bank innerhalb Italiens – die Vatikanbank IOR – und der andere setzte die Pläne praktisch um.

»*Wenn man Kriege führen will, muss man Geld dafür haben. Wenn man sie fortsetzen will, braucht man ebenfalls Geld. Und wenn man einen Krieg gewinnen will, braucht man noch mehr Geld*«. Henryk Jankowski, Beichtvater von Lech Walesa und ständiger Gast bei den Streikenden der Lenin-Werft in Danzig, klärt heute gerne darüber auf, was im Kampf um den Osten wirklich zählte und wofür er heute dem

Vatikan und seinem Finanzier dankbar ist. Was also wusste man in Polen von Calvis Rolle, über die wahren Hintergründe der Finanzierung von Solidarnosc? Für diese Frage versuchten wir in Polen eine Antwort zu finden.

Nach unserer Einschätzung mussten Informationen über die vatikanische Finanzierung der Solidarnosc in drei Kreisen bekannt gewesen sein: bei Solidarnosc selbst, in der polnischen Kirche und bei den Geheimdiensten des Landes.

Jerzy Urban, letzter kommunistischer Regierungssprecher Polens, wollte mit uns reden. Ihm persönlich war der Umbruch auch gut bekommen. Er ist heute Herausgeber des erfolgreichen kirchenkritischen Massenblattes »Nie« in Warschau. Dank dessen Millionen-Auflage ist Jerzy Urban einer der reichsten Männer Polens. Er machte einen Vorschlag, wie das polnische Schweigen vielleicht zu durchbrechen sei:

*»Unter den Solidarnosc-Aktivisten im Untergrund hat es immer Geldstreitigkeiten gegeben. Wer bekam welches, wer nicht, wer rechnete darüber ab, wer nicht usw. Meine Idee: Diesen alten Streit heizen wir mit einem Interview in ›Nie‹ wieder an. Und dann werden sie kommen und sagen: Das war aber so und nicht anders. Und Sie haben eine Chance, etwas über die Quellen der Geldströme zu erfahren. Das wollen Sie doch.«*

*»Ja. Aber so geht es nicht.«*

*»Warum nicht?«*

*»Weil wir dann gleich das Entrée beim Papstsprecher Navarro Valls streichen können.«*

So aufschlussreich sich ein neuer Streit unter alten Solidarnosc-Kämpfern auch hätte entwickeln können: Auf ein Interview mit dem Papst-Sprecher wollten wir nicht verzichten. Am Schluss sollte dieses Treffen eine Illusion bleiben, aber in Polen wollten wir nicht gleich alles römische Porzellan zerbrechen.

Jerzy Urban vermittelte uns weiter an General Kiszczak, Polens ehemaligen Innenminister. Kiszczak, ein untersetzter Mann von kräftiger Statur, der nicht älter als Mitte Sechzig wirkte, empfing uns zu Hause. Die Frage traf ihn nicht unvorbereitet. »*General, ist Ihnen während Ihrer Amtszeit bekannt geworden, dass der Vatikan die antikommunistische Gewerkschaftsbewegung Solidarnosc mit größeren Summen unterstützt hat?*«

Zuerst einmal reagierte er gar nicht. Mit der rechten Hand streichelte er ununterbrochen seinen Hund. In der anderen Hand hielt er eine Pfeife, an der er immer wieder zog. Seine Miene war unbewegt und seine grauen Augen guckten uns ununterbrochen an. Dann sagte er plötzlich:

»Wir hatten keine Beweise. Wir haben es alle vermutet, ja, wir waren uns sicher – Beweise aber hatten wir nicht.«

Sollten wir ihm glauben? Hier saß der ehemalige Polizeiminister Polens, auf dessen Schreibtisch zu Beginn der 80er Jahre die Informationen seiner Agenten über wilde Streiks, Solidarnosc und die Kirche zusammengelaufen waren und der sich jederzeit ein Bild hatte machen müssen von der Stärke der rebellierenden Gewerkschaft – und dann dieses Armutszeugnis. Der General schien unsere Skepsis zu spüren.

»Schauen Sie, auch wenn wir es selbst sicher gerne genau gewusst hätten – allein die Kenntnis darüber: Ja, der Vatikan steckt dahinter, hätte hier wahrscheinlich nicht mehr sehr viel verändert. Den polnischen Papst konnten die polnischen Kommunisten nicht angreifen. Die politischen Machtverhältnisse waren schon verschoben. National zumindest.«

Wir hakten nach: »*Wenn die Welt erfahren hätte, dass der Papst in Rom Gelder der Gläubigen für den politischen Umsturz im Osten einsetzt, dann wäre das doch ein Riesenskandal geworden.*«

Der General sah durch uns hindurch und schien einen Punkt in der Vergangenheit zu fixieren. Dann sagte er:

*»Das hat alles schon früher angefangen, ich habe es nur nicht glauben wollen. Die Sache ist früher gekippt.«*

»Und wann?«

*»Wojtylas Wahl zum Papst war der entscheidende Moment. Das war der Anfang vom Ende.«*

Wir schwiegen und der General fuhr fort:

*»Ich hatte eine denkwürdige Begegnung. 1978, am Tage, als der sogenannte 33-Tage-Papst plötzlich in Rom gestorben war. Nur wenige Stunden später traf ich in Warschau zwei Mitglieder des polnischen Episkopats und ich fragte sie so nebenbei: Wer wird denn der nächste? Ich dachte mir nichts dabei, es war so eine Art Spielerei. Die beiden, ich weiß es wie heute, schauten mich erstaunt an und erwiderten: Wie, das wissen Sie nicht? Nein, sagte ich, wie sollte ich? Und dann sagten sie mit großem Ernst und absoluter Sicherheit: Das wird unser Wojtyla aus Krakow. Ich lachte sie aus und ließ sie stehen. Wenn ich ihre Aussage auch nur einen Moment lang ernst genommen hätte, hätten wir mit unseren Mitteln noch gegensteuern können. Schließlich kannten wir ja unseren Wojtyla.«*

*»Wojtylas Wahl zum Papst war also eine Inszenierung?«*

Kiszczak nickte.

*»Und wer waren die Drahtzieher?«*

*»Das deutsche Episkopat und die CIA.«*

*»Sagen Sie uns das alles auch vor der Kamera?«*

*»Ich habe mich wirklich sehr gefreut, Sie kennengelernt zu haben. Aber dieses Kapitel ist für mich abgeschlossen. Dennoch: Viel Erfolg für Ihren Film.«*

Für ein Buch mochte das eine gute Erklärung sein, für einen Film aber zu wenig. Also ging die Suche nach einem Zeugen weiter. Der erste Zeuge, der sich traute, war ein Prälat. Nicht irgendeiner, sondern der Prälat an der Seite des Solidarnosc-Führers Lech Walesa. Auf Tausenden von Fotos und in zahllosen Filmen hatte man sie stets Seite an Seite gesehen: Walesa und sein »geistiger Vater«. Ein direktes Verbindungsglied zum Vatikan.

## Sieger und Verlierer

Henryk Jankowski war ein eitler Mann. Er begrüßte uns vor der Danziger Brigitten-Kirche in vollem Ornat. Mit seinen 1,80 Metern war er eine stattliche Erscheinung, die goldgefasste Brille unterstrich den Eindruck betonter Seriosität.

»*Was hat Solidarnosc so stark gemacht?*«

»Die nationale Erfahrung, das Zusammenhalten des Volkes, das den Terror der vergangenen Zeit am eigenen Leib erlebt hatte. Die Gründung der Solidarnosc im August 1980 hatte für ganz Polen, für Europa und sogar die ganze Welt eine große Bedeutung: Das war das Startzeichen für den Kampf gegen das Böse.«

»*War diese Kraft der Solidarnosc von Anfang an da?*«

»Von Anfang an. Schon am ersten Streiktag, es war der 14. August, bin ich mit der gesammelten geistlichen Autorität als Kirchenvertreter in die Werft gegangen. Die Menschen begannen die Parteiausweise zu verbrennen und nahmen sich statt dessen Kreuze, die sie dann an der Brust trugen.«

Die Erinnerung an die heroischen Tage steigerte Jankowskis Selbstgefühl von Minute zu Minute.

»Was hat Seine Heiligkeit, der polnische Papst, für Solidarnosc getan ?«

»Johannes Paul II. war von Anfang derjenige, der die Zersetzung des gesamten kommunistischen Systems verursacht hatte. Als Priester stand ich Pate, als Solidarnosc geboren wurde. Man musste sie wie ein Kind behandeln. Meine Weisheit beruhte darin, dass ich mir jeden Mittwoch die Lehre Seiner Heiligkeit angehört habe. Die richtete er nämlich an die Polen, die nach Rom zu ihm kamen. Er hat unseren Widerstandsgeist gestärkt.«

»Was wissen Sie davon, dass Seine Heiligkeit Solidarnosc nicht nur moralisch, sondern auch finanziell unterstützt hat?«

»In der Situation, in der sich Polen damals befand, wäre es kaum vorstellbar gewesen, dass der Papst seine eigenen Nächsten, seine armen, gequälten Landsleute, die im Gefängnis saßen und interniert wurden, im Stich gelassen hätte. Er hat alles unterstützt, was auch der Expansion der Kirche diente.«

Der Kirchenmann machte eine kurze Pause. Dann brachte er die Sache auf den Punkt:

*»Wenn man Kriege führen will, muss man Geld dafür haben. Wenn man sie fortsetzen will, braucht man ebenfalls Geld. Und wenn man einen Krieg gewinnen will, braucht man noch mehr Geld.«*

Das war ein klares Wort. So sprachen wohl Menschen, die eine Mission erfüllten – Teilnehmer eines Kreuzzuges.

Nach dem Treffen mit dem Prälaten Jankowski, einem Sieger der Geschichte, trafen wir einen Verlierer, den ehemaligen Regierungschef Mieczyslaw Rakowski.

*»Gab es eine finanzielle Hilfe des Vatikans für die Solidarnosc?«*

*»Also, es gibt keine hundertprozentigen Beweise, denn der Vatikan hat viele Geheimnisse. Aber auch der amerikanische Publizist Peter Schweizer berichtet in seinem Buch »Victory«, dass die Vatikanbank hier eine große Hilfe geleistet hat. Er spricht von 80 Millionen Dollar. Ob das in dieser Größen-*

*ordnung stimmt, ist schwer zu sagen. Aber nach meiner Erfahrung besteht kein Zweifel darüber, dass neben einer moralischen und politischen Hilfe der Papst oder der Vatikan auch in eine finanzielle Hilfe verwickelt war.«*

*»Und was hat es mit dieser Heiligen Allianz zwischen Präsident Reagan und dem Papst auf sich?«*

*»Die gab es. Diese beiden Männer oder Politiker – man kann auch den Papst als Politiker bezeichnen – waren sich einig. Sie wollten beide dieses »teuflische System« zugrunde richten. Es gab in diesem Punkt zwischen Reagan und Papst absolut keinen Unterschied, beide waren sich in der Hauptaufgabe einig. Es gab keine Differenzen. Die beiden Männer haben sich gut verstanden. Die Solidarnosc sollte eben – und die Geschichte hat das auch gezeigt – der Stoßtrupp sein, auf den sich die Bemühungen der beiden konzentrierten, um mit deren Hilfe dieses System zugrunde zu bringen. Und das gelang.«*

*»Und wie kam das Geld nach Polen?«*

*»Es gab Hunderte von Priestern, die vom Vatikan nach Polen und zurück reisten. Und kein Zollamt in Polen konnte bei diesen nachgucken, was da im Koffer drin war. Das wäre so ein Geschrei geworden, also das konnte man sich gar nicht vorstellen.«*

*»Dann bleiben die eigentlichen Beweise also hinter den Mauern des Vatikans?«*

*»Wo denn sonst?«*

Hinter den Mauern des Vatikans. Dort liegt auch die Geschichte der letzten Tage des toten Bankiers begraben. Denn die Dokumente, die den steten Geldstrom aus der Ambrosianobank nach Polen belegen konnten, trug der Bankier immer bei sich. Mit ihnen hatte er versucht den Vatikan zu erpressen, sie sollten seinen Wiederaufstieg als Bankier garantieren. Heute, davon geht der römische Staatsanwalt Mario Almerighi aus, liegen sie in den Tresoren des Vatikans. Solange, bis vielleicht in einigen Jahrhunderten ein geläuterter Papst ein neues mea culpa sprechen wird und auch diesen Fall endgültig abschließt. Nach der Erfahrung mit Galileo Galilei und Giordano Bruno müssen wir uns auf rund 400 Jahre einstellen. Um zu begreifen, wie Roberto Calvi wirklich ums Leben kam, fragten wir deswegen lieber den Doyen der italienischen Gerichtsmedizin, den Pathologen Antonio Fornari.

Als Fornari den Fall 1982 im Auftrag der Familie Calvi untersuchte, bekam er als erstes die Ergebnisse der englischen Autopsie auf den Tisch.

*»Der Leichnam Roberto Calvis ist insgesamt drei Autopsien unterzogen worden. Die erste fand am 18. Juni 1982 in London statt und wurde vom englischen Prof. K.E. Simpson ausgeführt. Simpson notierte damals: ›Wir stellen einen Erstickungstod beim Erhängen fest, der Hals wurde von einem Seil, an dem der Körper hing, gewaltsam zusammengezogen.‹ Rauschgifte oder andere Betäubungsmittel seien nicht gefunden worden und der Tote habe als Henkersmahlzeit nur ein wenig Milch getrunken, dies habe die Analyse des Mageninhaltes ergeben. Simpson untersuchte den toten Calvi am 18. Juni, um 14.00 Uhr, also 12 Stunden nach dem vermuteten Eintritt des Todes. Und weiter: ›Der rigor mortis war fast kom-*

*plett, und es werden hypostatische Flecken (Totenflecken) auf dem Rücken konstatiert. Dies bedeutet‹, so Simpson weiter, ›dass, als der Tote am Morgen gegen 8.00 auf dem Themse-Ufer auf den Rücken gelegt wurde, sein Blut noch flüssig war, und dies ist kompatibel mit der Todeszeit von ca. 2.00 Uhr.‹«*

Die zweite Autopsie wurde von einer Gruppe von Ärzten am 2. November 1982 in Italien durchgeführt, auf Veranlassung des Untersuchungsrichters von Mailand. Sie bestätigte die Ergebnisse Simpsons im Großen und Ganzen und sprach ebenfalls von Selbstmord, weil es keine Anzeichen für einen Mord gäbe.

Doch Fornari war schon damals nicht überzeugt: »*Am Tode Calvis machte mich von Anfang an vieles stutzig – schon lange bevor ich die Leiche überhaupt nur aus der Nähe betrachten konnte.*« Alle fünf Sinne hätten sich ihm gesträubt. »*In meiner mehr als 40-jährigen Karriere als Gerichtsmediziner habe ich sehr viele Fälle von Selbstmord durch Erhängen gesehen. Aber noch niemals habe ich den Fall eines Selbstmörders gesehen, der sich das Leben durch einen Sprung ins Wasser genommen hätte, wie Calvi, der ja von einem Gerüst unter einer Brücke in das Wasser der Themse bis zur Brusthöhe eintauchen musste.*«

Fornari konsultierte damals sofort auch andere Gerichtsmediziner: Aber keiner hatte jemals einen Selbstmord durch Erhängen im Wasser gesehen. »*Also das war schon ein erster Hinweis auf die große Unwahrscheinlichkeit, dass der Tod Calvis ein Selbstmord gewesen war. Der zweite wichtige Grund, warum es sich nicht um Selbstmord gehandelt haben konnte, hat mit dem Tatort zu tun. Um diesen zu erreichen, hätte Calvi nachts eine steile Treppe in Richtung Themse bei hoher Tide hinunterklettern müssen und dann einen Sprung von 80 cm machen müssen, um das eigentliche Baugerüst unter der Brücke zu erreichen. Für einen jungen Mann ist das kein Pro-*

*blem, aber für einen Mann von korpulenter Statur – Calvi wog damals rund 120 Kilogramm und war vollkommen unsportlich – war das kaum machbar. Dazu war er noch in seinen Bewegungen behindert und bepackt mit 5 kg Steinen in Hose und Jacke: Also für einen solchen Menschen war ein Sprung von 80 Zentimetern ins Dunkel ein echtes Hindernis. Und weiter noch: Einmal auf dem Gerüst angekommen, hätte er es bis zum anderen Ende entlangklettern müssen – über sieben Meter –, um sich dann endlich auf der anderen Seite aufzuhängen, mit dem höchst ungewöhnlichen Sprung ins Wasser.«*

Und noch etwas fand Fornari verwunderlich, etwas, dass im Gegensatz zu allen Erfahrungen mit Selbstmorden stand – geradezu eine Unmöglichkeit bei einem Selbstmord durch Erhängen:

*»Also nehmen wir als Hypothese einmal an, dass Calvi wirklich diese schwierige Kletterei unter der Brücke auf sich genommen hat, nachdem er bereits, auch das darf man nicht vergessen, schon sieben Kilometer zu Fuß von seinem Hotel Chelsea Cloisters zurückgelegt hatte, um sich einen schönen Platz für einen Selbstmord auszusuchen. Und dass er sich dazu entschlossen hat, keines der zahlreichen Barbiturate einzunehmen, die er mit sich führte, oder sich vom 8. Stock des Hotels in die Tiefe zu stürzen, oder wenigstens von der Themsebrücke. Keine dieser einfacheren und direkteren Wege in den Tod hat unser Calvi gewählt, sondern die mühsame Kletterei auf dem glitschigen Gerüst im Dunkeln unter der Brücke. All diese Prämissen wollen wir wieder einmal akzeptieren.«*

Fornaris ohnehin tiefliegende Augen glänzten noch dunkler, sein Blick bekam etwas Abgründiges: »*Wenn man also noch einmal der Annahme vom Selbstmord folgt, und den Abstand zwischen dem Haltepunkt des Seils am Gerüst und dem Hals des hängenden Calvi betrachtet*«, erläuterte Fornari diesen zentralen Punkt seiner Argumentation und maß mit lebhaften Armbewegungen den Abstand nach, *»dann hätte Calvi einen freien Fall von etwa 1,5 Metern durchmessen müssen. Bei einem Fallweg dieser Größenordung erleidet das Opfer unweigerlich schwere Verletzungen im Bereich der Halswirbel. Dies geschieht deswegen, weil der Kopf vom Strick unterm Kinn festgehalten wird. Der Rest des Körpers – vergessen wir nicht: 120 Kilo Körpergewicht plus Steine – zieht mit Gewalt nach unten. Der Halsbereich der Wirbelsäule wird dabei aufs allerstärkste belastet: Dies führt zu Schäden, Rissen, Dehnungen, an Muskeln, Bändern, Rückenmark und sogar an den Wirbeln. Dieses klinische Bild hätten man vorfinden müssen! Doch weder Professor Simpson in London noch wir in Mailand haben bei den Autopsien solche Läsionen im Halswirbelbereich feststellen können.«*

*»Und was heißt das?«*

*»Ergo ist ein Selbstmord durch Erhängen im Wasser nicht nur wegen der logistischen Umstände auszuschließen, sondern auch direkt aufgrund gerichtsmedizinischer Fakten.«*

In der Mordakte der römischen Staatsanwaltschaft zum Fall Roberto Calvi zog man ähnliche Schlüsse:

»Es war doch absurd, anzunehmen, dass Roberto Calvi sich allein aus seinem Hotel entfernt hätte. Denken wir an die Phobie Calvis mit der Raumabschließerei, die irrsinnige Angst um das eigene Leben, und dass er bei dem Weg zum angeblichen Selbstmord zwei Paar Unterhosen, drei Uhren, vier Brillen, darunter eine Sonnenbrille, und ungefähr 15 Millionen Lire in ausländischer Währung mit sich führte. Dass er keine Zeile an die Hinterbliebenen geschrieben hatte, um dann sieben Kilometer zu Fuß zu gehen, um dort quasi durch göttliche Eingebung anzukommen, um dann ein Gerüst unter der Brücke zu besteigen, dessen Existenz er vorher nicht gekannt hatte, um dann am anderen Ende des Gerüstes im Dunkeln das Mittel zum Selbstmord zu finden! Oder allein die Annahme, dass Calvi zu dieser Stunde, in der die Läden alle geschlossen sind, auf dem Weg entlang der Themse ein Seil findet, um es dann mit sich zu führen und sich dann, vor dem Beklettern des Gerüstes mit fünf Kilogramm Steinen zu bepacken.«

Untersuchungsrichter Mario Almerighi kann sich einer bitteren Kritik an den englischen Kollegen von vor 18 Jahren nicht enthalten. In der Anklage gegen Carboni – einer der mutmaßlichen Mörder Calvis – hält er den Tadel schriftlich fest: »Gleich zu Anfang der kriminalistischen Ermittlungen über den Tod von Roberto Calvi ist die Selbstmord-These einseitig vorgezogen worden.« Das sei umso unverständlicher, klagt der Richter an, da es doch von Anfang an hätte evident gewesen sein müssen, dass zumindest die äußeren Todesumstände auf alles andere als Selbstmord hindeuteten. »So sind notwendige Untersuchungen, die sofort hätten gemacht werden müssen, unterblieben. Dies hat die Ermittlungen schwer beeinträchtigt.«

Und nun die dritte Autopsie. Mit ihr beauftragte der römische Untersuchungsrichter Otello Lupacchini eine Equipe aus italienischen Gerichtsmedizinern und dem deutschen Experten Prof. Bernd Brinkmann von der Universität Münster, die, wie es scheint, nun auch die letzten Zweifel am Mord Calvis ausgeräumt hat. Die aus der Familienkapelle in Drezzo im Dezember 1998 nach Mailand geschaffte Leiche Calvis war, unter forensischem Gesichtspunkt, noch in bestem Zustand. Das Professoren-Team unter Leitung des deutschen Gerichtsmediziners soll mit den Hilfsmitteln der modernen Gerichtsmedizin Spuren für einen Schlag auf den Hinterkopf gefunden haben, sogar für eine Fesselung Calvis an den Händen und Druckstellen an den Füssen. So, als hätten kräftige Hände den schon am Gerüst aufgeknüpften Calvi nach unten gezogen.

Noch etwas soll bei der dritten Autopsie gefunden worden

sein: Spuren eines kräftigen Abendessens, das Calvi noch vor seinem Tode zu sich genommen hatte – vor seinem Tod unter der Brücke. Die Reste dieses Essens aber waren nicht mehr im Magen zu finden gewesen – den hatte schon 1982 der englische Pathologe Simpson untersucht und nur »Milchreste« gefunden. Das Abendessen aber war schon in den Darm weitergerutscht, weil Calvi es eben kurz nach dem Verlassen des Hotels Chelsea Cloisters gegen 22.00 Uhr eingenommen haben musste: Und vier Stunden war die Zeit, die das Essen brauchte, um den Magen wieder zu verlassen und in den Darm zu gelangen, wo es nach 18 Jahren endlich entdeckt wurde. Fornari: *»Ein neuer Punkt der allgemeinen Schlamperei in London – eigentlich gehört die vollständige Leichenöffnung bei einer Autopsie zum kleinen Einmaleins des Berufs.«*

Ein weiterer Mosaikstein in einem an Schlamperei und Vertuschung überaus reichen Kriminalfall. Diese Entdeckung hat auch Folgen für die Rekonstruktion der letzten Stunden Calvis. Offenkundig hatte der Bankier noch jemanden getroffen, wenige Stunden vor seinem Tode – und unbewusst eine Henkersmahlzeit eingenommen.

Was aber bei der letzten Autopsie, so lauten unsere Informationen, nicht gefunden wurde, waren mikroskopische Spuren des Gerüstes oder des Seils unter den Fingernägeln Calvis. Diese Spuren hätten aber dort – bei einem Selbstmord – in jedem Falle gefunden werden müssen: Schließlich musste der Selbstmörder, auch wenn man annahm, er sei leichtfüßig nachts über das glitschige Gerüst balanciert, ohne sich auch nur einmal irgendwo festzuhalten – eine zirkusreife Nummer –, das Seil ja wenigstens einmal angefasst haben.

Diese Mühe aber, das Seil, an dem sich Calvi angeblich selbst erhängt hatte, auch selbst anzufassen, diese Mühe, so hat die dritte Autopsie ergeben, hatten die Mörder dem Bankier erspart.

## Der Plan des Bankiers

Dass Vatikan und US-Regierung vom Tode Calvis, des Mannes, der die Geheimnisse des schmutzigen Krieges gegen den Kommunismus kannte, profitiert hatten, war schon 1982 eine politische Tatsache. Aber um auch juristisch Ross und Reiter nennen zu können, brauchte es mehr als den Augenschein: gerichtsverwertbare Fakten. Obwohl der Fall nach allem, nur nicht nach Selbstmord aussah, blieb er über ein Jahrzehnt in den Akten verschlossen: Erst ein frischer politischer Wind in Italien öffnete einigen mutigen Staatsanwälten den Weg, auch diesen Fall noch einmal anzupacken. Inzwischen jedoch hat der Wind sich mal wieder gedreht. Ob es deshalb jemals Urteile geben wird oder ob der Mord-Prozess überhaupt eröffnet wird – das weiß heute keiner. Denn Überlebende gibt es kaum. Die später als Killer ermittelten Personen wurden wenige Monate nach dem Mord selber ermordet. Das ist bewährte Mafia-Praxis bei politischen Morden. Die Staatsanwaltschaft erhebt Anklage gegen diejenigen Personen, die die Killer vor Ort angeleitet und das Opfer nach London gelockt zu haben. Diese Personen leben noch und werden vermutlich bald auf der Anklagebank im römischen Schwurgericht an der Piazzale Clodio Platz nehmen müssen: Es sind der sardische Geschäftemacher Flavio Carboni und der römische Mafiaboss Pippo Calò.

Calò ist bereits wegen anderer Verbrechen zu lebenslanger Haft verurteilt und Carboni muss wegen Beihilfe zum Mord und betrügerischem Bankrott mehr als 20 Jahre hinter Gitter.

Roberto Calvi war ein gewiefter Bankier, der ein Firmenimperium in der ganzen Welt schuf, weil er den Nutzen von offshore-Firmen und Steuerparadiesen bereits in den 60er Jahren erkannt hatte. Menschenkenntnis jedoch war nicht gerade seine Stärke. Häufig vertraute er Leuten, die ihn nur ausnehmen wollten oder sogar direkt seinen Gegnern zuspielten. Selbst noch in London, wo man ihn laut Staatsanwaltschaft hingelockt hatte, um ihn endgültig aus dem Weg zu räumen, selbst da träumte er noch von einer Wendung zum Guten.

Sohn Carlo Calvi erinnerte sich: *»Papa war glücklich, selbst in London, wo er eigentlich gar nicht hingewollt hatte. Aber er hatte endlich die Bewegungsfreiheit wiedergefunden, die ihm für ein Jahr in Italien gefehlt hatte, weil man ihm den Pass entzogen hatte. Er war wirklich bester Laune, weil er endlich wieder im Ausland finanziell operativ werden konnte. Dies hat ihm neue Energien gegeben, sowohl um die Bank neu zu ordnen als auch dem politischen Druck besser widerstehen zu können.«*

*»Und wie wollte er die Bank neu ordnen?«*

*»In den letzten Telefonaten hatte er uns erzählt, wie er sich das gedacht hatte. Er wollte katholische Finanziers treffen, die ausländischen Beteiligungen der Bank abstoßen und die italienischen in einer neuen Holding zusammenfassen. Das war ein Projekt, dem Andreotti sehr ablehnend gegenüberstand, denn es veränderte das Gleichgewicht in der katholischen Finanz.«*

*»Also wollte er die Briefkastenfirmen im Ausland, die das ganze 1,3-Milliarden-Dollar-Elend über seine Bank gebracht hatten, einfach dichtmachen und den Pakt mit Marcinkus Vatikanbank aufkündigen?«*

*»Ja, genau das war sein Plan. Die panamaischen Briefkastenfirmen, die vom Vatikan kontrolliert wurden, sollten ihren Geschäftsitz in Italien bekommen und unter die Aufsicht der Banco Ambrosiano gestellt werden. Einfach gesagt: Er wollte das Imperium wieder unter Kontrolle bekommen.«*

Dieser Plan aber war eine Phantasterei. Er wäre, das hätte Calvi auch klar sein müssen, auf den erbitterten Widerstand der Vatikanbank stoßen. Denn er sah schließlich nichts anderes vor, als Marcinkus die Kontrolle der Firmen zu entziehen, die das Loch in die Kasse der Banco Ambrosiano gerissen hatten.

Eines ärgert Carlo Calvi heute besonders. Die Bank seines Vaters sei eigentlich gar nicht Pleite gewesen. Sie wurde Pleite gemacht, um seinem Vater den Todesstoß zu versetzen: erst machtlos machen, dann ermorden. Ein politischer Mord muss vorbereitet werden – das lehre die italienische Erfahrung. Ist das Opfer erst isoliert, von der Macht getrennt, können die Feinde besser zuschlagen. Genauso schien es im Fall Calvi geschehen zu sein.

*»Wissen Sie, wenn man sich die Eckdaten der Bank aus heutiger Sicht anschaut, dann war die Banco Ambrosiano im Grunde genommen nicht pleite. Sie hatte – zugegeben – eine Liquiditätskrise. Aber letztendlich ist die Bank in Konkurs gegangen, weil sieben Millionen Dollar an Zinsen für einen Kredit fehlten. Eine Nichtigkeit im Vergleich zum Vermögen. Ein Überbrückungskredit hätte die Bank meines Vaters vor dem Abgrund retten können. Wenn man nur gewollt hätte.«*

*»Wann haben Sie das letzte Mal mit ihrem Vater gesprochen?«*

*»Im letzten Gespräch mit Papa trafen wir eine telefonische Verabredung für den nächsten Tag, den Tag nach seinem Tode. Und er sagte, alles werde gut gehen, die Lösung der Probleme sei nahe.«*

*»Hatte ihr Vater Angst?«*

*»Angst nicht, aber ihm gefiel die Gruppe Carboni um ihn herum nicht mehr. Er war misstrauisch geworden.«*

*»Was für einen Eindruck machte diese Person, der man in Rom nun vorwirft, der Auftraggeber für den Mord an ihrem Vater gewesen zu sein, auf Sie? Haben Sie eine Idee, wer hinter Carboni stecken könnte?«*

*»Carboni war eine seltsame Gestalt, die sich sowohl auf dem höchsten Parkett wie auch auf dem niedrigsten Niveau der Gesellschaft gleichermaßen gewandt bewegen konnte. Er war eine wirklich beunruhigende Gestalt, mit großem Einfluss*

*auf meinen Vater, mit besten Kontakten in den Vatikan und in die Democrazia Cristiana. Carboni frequentierte Leute wie den Staatsanwalt Claudio Vitalone, den Kardinal Pietro Palazzini, den Parteichef der Christdemokraten Ciriaco De Mita. Gleichzeitig traf er sich aber auch mit Vertretern der römischen Unterwelt wie Ernesto Diotallevi und Pipo Calò. Dieser Umgang auf so verschiedenen Ebenen findet seine Erklärung darin, dass sich diese Leute Carbonis bedienten, um der Organisierten Kriminalität Anweisungen zur übermitteln. So sieht es die Staatsanwaltschaft, und so sehen wir das auch. Carboni spielte in dieser Befehlskette eine Schlüsselrolle: Er war das Verbindungsglied zwischen der politischen Ebene und der Organisierten Kriminalität. Er ermöglichte es bestimmten Politikern, an die Mafia »Wünsche« weiterzugeben, ohne dass diese sich deswegen selbst exponieren mussten: Der Kontakt geschah durch Carbonis Vermittlung.«*

*»Welche Rolle spielte Carboni beim Mord an ihrem Vater?«*

*»Die Aufgabe Carbonis war es, ihn nach London zu locken, wo die römische Mafia eine feste Basis hatte. Wie man aus dem Prozess gegen die »Banda della Magliana« weiß, hatte sie einen Fuß in der gewöhnlichen Kriminalität und den anderen im Rechtsextremismus. Das waren alles Leute, die in der Lage waren, einen Mord in London zu organisieren. Carboni hatte folglich die Rolle, meinen Vater nach London zu locken, um dann den Weg schnell freizumachen für die eigentlichen Mörder.«*

*»Warum musste Ihr Vater sterben, wem war er im Wege?*

*»Ich bin davon überzeugt, dass der wahre Grund für den Tod meines Vaters in dem Prozess liegt, der eine Woche nach dem Mord in London in Rom begonnen hätte. Dabei ging es vordergründig gesehen um ein Devisenvergehen. Wirklich brisant aber war das, was eigentlich dahinter steckte: Die Kontrolle, die der Vatikan über eine Reihe von panamaischen*

*Firmen ausübte, Firmen, die enorme Summen an Geld von der Ambrosianobank erhalten hatten. Dies war die weiche Flanke des Vatikans. Wenn es damals herausgekommen wäre, wem die panamaischen Briefkastenfirmen wirklich gehörten, wäre das eine Bombe gewesen! Mein Vater hatte es ausdrücklich gesagt: Wenn der Devisenprozess für ihn schief gehe, wenn die Bank abstürzen sollte, dann wäre ihm, um sich zu verteidigen, nichts anderes übriggeblieben, als die Finanzierung von Solidarnosc durch den Vatikan zu enthüllen – als die wahre Ursache der Schieflage der Bank.«*

Das aber wäre nicht nur ein harter Schlag gegen den Vatikan, sondern auch gegen die US-Regierung unter Reagan gewesen, die ja ganz auf den vatikanischen Weg setzte, den Kommunismus zu bekämpfen.

*»Der Grund war einfach: Mein Vater wollte die ganze Wahrheit erzählen, der Vatikan aber nicht.«*

## Der Pakt

Natürlich ist ein Sohn nicht unbefangen. Um das Ansehen seines Vaters zu schützen, um den Verdacht eines Selbstmordes zu entkräften, gab die Familie Calvi in 19 Jahren Recherche mehr als 20 Millionen Dollar für Privatdetektive aus. Ein Selbstmord sieht schließlich immer wie ein Schuldeingeständnis aus. Offiziell hat die Welt nie erfahren, wohin das Geld der Bank Calvis verschwunden war. Bekannt sind die Gelder für Carboni, für die Geheimloge P2, für zahlreiche Agenten und sonstige Günstlinge im Umfeld Calvis. Trotz alledem fehlte noch rund die Hälfte der verschwundenen 1,2 Milliarden Dollar.

Natürlich verdächtigten alle den Vatikan. Dessen angeblich freiwillige Zahlung von 241 Millionen Dollar an die Konkursverwalter der Bank machten den Kirchenstaat zum Hauptverdächtigen. Wer aus eigenem Antrieb fast eine Viertelmilliarde an die Gläubiger zahlte, der musste vorher ein Mehrfaches eingenommen haben. Auch der Großmeister der P2-Loge, Licio Gelli, hatte uns mit verschmitztem Gesicht auf diese Spur hingewiesen.

Die Wahrheit liegt bis heute in den Schubladen des Vatikans. Die eigentliche Frage lautet nämlich nicht, was hat Calvi dazu verlasst, ominösen Schwindelfirmen in Panama oder sonst wo Milliarden-Dollar-Kredite zu geben, sondern wer war Herr in der Bank? War es Calvi selber? Oder jemand anderer?

Dazu muss man einen Blick auf das Statut der katholischen Bank aus dem Jahre 1896 werfen. Neuaktionäre, so steht dort, müssen die Billigung des Verwaltungsrates finden: eine Regel, die die katholische Bank vor feindlichen Übernahmen durch andere Bankiers schützen sollte. Kein Aktionär der Bank besaß Anfang der 80er Jahre offiziell mehr als 4,1 % der Aktien, der Aktienbesitz war weit gestreut. Mit einem Paket von 12–14 Prozent der Aktien hätte man die Ambrosianobank bequem kontrollieren können. Doch besaß jemand ein solches Paket?

Direkt kontrollierte die Vatikanbank IOR nur 1,6 % des Kapitals der Banco Ambrosiano. Wie aber die Untersuchung des Mailänder Staatsanwalts Pierluigi Dell'Osso ergab, kontrollierte das IOR die panamaischen und luxemburgischen Briefkastenfirmen unter dem Mantel der Briefkasten-Holding MANIC. Und darin lagen 12 Prozent der Banco-Ambrosiano-Aktien.

Der Mafia-Bankier Michele Sindona – Vorgänger Calvis als Vertrauensbankier des Vatikans – sprach bei einem seiner letzten Interviews – bevor man ihn im Gefängnis mit Zyankali vergiftete – von einem »okkulten Mitgesellschafter« Calvis. Lange ist vermutet worden, dass es sich dabei um die Mafia gehandelt haben könnte. Aber wer war wirklich der Eigentümer von fast 14 % des Aktienkapitals der Banco Ambrosiano? Darüber gibt es heute keinen Zweifel: Die Vatikanbank IOR. Den besten Beweis, den endgültigen, dass die Schwindelfirmen dem Vatikan gehörten, den suchten wir bei einem Anwalt in der Via Veneto. Die Frage lautete: Gibt es einen Beweis, dass die Schwindelfirmen wie MANIC, Zitropo oder UTC und all ihre Tochterfirmen wirklich dem IOR gehörten und ihre Aktien nicht aus lauter Menschenfreundlichkeit dort nur verwahrt wurden, wie sich der Vatikan immer verteidigt hatte?

Den Umstand nämlich, dass die Aktien der Schwindelfirmen in der Vatikanbank aufbewahrt worden waren, hatte Vatikanbankchef Marcinkus immer nur mit einem »Gefallen für einen Freund« erklärt. Auch den Gläubigerbanken gegenüber hatte der Vatikan anfänglich die Losung vom »Freundschaftsdienst« für Calvi zum Besten gegeben, jenem Schurken, der angeblich das IOR über den Löffel balbiert hatte. Doch Banken lieben keine Ammenmärchen, sie wollten es genau wissen. Denn Schuldner tischen erfahrungsgemäß die unwahrscheinlichsten Geschichten auf, wenn es ans Zahlen geht. Die Banken änderten ihre Haltung und drohten dem Vatikan damit, alle Geschäftsverbindungen mit dem Kirchenstaat zu kappen. Keine Kredite, keine Überweisungen, keine Kontobewegungen mehr, gar nichts. Der Vatikan als Paria der internationalen Finanzwelt. Das wirkte und der Vatikan lenkte ein.

Rom, Via Veneto. Das Anwaltsbüro der Sozietät Lucente & Co. strahlt Gediegenheit und Seriosität aus.

»*Ich vertrat die ausländischen Gläubigerbanken, die vom Vatikan rund 450 Millionen Dollar verlangten*«, begann Anwalt Lucente seine Ausführungen über die Geheimverhandlungen.

»*Die Einigung zwischen uns und der Vatikanbank bestand darin, dass der Vatikan in einer Präambel erst einmal erklärte, für den Zusammenbruch der Ambrosianobank nicht verantwortlich zu sein. Ja er erklärte wörtlich, man wolle einen*

*›rein freiwilligen Beitrag zur Beilegung der Schieflage‹ leisten, im Hinblick auf die ›besondere Position‹ des Vatikans. Und obgleich doch alles ganz freiwillig war, ›verpflichtete sich der Vatikan‹, so wörtlich, zur Zahlung von 250 Millionen Dollar.«*

Anwalt Lucente und seine Kanzlei hatten etwas geschafft, an dem Calvi gescheitert war: beim Vatikan Schulden einzutreiben. Der Vatikan hatte sich so verhalten, als wäre er zumindest moralisch zu 50 % für den Schaden verantwortlich, den das Pärchen Calvi-Marcinkus angerichtet hatte. Offiziell hatte der Vatikan das nie tun wollen. Die Gläubigerbanken aber wollten sich nicht mit der lauen Erklärung des Vatikans zufrieden geben, »keine Verantwortung« für den Bankrott zu tragen.

Lucente berichtete weiter:

*»Im Vertrag war vorgesehen, dass die Kontrolle der Firmen, egal ob Schwindel- oder nicht, die das Loch in die Kassen der Ambrosiano gerissen hatten, an die Gläubigerbanken überging. Das ist so üblich. Die Banken sollten den Vatikan dann im Gegenzuge von aller Verantwortung gegenüber diesen Firmen befreien, vor allem Schadensersatzansprüche Dritter ausschließen.«*

Doch bevor die internationalen Banken dem Vatikan die Verantwortung für das Imperium aus Schwindel- und Briefkastenfirmen abnehmen wollten, musste dieser offenlegen, wem das Riesendefizit in der Banco Ambrosiano wirklich »gehörte«.

Wie im Anhang des Vertrages zwischen Vatikan und Gläubigerbanken aufgeführt, übergab das IOR die kompletten Aktienpakete, die der Zitropo, der Manic und der UTC aus Panama: Alles waren »Überbringer-Aktien«.

Die Frage drängte sich auf: Wenn man im Besitz einer Überbringer-Aktie ist, ist man dann auch gleichzeitig der rechtmäßige Eigentümer?

Wie aus der Pistole geschossen kam die Antwort:

*»Genau so ist es, das ist die Besonderheit dieser Aktienform. Die Aktien kamen tatsächlich materiell aus dem Vatikan.«*

Um ganz sicher zu sein, fragen wir noch einmal nach:

*»Hätte der Vatikan so sehr um die Erklärung der Banken gerungen, die ihn von allen zukünftigen Schadensersatzforderungen befreien sollte, wenn er nicht der wahre Eigentümer der Schwindelfirmen gewesen wäre?«*

*»Natürlich nicht. Denn das ist doch die Philosophie, die hinter dem ganzen Vertrag steht.«*

Kurz vor der Verabschiedung schob Anwalt Lucente noch ein Detail nach, das bezeichnend war für das damalige Verhandlungsklima.

*»Nur zur Sicherheit, dass die Unterzeichner des Abkommens auch wirklich die gesetzlichen Repräsentanten der Vatikanbank waren und es hinterher keine Versehen gab, ließen wir uns die Unterschriften der Herren, Monsignore Paul C. Marcinkus und Monsignore Donato de Bonis, den beiden Unterzeichnern des Abkommens, noch vom Notar des Vatikans, Vittorio Trocchi, beglaubigen. Und deswegen steht neben den Unterschriften der genannten Herren auch noch das Siegel des Vatikan-Notars.«*

Welch ein Misstrauen.

## Tod an der Themse

Die kriminelle Seite des Falles Roberto Calvi ist heute aufgeklärt. Die Mörder lockten den Bankier aus dem Hotel, betäubten ihn und hängten ihn von der Flussseite her an das Gerüst unter der Themsebrücke, die als Tatort offensichtlich wegen ihres beziehungsreichen Namens ausgesucht worden war: Blackfriars Bridge, Brücke der Mönche. Die Ortswahl war nicht zufällig, denn sie enthielt eine politische Botschaft. Bei Todesgefahr – hütet euch davor, über die Angelegenheiten der black friars zu reden.

Calvi musste sterben, weil er reden wollte. Wenige Tage nach seinem Tod hätte er in Italien vor Gericht treten sollen, um über die unsauberen Devisengeschäfte seiner Bank Rechenschaft abzulegen: »*Und da wollte mein Vater auspacken, alles erzählen, was er über die wahren Hintergründe der Finanzprobleme der Bank wusste: Eben dass die fehlenden Gelder in Schwindelfirmen in Panama verschwunden waren, die dem Vatikan gehörten*«, berichtete Carlo Calvi, der Sohn des toten Bankiers. Gelder, die Calvi zurückholen musste, wenn er die Liquiditätskrise seiner Bank lösen wollte. Gelder, die der Vatikan aber nicht zurückgeben konnte, weil sie längst ausgegeben waren.

Calvis letzter Versuch, sich zu retten, war ein Brief an den Papst, geschrieben 12 Tage vor seinem Tod: »Viele bedrängen mich und machen mir verlockende Angebote, damit ich über meine Aktivitäten im Auftrage der Kirche rede, viele wollen von mir wissen, ob ich Waffen an andere Organisationen des Ostens geliefert habe – Aber bisher habe ich nichts gesagt ...«

Ein verzweifelter Erpressungsversuch, der Calvis Schicksal endgültig besiegelte. Gottes Bankier wusste einfach zu viel.

* Siehe auch: Heribert Blondiau und Udo Gümpel: *Der Vatikan heiligt die Mittel. Mord am Bankier Gottes.* Düsseldorf 1999.

# Die Autoren

**Heribert Blondiau**, 1943, Studium in Köln, Tübingen und Bonn (Geschichte, Soziologie, Politische Wissenschaft, Sozialpsychologie), Promotion. Redakteur bei Printmedien in Düsseldorf und Bonn. Seit 1978 Fernsehautor für den WDR, seit 1983 WDR-Redakteur für die Redaktionen MONITOR, Wirtschaft und Außenpolitik. Autor und Regisseur zahlreicher Reportagen, Dokumentationen und TV-Essays (»Das Vergangene ist nicht tot«, »In nomine patris«, »Die Spur der Steine« u.a.). Autor und Redakteur der ARD-Reihe »Politische Morde«. Nominierungen für den Grimme-Preis, zweimal nominiert für den Prix Italia (»Im Namen des Papstes«, 1992 und »Mord am Bankier Gottes«, 1999, jeweils gemeinsam mit Udo Gümpel), Preisträger des Deutsch-französischen Journalistenpreises 1998 (»Jacques Prévert – Der präzise Poet«). Autor des Sachbuchs (zusammen mit Udo Gümpel): »Der Vatikan heiligt die Mittel – Mord am Bankier Gottes«, 1999.

**Maria-Rosa Bobbi**, 1946 in Piacenza geboren, Studium in Parma und Grenoble (Kunstgeschichte, Linguistik). 1980 Umzug nach Frankreich, freie Journalistin und Fernsehautorin. Produktion zahlreicher Reportagen und Dokumentationen (gemeinsam mit Michael Busse) für das ZDF und verschiedene Sender der ARD. Nominierung zum Deutschen Fernsehpreis 1999 für »Der Andreotti-Prozess«. Maria-Rosa Bobbi lebt in Südfrankreich.

**Michael Busse**, 1947, Fotografenlehre, Kameramann bei SDR und SFB, Zusammenarbeit mit den Dokumentarfilmern Wilhelm Bittorf und Roman Brodmann. 1969 – 1972 Dozent an der Deutschen Film- und Fernsehakademie Berlin, Kameraarbeit bei verschiedenen Produktionen für die Bavaria im Auftrag des WDR. Studium in Grenoble, 1980 Umzug nach Frankreich. Autor, Regisseur, Produzent zahlreicher Reportagen und Dokumentationen (gemeinsam mit Maria-Rosa Bobbi) für die ARD und das ZDF (»Anatomie eines Verbrechens«, »Der Marsch auf Rom«, »Der Andreotti-Prozess« u. a.). Mehrfache Auszeichnungen u. a. mit dem Grimme-Preis (»Der Polizeistaatsbesuch«) und dem Deutschen Journalistenpreis (»Die guten Menschen von Burg Layen«). Nominierung zum Deutschen Fernsehpreis 1999 in der Kategorie »Bester deutscher Dokumentarfilm«. Autor von Sachbüchern: »Arbeit ohne Arbeit« und »Die Autodämmerung«. Michael Busse lebt in Berlin und Südfrankreich.

**Thomas Giefer**, 1944, Studium in Franfurt/M. und Berlin (Romanistik, Kunst, Publizistik). Studium an der Deutschen Film- und Fernsehakademie Berlin (Relegation 1968). Preisträger der Leipziger Dokumentarfilmtage (1967, »Berlin, 2.Juni«, gemeinsam mit Hans-Rüdiger Minow). Politische Filmarbeit, Kino- und Wochenschauen. Seit 1974 zahlreiche Dokumentarfilme, zeitgeschichtliche Dokumentationen, Auslandsreportagen und Magazinbeiträge v.a. aus dem Mittleren Osten und Afrika.(»Die Rattenlinie«, »Die Macht, das Öl und der Tod – Ken Saro Wiwa« u.a.). Buchveröffentlichung: »Die

Rattenlinie – Fluchtwege der Nazis nach 1945«. Thomas Giefer lebt und arbeitet in Berlin.

**Udo Gümpel**, 1954 in Hamburg geboren. Im ersten Leben Elementarteilchenforscher, im zweiten arbeitet er heute zwischen Hamburg und Rom als Autor und Filmemacher.

**Wilfried Huismann**, 1951, Studium in Marburg und Hannover (Sozialwissenschaften und Geschichte). 1981 entwicklungspolitische Tätigkeit in einem Armenviertel von Santiago de Chile. Beginn journalistischer Tätigkeit, Autor zahlreicher Radio-Features. Seit 1987 Mitarbeiter des politischen Fernseh-Magazins MONITOR. Seit 1990 viele Reportagen und Dokumentationen mit investigativem Charakter. Zahlreiche Auszeichnungen, darunter allein dreimal Grimme-Preis: »Das Totenschiff« (1994), »Gesucht wird ... Das Geheimnis um das Olympia-Attentat 1972« (1996), »Machtspieler – Friedrich Hennemann und der Untergang des Bremer Vulkan« (1999). Huismann ist Regisseur einer internationalen Co-Produktion von WDR/SWR mit Sur-Film und Canal +, die unter dem Titel »Lieber Fidel – Maritas Geschichte« in den Programm-Kinos läuft. Autor mehrerer Sachbücher, u. a.: »Chile-Reportagen«. Wilfried Huismann lebt in Bremen.

**Hans-Rüdiger Minow**, 1944, Studium in Tübingen, Paris und München (Philosophie, Geschichte, Theaterwissenschaften). 1967 Studium an der Deutschen Film- und Fernsehakademie Berlin, Relegation 1968. Preisträger der Leipziger Dokumentarfilmtage 1967, (»Berlin, 2.Juni«, gemeinsam mit Thomas Giefer). Ab 1972 Dokumentarfilmarbeit u.a. in Vietnam. 1977 Autor und Regisseur des Spielfilms »Die Anstalt« (Preis der Evangelischen Filmarbeit). 1978-1982 Drehbuchautor zahlreicher Fernsehspiele (»Im Zeichen des Kreuzes« u.a.). 1983 Preis der Deutschen Akademie für darstellende Künste (Frankfurt/M.). 1985 Erster Preisträger des Wettbewerbs der Regionalprogramme. Autor, Regisseur, Produzent zeitgeschichtlicher Dokumentationen (»In der Gnade der späten Geburt« u. a.). Autor mehrerer Sachbücher (gemeinsam mit Walter von Goldendach): »Deutschtum erwache!« 1994; »Von Krieg zu Krieg« 1998. Hans-Rüdiger Minow lebt in der Nähe von Köln und in Italien.

**Yoash Tatari**, geboren 1947 in Teheran. Emigration seiner Familie, assyrisch sprechender Christen, aus politischen Gründen aus dem Iran. 1965 Ankunft in Deutschland, seit 1989 deutscher Staatsbürger. Fotografie- und Filmstudium an der Werkkunstschule, Studium in Köln (Pädagogik, Soziologie, Theaterwissenschaft). Seit 1974 zahlreiche Reportagen und Dokumentationen u.v.a. für ARD und WDR. Ausgezeichnet mit dem Civis-Fernsehpreis und dreimaliger Grimme-Preisträger. »Hungerstreik in Duisburg« (Grimme-Preis 1978), »Ausländer raus? – Ein Ort in Deutschland« (Grimme-Sonderpreis 1982), »Glückselig in New York – Ein Stammtisch der Emigranten« (Grimme-Preis 1997), »Rückkehr des Henkers« (1999). Nach mehrjährigem New-York-Aufenthalt lebt Yoash Tatari als Filmemacher in Berlin.

# »Politische Morde«

## WDR-Dokumentationen in der ARD

**Staffel 1.**

**Tod in Memphis** – Der rätselhafte Mord an Martin Luther King
Buch und Regie: Thomas Giefer
Kamera: Michael Hammon /
Schnitt: Philipp Kadelbach, Charly Neumann

**Blutiger Montag** – Lord Mountbatten und die IRA
Buch und Regie: Hans-Rüdiger Minow
Kamera: Jörg Adams / Schnitt: Ingrid Terheggen

**Mord am Bankier Gottes** – Roberto Calvi und der Vatikan
Buch und Regie: Heribert Blondiau / Udo Gümpel
Kamera: Paul Eisel / Schnitt: Doris Schwitthale

**Der Tod des Pharao** – Anwar el Sadat und die heiligen Krieger
Buch und Regie: Wilfried Huismann
Kamera: Hubert Schick / Schnitt: Margot Löhlein

**Staffel 2. / WDR Koproduktion mit Quartier Latin, Paris**

**Mord im Kolonialstil** – Patrice Lumumba, eine afrikanische Tragödie
Buch und Regie: Thomas Giefer
Kamera: Florian Giefer, Rolf Conlanges /
Schnitt: Charly Neumann

**Ende eines amerikanischen Traums** –
Attentat auf Robert F. Kennedy
Buch und Regie: Yoash Tatari
Kamera: Paul Eisel / Schnitt: Yoash Tatari

**Nachtflug in den Tod** – Das gewaltsame Ende von Dag Hammarskjöld
Buch und Regie: Hans-Rüdiger Minow
Kamera: Harald Cremer, Stefan Nowak /
Schnitt: Doris Schwitthale

**Tod in Rom** – Der Fall Aldo Moro
Buch und Regie: Michael Busse und Maria-Rosa Bobbi
Kamera und Schnitt: Michael Busse